JN335397

# 生活世界に
# 織り込まれた
# 発達文化

人間形成の全体史への道

青木利夫　柿内真紀　関　啓子　編著

東信堂

# 序

　近代教育は、19世紀後半の国民国家の成立とともに、とりわけ学校教育というかたちで制度化され、発展してきた。その発展の過程は、この制度からはみ出た人びとが、それに参入する過程でもあった。もともと都市部に住むブルジョアジーの、主流民族の男のいわゆる健常者のためにあった学校教育が、労働者・農民階級の子どもにも開かれるようになり、女性や障がいをもった子どもたち、都市から離れた地域に暮らす子どもたちも、学校教育にアクセスできるようになった。その過程は、制度からはみ出た人びとの多様な運動によって、徐々に展開していった。すなわち、もともと一部のものを対象に設営された近代教育制度は、クラス（階級、階層）、ジェンダー、エスニシティ、地域などのカテゴリーにおけるマイノリティの学習権の保障という変容を遂げてきたのである。

　こうした変容によって、学校教育をめぐる不平等が縮小したかにみえるが、しかしながら、経済資本と文化資本の差異がつくりだす不平等はいまだに温存されている。この不平等に立ち向かう努力はおこなわれてはいるものの、不平等を克服するにはいたっていない。それどころか、学校教育制度が、こうした不平等を固定化し、再生産していることは、これまで多くの研究が指摘してきたところである。

　さらに近年においては、不平等の克服という方向とは異なる近代教育の変容が急速に進んでいる。国境で区切られた国民教育制度はそのまま存在しつづけるものの、教育のグローバル化が進み、国境を越えた教育の国際的標準化が進展している。この標準化は、教育研究の世界にも影響をおよぼすようになった。国際的な学力試験においてよい成績を取ることが重要な目標になってからというもの、比較教育研究の分野では、PISAで高得点をおさめた国の教育方法などを分析する研究や、教育のグローバル化を牽引する欧米

の教育政策の動向を紹介する研究が多くなった。また、欧米でつくられた教育モデルを非欧米諸国へ移入しようとする実践報告も数多くなされてきた。

一方、教育現場においては、設定された評価の枠組みと序列化に一喜一憂する層と、その枠組みになじめず脱落し無視される層とに生徒たちが二極化されがちである。また、教師は、生徒たちの「学力」向上に向けた取り組みに駆り立てられ、そして、成果主義にさらされている。先にみたように、教育研究も国際的に標準化される傾向にあり、加えて、学問研究にも成果主義が浸透しはじめた。国内外の学会におけるある基準によって高く評価される「利口さ＝学会的知性」を発揮することが求められ、発想が画一化しかねない。ある課題を深く掘り下げはするが、その主な目的が学会での成果の報告にあるので、子どもや保護者や教師は置いてきぼりになってしまいがちである。これは、教育研究の危機である。

近代教育制度からはみ出た人びとを含めることで「発展」してきた近代教育であるが、グローバル化のもとで新たにはみ出る人びとをつくりだしてもいる。つまり、はみ出る人びとが、二重構造のごとくに生み出されてきたのではないか。それは、近代教育制度のもつ構造的な問題に由来するものであり、いくら不平等の克服を求めても、それは果たせぬ夢なのではないかとさえ思えてくる。しかしながら、近代教育刷新に向けた別の道筋もあるのではないだろうか。

そこで、当たり前のことを原点に据えてみた。学校教育は重要だが、それだけが人を育てるわけではないということである。学校教育での成功は、エリートになるためには不可欠であるが、人の育ちをエリートとなることと同一視しない人びともいる。こうしたことを踏まえて、学校教育の研究と国際的な学力の競争的獲得の研究とに収斂させるという教育研究のありかたをひとまず脇に置いてみよう。そして、人が生まれてから死にいたるまでの人間形成の全過程を視野にいれつつ、人を「育てる」あるいは人が「育つ」という人類共通の営みは、どのような「文化」のなかで成り立っているのかという問いを教育研究の背景に置く。〈育てる・育つ〉という営みをめぐる文化を「発達文化」とするならば、それは、わたしたちの日常の生活世界のなか

に息づいているものであろう。また、社会の変動期に新たな「発達文化」を構築しようとするとき、それが、日々生きている人びとの生活世界に根ざしたものでなければ人びとに受けいれられることはないだろう。

こうした当たり前のことを原点に据え、フォーマルな学校教育をそのほかの人間形成作用から切り離すのではなく、それらの関係のありかたやその関係の変化を考察する。言い換えれば、フォーマル・ノンフォーマル・インフォーマルな教育・人間形成作用をトータルにおさえる試みによって、もうひとつの近代教育の刷新の兆しが読めるのではないだろうか。もちろん、グローバル化を無視しようというのではない。むしろ、とことんそれを追究したい。だがその方法を、国際標準化と国際的な学力試験研究ではなく、生活世界に織り込まれている発達文化とその背景にある構造的なものを引き出していくことによって彫琢できないものか。やや大袈裟に言えば、文明史的な観点をもって、学校教育を含む人間形成の全体を歴史的考察と比較研究とを踏まえて捉えなおし、近代教育の草の根的な刷新を読み解き、新たな社会の展開をつくりだすうねりの端緒をつかみとり、それを引き上げたい。本書の根底には、このような問題意識が流れている。

本書は、第1部「体制転換期の新たな発達文化の模索」、第2部「支配的文化のなかで揺れ動くマイノリティの発達文化」、第3部「日常生活とともにある人間形成機能」、第4部「〈育てる・育つ〉をめぐる人間関係の構築」から構成され、各部はそれぞれ、三つの章からなる。その概要は以下のとおりである。

20世紀最後の四半世紀は、1989年の「ベルリンの壁」の崩壊や1991年のソヴィエト連邦の解体に象徴されるように、東西ヨーロッパから中央アジアにかけて、従来の国家体制が大きく転換しはじめた時代であった。いうまでもなく、国家体制の転換や新たな国家建設、それにともなう人の移動は、人間形成のしくみに多大な影響を与えている。第1部においては、こうした大きな社会の転換に直面した人びとが、従来の人間形成のしくみをどのように組みかえ、新しい発達文化を構築しようとしたのかを明らかにしようとするものである。

ソヴィエト連邦の解体によって誕生したタタルスタン共和国における発達文化の変容を検討した第1章（関論文）は、急速な社会の変化のなかで、そこに生きる人びとの〈育てる・育つ〉にかかわる行動様式や、ひとりだちの意味づけがどのように変容したのかをさぐる。「独立」直後のタタルスタン共和国は、民族意識の高揚、市場経済の進展、教育のグローバル化のもと、これまでとは異なる人間形成の枠組みを模索する。そして、その新たな制度に向き合って、進んでその制度を受けいれたり、みずから新しい価値をみいだしたりしながらその制度との関係を調整することで「よりよく生きる能力」を獲得しようとする人びとの姿を浮かびあがらせようとする。

第2章（木下論文）は、東西ドイツの統一という転換期のドイツ民主共和国（東ドイツ）において、過去の教育思想と格闘したライプツィヒ教育大学における改革教育学研究プロジェクトを分析する。1970年代後半からはじまるこのプロジェクトは、19世紀末からドイツ各地において起こった近代学校批判の運動であった改革教育学を読み直す作業であった。本章は、過去の改革運動を参照しながら、近代教育思想を批判的に組みかえようとするこの「実践」の検討をつうじて、転換期に生きる人びとの近代教育への向きあいかたを明らかにしようとする。

ヨーロッパの社会主義国が次々と体制を転換していくなかで、欧州連合（EU）には、東欧およびバルト諸国の八カ国が2004年に、二カ国が2007年に加盟し、いわゆる東方拡大によってヨーロッパ的価値を共通とする地域統合が進展する。第3章（柿内論文）では、EU域内において移動する人びとが、移住先において生き残るためにどのような戦略をめぐらせたのか、ヨーロッパ的次元で生活空間や教育空間を捉えながら、子どもの教育や、家族や個々人の将来をどのように構築しようとしているのかが論じられる。そこには、立場の弱い、社会変動から時間を経ていない小国が多いEU新規加盟国の人びとが、ヨーロッパに位置づくことで見いだそうとするトランスナショナルな発達文化の予兆がみられる。

第2部においては、ある社会のなかで圧倒的な影響力をもつ支配文化のもと、それとは異なる文化に生きる、あるいは生きようとする人びとが、両者

のあいだで悩み苦しみながら、独自の発達文化を模索しようとする姿が描かれる。第4章（三浦論文）および第5章（呉論文）においては、ともに日本におけるマイノリティの人びとが対象とされる。

　第4章では、近年、新来外国人（いわゆる「ニューカマー」）の定住にともなって増加する日本で生まれ育つニューカマーの子どもたちの抱える教育問題に焦点があてられる。日本の文化のなかで育ち、日本語を母語とするニューカマーの子どもたちは、親をつうじて日本とは異なる文化の影響を受け、みずからのアイデンティティに悩む。複数の発達文化に影響されながら育つ子どもたちは、いかなるエスニック・アイデンティティを築いていくのか、子どもたちの生の声をつうじてその複雑な思いが語られる。

　第5章では、1950年から1960年代の朝鮮学校が、在日朝鮮人の脱植民地化を根本に据え、教育の量的な拡大と質的な転換を遂げてきたことが述べられる。日本社会とは異なる発達文化に生きる在日朝鮮人ではあるが、日本社会との日常的な接触を経験している彼／彼女らは、自国の発達文化と同じ空間に属しているわけではない。こうした文化的越境空間に生きるマイノリティが、いかに独自の発達文化を構築していくのか、それを朝鮮学校による刊行物、教科書、子どもの作文などを資料として明らかにしようとする。

　第6章（青木論文）では、メキシコにおける先住民教育に焦点をあて、先住民文化と主流文化との相互関係の重要性と両者の不均衡な関係の克服を強調する二言語文化間教育のもつ問題点が論じられる。学校教育が、国家主導のもと先住民社会へと拡大していくことによって、先住民の学校教育へのアクセスが可能になる一方で、不均衡な関係はいっこうに改善されない。そこに、学校教育制度のもつ構造的な限界が潜んでいることが指摘されるとともに、先住民が学校教育にたいしてどのように対応したのかその一端が論じられる。

　いうまでもなく、人間形成を担ってきたのは学校教育だけではなかった。学校教育制度が世界中を覆い尽くしたかにみえる現代社会にあってもなお、学校教育の外に広がる日常生活のなかにはさまざまな人間形成のための営みが息づいている。第3部においては、日常生活とともにある人間形成機能に

着目することによって、子どものひとりだちをうながすさまざまな作用が検討される。そして、人間形成にかかわる機能を広く捉え直すことによって、学校教育とは異なる豊かな人間形成の営みを浮かびあがらせる。

　第7章（藤田論文）においては、豊かな口頭伝承を保持してきたケニアの牧畜民社会を事例として、口頭伝承が人間形成においてどのような役割を果たしてきたのかが論じられる。これまで、人類学などの分野において、アフリカの口頭伝承が研究対象とされてはきたが、これを子どもの発達文化の一部として取り上げる研究はほとんどなかったであろう。さらには、学校教育を受けた高学歴の若者が、学校教育だけではなく口頭伝承を含むみずからの文化を尊重し、口頭伝承を文字化しようとする試みに着目し、それが人間形成作用にどのような影響をおよぼすのかが検討される。

　第8章（太田論文）は、近代社会における人づくりの機能を学校だけが担ってきたかのごとくに捉えられている点を批判し、学校以外の意図的、計画的人づくりの形態を明らかにしようとする。とりわけ、風景や道具といった日常物質文化が人間形成にどのような作用をおよぼしたのか、19世紀から20世紀にかけてのスウェーデンにおける近代化の過程に焦点をあて、ミュージアム・ペダゴジーという視点からそれを読み解こうとする。

　ヨーロッパ諸国にあるモスクという場における人間形成作用を論じた第9章（見原論文）は、イスラームの信仰実践や、それにもとづく価値や規範の伝達と獲得をめざして展開されるさまざまな活動について詳しく論じる。とりわけムスリムの成人女性に焦点をあてつつ、すべての世代や性別を対象としたノンフォーマルな教育の場としてモスクが機能していることが、現地調査をつうじて明らかにされる。

　人間のひとりだちをうながす発達文化は、学校とそれを制度化する国家だけではなく、民族や言語や宗教などを軸としながらも、それが交錯する地域社会において、歴史、伝統、イデオロギー、風景、道具などさまざまな要素が複雑に絡み合ってつくりあげられる。とはいえ、その根底にあるものは、〈育てる〉ものと〈育つ〉ものとの直接的な人間関係であり、交流ではないだろうか。第4部は、この〈育てる・育つ〉の新たな人間関係の構築の可能性を、

日本の事例をとりあげながら探ろうとするものである。

　学校における吹奏楽部の具体的な実践を論じた第 10 章（高尾論文）では、人間性を豊かにするはずの吹奏楽が、学校教育のなかで部活動として位置づけられ、そして、コンクールで賞をとることをめざして指導者によって「軍隊的」指導がおこなわれてきたことが批判される。そのうえで、吹奏楽部の活動を、いかにして生徒による学びと創造の場へと転換していくのか、そのためには指導者と生徒との関係がどうあるべきかが筆者みずからの体験から論じられる。

　日本における人間形成の今日的課題をあつかった第 11 章（金子論文）においては、学校外の人間形成力、とりわけ家庭と地域のもつ力の崩壊が、学校教育にどのような影響を与えてきたのかが明らかにされる。そして、家庭や地域のもつ人間形成力の補完あるいはその代替を創造し、そして、それを学校教育の改革と結びつけることの重要性が指摘される。

　第 12 章（神谷論文）は、軽い身体的障がいを抱え、経済的困窮のなかで生きる優香と筆者との長年にわたる交流の記録である。学校を卒業し職業に就くという当たり前のようにみえる人生を歩むことの困難な優香が、支援者たちの支えによってひとりだちを遂げようとする姿が描かれる。優香の生き方あるいは彼女との交流をつうじて、支援者であった筆者がみずからの生き方を問い直すという物語は、当たり前のように思える人間のひとりだちの難しさと、発達を支えるための人間関係のあり方を考えさせる。

　以上の全 12 章からなる本書は、冒頭で述べた「発達文化」（〈育てる・育つ〉という営みをめぐる文化）が、どのようにわたしたちの日常の生活世界に息づいているのかを、各執筆者が異なる専門領域や対象地域などから探ったものとなっている。12 章すべてを並べるとパッチワークのように、発達文化の全容が透けて見えてくるだろうか。タペストリーのように織り込まれた発達文化のありようにどこまで迫ることができたか、人間形成の全体史への道はこれからも続きそうである。その途上にある一冊としてお届けしたい。

編　者

生活世界に織り込まれた発達文化──人間形成の全体史への道

目　次

序

## 第1部　体制転換期の新たな発達文化の模索

第1章　タタルスタンの人間形成の全体史　　　　　関　啓子　4
　　　──ソ連邦解体後の 20 余年の歩み
　1. 自由の増大、格差の拡大、不安の重層化　5
　2. タタール語とロシア語のバイリンガル──その意味の変容　8
　3. 教育改革の新しい波　10
　4. 共和国としての立ち位置と新しい民族イメージ──シャイミーエフの世界遺産戦略　12
　5. アイデンティティ構築の資源としての宗教　13
　6. ノンフォーマル教育──補充教育施設の教育活動　20
　7. 発達文化から人間形成を読み解く　21

第2章　転換期における近代教育思想への向きあい　　　木下江美　25
　　　──東ドイツの改革教育学研究にみる挑戦と霧散
　1. 教育思想史をどう描くか　25
　2. 転換期の教育思想への接近　26
　3. 近代教育思想に向きあう──東ドイツのばあい　29
　4. 改革教育学研究プロジェクトの展開と霧散　35
　5. 東ドイツの改革教育学研究から読む教育社会思想史　41

第3章　EU 域内の人の移動と構築されるヨーロッパ的次元空間　柿内真紀　46
　　　── EU 新規加盟国にとってのヨーロッパ／イギリス
　はじめに　46
　1. EU の東方拡大がもたらしたもの── EU 域内の人の移動　47
　2. 移動先での生活と戦略　53
　3. ヨーロッパ的次元にみる教育空間　57
　おわりに　61

## 第2部　支配的文化のなかで揺れ動くマイノリティの発達文化

### 第4章　「日本人」でもなく「外国人」でもなく　　三浦綾希子　66
――日本で生まれ育つニューカマーの子どもたち

はじめに　66
1. 日本社会で育つ子どもたち――支配文化の中で　68
2. 日常的、非日常的なエスニック経験――親のエスニック文化と支配文化の狭間で　72
3. 日本生まれの子どもたちのエスニックアイデンティティ　77
おわりに　83

### 第5章　自前の発達文化を求めて　　呉　永鎬　87
――戦後在日朝鮮人の人づくりの構想と方法

はじめに――在日朝鮮人自前の教育機関としての朝鮮学校　87
1. 朝鮮学校における人づくりの構想――植民地期の経験の逆転としての「立派な朝鮮人」　88
2. 人づくり構想実現の試み――朝鮮学校における困難と工夫　97
おわりに　104

### 第6章　公教育制度としての先住民教育の限界　　青木利夫　107
――メキシコの二言語文化間教育をめぐって

はじめに　107
1. 「二言語文化間教育」導入の背景　108
2. 制度化される二言語文化間教育の理念とその現実　113
3. 日常生活と二言語文化間教育の乖離　117
おわりに　124

## 第3部　日常生活とともにある人間形成機能

### 第7章　口頭伝承による人間形成と文字化による影響　ギタウ（藤田）明香　130
――ケニア牧畜民サンブル社会を事例に

はじめに　130
1. サンブルの自然・社会とその人間形成　132
2. サンブルの口承　137
3. 口承の文字化　144
おわりに　148

## 第8章　風景と道具の人間形成作用　　　　　　　　　　　太田美幸　152
　　　　――スウェーデンの近代化過程におけるミュージアム・ペダゴジー

　　はじめに　152
　　1. 風景と道具の人間形成作用　154
　　2. 「生活環境のおもむき」の再生産と変容　158
　　3. ナショナルな原風景とモダン・デザイン――スウェーデンの近代化過程における国民形成　161
　　おわりに　170


## 第9章　ヨーロッパにおけるモスクの発展とノンフォーマルな学びの多様性　見原礼子　174

　　はじめに　174
　　1. ヨーロッパにおけるモスクの発展と論争　176
　　2. モスクのノンフォーマル教育的機能　181
　　3. 女性たちの学びへの参画　184
　　おわりに　191


## 第4部　〈育てる・育つ〉をめぐる人間関係の構築

## 第10章　学びと創造の場としての吹奏楽部　　　　　　　高尾　隆　196

　　はじめに――自分の実践をよくするための研究　196
　　1. 社会構成主義　198
　　2. 状況的学習論　200
　　3. リーダーシップ論　202
　　4. 組織開発　203
　　5. 学習の転移から、文脈に埋め込まれた学習へ　205
　　6. 文化的実践　206
　　7. 学びと楽しさ　208
　　おわりに――「コミュニケーションとしての音楽」という視点　209


## 第11章　日本の人間形成の今日的課題　　　　　　　　　金子晃之　215
　　　　――学校外の人間形成力と学校教育との関連を通して

　　はじめに　215
　　1. 人間形成としての「しつけ」と家庭教育　216
　　2. 家庭での人間形成力と学校教育との関連　220
　　3. 家庭や地域社会において人間形成を支える力の崩壊　222
　　4. 規律訓練装置としての今日の学校　225
　　5. 日本の学校文化の混迷　227
　　6. 超自我の未成熟　230
　　おわりに――日本の近代教育の行方　232

第12章　優香を育てた私・育てられた私　　　　　　　神谷純子　234
　　　　──ある社会的マイノリティのひとりだちとその支援
　1. 課題を読み解くための視座と方法　234
　2. 優香のひとりだち──「働くこと」の意味探しとその支援　237
　3. 優香のひとりだちとその支援を読み解く──発達文化の視座から　250
　4. 独自のひとりだちへの支援──発達文化の「越境」に向けて　252


あとがき　255
執筆者紹介　257
索　引　261

# 生活世界に織り込まれた発達文化
――人間形成の全体史への道

# 第1部

## 体制転換期の新たな発達文化の模索

# 第1章　タタルスタンの人間形成の全体史
## ——ソ連邦解体後の20余年の歩み

関　啓子

　ソ連邦解体後の1990年代後半、タタルスタン**(図1)**における教育改革は、民族意識の高揚が大きなテーマになっていた。教育現場にもその気概が溢れていた。グローバル化がいっそう著しい現在、教育制度・政策への人々の向き合い方、自立の仕方とさせ方（発達文化）に変化はあるのだろうか[1]。

　体制転換にもとづく教育制度の変革が、教育改革の第一波だとすれば、教育の国際標準化への対応が、改革の第二波ということになる。その間に若干の時差はあるものの、畳み掛けるように改革は進行してきた。本章の課題は、教育改革への保護者と生徒たちの対応に注意しながら、タタルスタンにおけるソ連邦解体後の人間形成の全体史をスケッチすることである。

図1　ロシア連邦内のタタルスタン共和国の位置

## 1. 自由の増大、格差の拡大、不安の重層化

■ 1.1. ソ連邦の解体がもたらした不安

　ソ連邦の解体は、子ども・若者（おとな）の自立をめぐる行動様式・判断様式・人間関係とひとりだちの意味付け（〈育てる・育つ〉をめぐる文化＝発達文化）を揺るがした。ソ連邦時代の自立の仕方とさせ方にとって重要であったのは、学歴と党派性および属性（人種・民族など）などにもとづく相互扶助であった[2]。私的所有が否定されていたソ連邦では、教育は社会的な昇進の唯一の手段であり（レ・タン・コイ 1991:161）、学歴が重視された。マルクス・レーニン主義イデオロギーを具体的な活動で表すことができるかどうかも、教育の機会と社会的な昇進を左右した。加えて、個人のアイデンティティの構成要素のうちのどれかにもとづく相互扶助関係が意味をもった。例えば、生業や職場あるいは民族といった属性などを基礎にした助け合いが、生活のさまざまな場面で見られた。学校（学歴）と党というシステムからこぼれ落ちがちな生きにくさを抱えた人々にとって、この相互扶助は意味をもった。

　ともかく、学歴、党（思想性）、相互扶助が人の育ち方（社会化）の基盤であった。この社会化の過程で、伝達される文化内容も、伝達の諸エージェントも、強弱はあるにせよ党派性のもとで統一的であった。極言すれば、党が、王道としてのよりよく生きる基準を提供していた。学問もその正統性を根拠付けた。

　非ロシア人であるという意味でマイノリティである諸民族の子どもや若者も、学業や思想性（ピオネールやコムソモールなどでの活躍）によって民族エリートの育成過程にのることができた。エリートになる可能性は、民族によってあるいは階層によって閉じられてはおらず、エリート補充の開放性は高かった（ギデンズ 1984:120）。だが、思想性による社会進出や属性による相互扶助は、ときおり個人の能力と個性を重視する人々に不満をもたらした。さまざまな共同体的なつながりによるコネを使った生き残り策は、高い学歴があるのにもかかわらず出世できない人々に不満をもたらした。こうした不満が積もり積もって一気に爆発した。それがペレストロイカの一側面であり、不満の爆

発は体制転換の引き金となった。

　ソ連邦の解体は、画一的で硬直化した自立の仕方とさせ方を揺るがした。約言すれば、王道としてのよりよく生きる基準が消失したのである。この不安のなかで、タタルスタンでは1990年代後半、民族意識の高揚による民族アイデンティティの確立が目指された。民族意識の活性化は、タタルスタン政府にとっては民族的凝集力を高めることに役立ち、よりよく生きる基準を失ったことによる1990年代の不安を払拭する精神的な盛り上がりを生み出した。

　ソ連邦解体後、よりよく生きる基準から党派性が消え、その分、学校での学業成果および学歴が、人のひとりだちにいっそう大きな意味をもつようになった。

　市場経済化が進むとともに、私立学校も生まれ、家族の経済力が教育機会に影響を及ぼすようになり、人の育ちの過程は、望もうが望むまいが、多様化した。教育機会の選択肢が増大し、選択の自由が拡大したために、一方では、よりよく生きる能力の獲得のために教育機会を選択できる経済力や、よりよい選択を促し支える文化資本に恵まれた人々の満足が高まり、他方、経済力や文化資本に恵まれない人々には不安と不満が渦巻く結果になった。

■ 1.2.　グローバリゼーションと教育改革

　上記の、教育機会の選択に満足する層と、進路に不満と不安を抱えた層に二極化しつつあるところに覆いかぶさってきたのが、教育のグローバリゼーションの強大な波である。

　現在進行中のグローバリゼーションは、「これまでの国民経済を所与としてきた枠組みを再編しようとしている」(伊豫谷ほか 2013:80)。その根幹にあるのは、「国民国家を単位とする世界地図、思考様式ではなく、近代を創り上げてきた、そして西洋を中核として構成された近代国家（国民‐国家）間体制の溶解である」(伊豫谷ほか 2013:58-59)。そこでは社会制度・機構・システムの変型が求められる。EUが仕掛ける欧州高等教育圏構想ボローニャ・プロセスは、EU圏内だけでなく、周辺諸国はもとより世界中に影響を与え

ている。ボローニャ・プロセスへの参加か否か、あるいはボローニャ・プロセス標準に従うかどうかは、人的能力としてのヒトの移動の可能性を左右するからである。それぞれの国内で制度改革の是非をめぐって議論が起こった。ボーダレス化と国民国家の枠組みの存続との矛盾が、教育制度と政策という部面で露呈したのである。

　世界銀行主導の国際学力到達度評価 PISA やボローニャ・プロセスへの参加が、世界中の教育関係者（教育行政、教育管理職者、教員など）の課題になり、各国で国民教育制度の修正や再編が始まった。例えば、旧ソ連邦構成共和国では、10 ～ 11 年制初等・中等教育が 12 年制に再編されたり、再編が模索されたりしている。

　先の矛盾への対応はさまざまな国々で概ね次のようになされている。フォーマルな学校教育は、国際標準化した学力を生徒・学生に付けさせ、生徒たちを学力によって序列化し、人材を養成・配分するという機能を果たす。西洋仕様の知の枠組みと数値化になじむ学力と測定（評価）方法は、国際的なお墨付きを得たと言わんばかりに、ほとんど審問なしで受け入れられる。国家単位で追及されるのは、国際学力テストでの国家順位の向上である。そのためにカリキュラムが刷新され、教授法が開発される。生徒たちは国内の学力競争による序列化と、国際競争に耐える人材養成という二重の意味をもつ競争に引き込まれるようになる。

　教育改革と政策動向によって、ロシア連邦の対応も上記と同様であることが確認される。ロシアでは、「現代化」をキーワードにする教育改革がスタートしている。2010 年 2 月当時の大統領メドベージェフは、大統領主導の新規事業として、「私たちの新しい学校」事業を承認している（澤野 2012:37）。それは、「①新しい教育課程基準への段階的移行、②才能ある子どもの支援システムの発展、③教員の潜在的能力の開発、④学校のインフラ整備、⑤児童生徒の健康維持と強化、⑥学校自治の拡大」、これらが柱になった事業である（同上）[3]。

　だが、こうした動向の背後には、もうひとつの矛盾が見え隠れしている。西洋を中核とした国家間関係が溶解しつつあるグローバリゼーションのもと

でも、教育という領域では西洋中心の国際標準化が図られているという矛盾である。

多民族国家であるロシア連邦内では、民族・宗教・地域などにもとづく差異が、公平を装った学力競争に反映され、不利や不平等が再生産されているが、この事態は、改革サイドの視野からもれがちである。自立をめぐる選択の可能性の幅に見られる格差は、家族の経済力、家族の文化資本、居住地域などにもとづきつくり出され、格差は多様化し、重層化している。

覇権国家および文化圏の教育ヘゲモニー・価値観の席巻とそれに抗して生ずる多文化化・アンチグローバリゼーションとのせめぎあいは、旧ソ連圏では存在するのか、存在しないのか。現行の教育改革とシステムに馴染めない人や、フォーマル教育が方向付けるよりよい生き方に満足できない人、あるいはそれでは生きにくさを感ずる人はどうすればいいか。

人間形成の側面において、上記の見え隠れする矛盾にどのような対応がなされているのか。非ロシア人であるタタール人が多数を占めるタタルスタンにおける〈育てる・育つ〉にかかわる行動様式をめぐる工夫やひとりだちの意味付けの変容を追う[4]。

## 2. タタール語とロシア語のバイリンガル ——その意味の変容

ソ連邦解体後、タタルスタンの教育改革の柱は、一つには、民族意識の高揚であった。この課題は、対ソ連邦、対ロシアといった意識によって後押しされていた。タタルスタンは、1917年の社会主義革命後、1920年代に中央アジアの諸民族が連邦構成共和国を形成した際、同様に構成共和国となるという夢はかなわず、自治権の一段階低い自治共和国の地位に甘んじた。さらに歴史を遡れば、タタール人は、正教のロシア人とイスラームの民との対立に翻弄され、イスラームを棄教し、正教徒になることを強いられもした。文明という境界をめぐる抗争が、ロシア人とタタール人の歴史であった。境界という思想（山内 2012:9-10）は、残酷なもので、境界の彼方にある人々は野蛮人とされ、家畜や動物と同じ扱いになったから、酷いやりとりの歴史が記

録されることになった。

　さて、ソ連邦解体後、タタルスタンは、ロシア連邦の構成内にとどまったとはいえ、共和国となり、シャイミーエフ元大統領の政治的な辣腕のもと、連邦構成主体のなかで不動の地位を獲得することに成功した。

　こうした連邦内政治での地位の獲得を支えたのは、一つには言語であった。タタルスタンは、民族語を重視し、学校教育での二言語習得政策をとった。タタール語とロシア語のどちらの言語を教授用言語として選んでも、残りは教科として必ず学ばれる仕組みである。もちろん、これに外国語が科目として加わる。例えば、ギムナジア第 37 番学校の教科課程表では、英語が第 2 学年から必修となっている。

　タタール語の意味付けが高まったのは、ソ連邦解体後、タタール語をマスターしていることが、社会的な自己実現や社会的な昇進に役立ったからでもある。その背後には、主権国家理念の高揚とその理念にもとづく国づくりの意気込みがあった。1994 年にロシア連邦との間で締結された権限区分にかかわる条約を、タタルスタン側は主権国家間の条約と解釈したが、ロシア連邦政府はタタルスタンを主権国家とは認めていなかった。こうした曖昧さを残しつつ、タタルスタンは自らを国際法上の主権国家として位置付け、自立的な共和国づくりを目指した。

　1990 年代後半の世界タタール人大会は大いに賑わったが、盛り上がりを演出したのは、タタール語であった。また、タタール人はディアスポラの民で、タタルスタンに居住するタタール人は、タタール人総人口の約 40% にしかすぎず、タタール語は四散したタタール人の心の拠り所そのものなのである。タタール語はタタール人の力を凝集させる核であり、民族アイデンティティの重要な要素である。

　二言語習得政策は実を結び、現在約 70% がバイリンガル状態を維持しており、タタール語が社会的な成功に結びついた 1990 年代とは事情が異なる。ロシア語は全員がマスターしていることはいうまでもない。以前は、主権国家の理念をベースに自立性が宣揚され、母語習得への熱意は民族意識の高揚と一体化していた。しかし、プーチンの集権化政策によって、連邦と共和国

との法的関係が整序され、対抗しうる関係から上下のそれへと変化した。こうしたことを背景に、タタルスタンでのロシア人とロシア語への意識に変化が徐々に生まれ、いまでは対抗意識はあまり感じられなくなっている。タタルスタンでは人々が、グローバリゼーションのもとで、ロシアを越えて、欧米にも大きな注意を向け始めさえしている。

　以上のことは、タタール語学校数の推移によっても裏付けられる。カザン市教育局の職員の話によれば、ソ連邦時代、タタール語学校はたったの1校であったが、1990年代になると圧倒的にタタール語学校が増えた、という。しかし、いまはカザン市の総学校数171校のうち、タタール語学校は40校で、ほぼ住民の要求を満たしているので、これ以上増やす必要はない、という。もっともロシア人は都市部に多く居住しているので、農村部ではタタール語で教授する学校が多く、2011年のデータでは、タタルスタンの総学校数2131校中、985校がロシア語、966校がタタール語を教授用言語とし、チュヴァシ語で教える学校が118校あった。その他、マリ語やウドムルト語などを教授用言語にする学校がある[5]。

　1990年代後半、タタール語の学習時間の縮小を望む声が出されていた（関1998:303）。ロシア人の場合、いまでもその声は根強い。インターネットには、ロシア人のタタール語必修をやめてほしいといった趣旨の書き込みがあり、タタール語の授業を受けさせない旨の申請書を出した母親の裁判沙汰が報じられている[6]。このようにタタール語習得に批判的なのは、それが学力競争で負担になるからである。批判の背後には学歴・学力向上への熱心さが控えている。

## 3. 教育改革の新しい波

　中内敏夫によれば、近代教育の教育目標は「よりよく生きる」能力の獲得である（中内1998:31）。このよりよさの基準を決める人々が、教育へゲモニーを醸成する。「ミドルクラスの人たちにとって、学歴は『生存競争』を勝ち抜くために欠くことのできないもの」、ブルデューの表現を借りれ

ば、「みずからの特権の再生産に不可欠の文化資本である。」（ハルゼーほか 1997=2005:29）

　サフィウリン（カザン連邦大学）たちの調査によれば、タタルスタンのミドルクラスも教育に熱心である。調査対象とされたミドルクラスの学歴は、高等教育を受けたものが64.4％と高く、71％が頭脳労働に従事している（Сафиуллин 2012:29）。これらの人々の職業・職位は、中小企業主、大企業経営者、国家・地方管理機関職員等である（同:33）。ミドルクラスは、独学に勤しんだり（26.4％）、資格向上コースを受講したり（23.5％）、技能習得の機会を掴んだり（17.7％）、大学院などに学び（15.6％）、コンピュータ操作を習得し（15.6％）、外国語を学習したり（11.4％）、新しい専門で再教育をうける（8.9％）など（同:32）、教育・学習にかなり意欲的である。この3年間で自費を費やした先は、医療サービス58.9％を別として、成人教育が21.7％、子どもの教育が19.5％であった（同上）。

　とりわけ都市部に居住し、学歴と学力で社会進出しようとする家族と子どもたちにとって重要なのは、テクノロジーの改編や社会経済システムと調和した、グローバル社会で生き抜く能力を保証する、競争力のある効率的な人づくり機能、いわば教育の現代化ではないだろうか（Диденко 2012）。ディデェンコ（ロシア科学アカデミー社会学研究所）は、ロシアにおける現代化の中心的な方向として、人的資本の蓄積を挙げ、教育分野の発展の新しい傾向として（1）国際化、（2）情報技術の発展と普及、（3）補充職業教育の必要性（おとなの資格向上・再訓練）を指摘する。さらに、生涯学習モデルを発展させるという課題にも注目する。

　タタルスタン共和国教育省も、連邦政府が推進する教育の現代化策に取り組んでいる。教員、テクノロジー、インフラへの投資を課題とする教育プログラムが採択された。タタルスタン教育省は、ボローニャ・プロセスへの参加に見合う高等教育改革によって、卒業生が国際レベルで活躍するのを助成している、と語る。カザン大学は連邦大学に格上げされたが、大学人は優良大学への優先的な予算配分という国家戦略をよく理解し、国際化への期待に応えようと努めている。

## 4. 共和国としての立ち位置と新しい民族イメージ
　　——シャイミーエフの世界遺産戦略

　それでは、民族アイデンティティの構築への関心はなくなったのかといえば、そうでもない。シャイミーエフの世界遺産をめぐる働きかけは、新しい民族イメージをつくり出し、それによる国際的な位置取りを目指しているように思える。

　タタルスタンは、カザン市のクレムリンがユネスコの世界遺産に登録されることによって、ロシア正教とイスラームとの共存の象徴化に成功した。西洋と東洋の文明の架け橋、異なる宗教の共存をクローズアップすることは、ロシアばかりでなく欧米世界を視野におさめたタタルスタンの位置取り戦略として効果的である。

　シャイミーエフは、ボルガルとスヴィヤシスク島の世界遺産登録への働きかけを行なってきた[7]。前者はイスラームの歴史的な聖地で、後者はロシア正教の聖地である。シャイミーエフによって創設されたタタルスタン共和国歴史文化遺産復興財団は、スヴィヤシスクの復興に着手し、大規模な改修が行なわれた。ユネスコ学校として登録された島内の9年制の基礎学校の周囲は、桃源郷のような美しさである。素晴らしい景観とは裏腹に、スヴィヤシスクはまさしく文明の境界の不幸を一手に引き受けたところである。イワン雷帝の出城であったばかりでなく、20世紀に入っての国内戦争の際には白軍と赤軍のせめぎあいの地となった。監獄、病院があったところであり、復興のための再建工事をすれば、人骨がつぎつぎと掘り出される悲劇的な島なのである。文明の境界での暴力と不幸を克服して、新しい文明の視野を開くという意味で、打って付けの地ともいえよう。

　重要なのは、イスラームとロシア正教との共存が、タタルスタンの共和国としての立ち位置の象徴にほかならず、これが共和国の名称民族のイメージにグローバルな価値を付与することである。もちろん、世界遺産登録は、巡礼と観光の基地の誕生として地域活性化に役立つことはいうまでもない。2014年、ボルガル歴史的考古学的建造物群が、世界文化遺産に登録された。

東西文化の交流の地で、モスクばかりでなく教会もある。

　こうしたタタルスタンの立ち位置と共鳴する見解を、カザン大学で聞くことになった。カザン大学は、歴史のある名門大学で、ツァーリも訪問し、トルストイが学び、レーニンも講義を聞いた大学である。こうしたロシア文化の歴史を大事にしながら、現在、ボローニャ・プロセスへの参加にもとづき、高等教育の国際化にも熱心である。大学の中心的な教授陣に聞けば、一方では、極東を含むロシア・アジア部の拠点として、ロシアにおける自らの重要性に言及しつつ、他方では、ヨーロッパ・システムと一体化し、自身の存在を広くヨーロッパに示すことに意欲的である。

　文明の境界にあったことを逆手にとって、東洋とイスラームに通じているという特徴を誇示し、西洋文明の先端を走ってきたという自負の上に、文明の架け橋、異なる宗教の共存のモデルとして、ロシアにおいてばかりでなく、欧米においても承認されるユニークな民族イメージを作り出そうとしている。

　この民族イメージを自然に感じさせる風景が、カザン市にはある。モスクと教会が落ち着いた華麗なおもむきを醸し出している（関1998:295）。風景の知は、「人間が自己の場所と自己の歴史をどのように生きるか、生きたかという形成的な意味をも発信する」(関 2012:149)。風景もまた民族アイデンティティの構築資源である。

## 5. アイデンティティ構築の資源としての宗教

　とはいえ、民族にかかわらず、ミドルクラスはアイデンティティの構築資源としては学歴・学業に執着し、ロシア人の場合は民族意識が希薄である[8]。それでも、民族アイデンティティ構築の契機は、風景以外にもあるのではないだろうか。

　タタルスタンではムスリムが多く、ロシア人正教徒と共存している。両者の間で表立ったコンフリクトがあるわけではない。しかし、ムスリムの育ちの文化に親しみ、「イスラームする」（内藤 2012）ことを大切にしようとする

生活世界のなかに、以下に触れるように、民族アイデンティティの構築の契機が見られた。

近代教育の目標が、既に記したように、「よりよく生きる能力」の獲得、言い換えれば学歴・学力競争を必然とする方向目標であるのに対して、一般の人々のためのイスラーム教育の目標は、正しく「イスラームする」ことを学ぶことであり、それは、いわば、絶対目標である。前者は、競争が前提になるが、後者にあっては、競争は意味をもたない。そもそも、イスラームは神との垂直性と人間間の水平性を特徴とする宗教である（小杉 1994:72）。ムスリムの育ちの文化を維持しようとすれば、タタルスタンの公教育は世俗的だから、制度化した学校とは別の学習機会をもつ必要がある。

■ 5.1. 上級マドラサ・ムハンマディア

こうした別の学習機会として注目されているのが、上級マドラサ「ムハンマディア」である。ムハンマディアは、初等・中等教育の 9 学年の卒業生が入学するコースと 11 学年の卒業生が入学するコースをもつ。教科課程のうちほぼ半分は宗教教育で、それは、主に「クルアーン」と「ハディース」（預言者ムハンマドの生前の言行（スンナ）を書き記したもの）を理解・解釈する内容である[9]。「教科課程表」を参照されたい(**表1**)。ムハンマディアはイスラーム大学と同様、高等教育水準を維持している。その他、通信・夜間学校を併設し、生涯学習機会も提供している。

注目すべきことは、いわば、ダブル・スクールとしてここに学ぶ学生がいることである。就職などの手段となる学業と学歴はふつうの公教育機関で積みながら、ここには、イスラームの知識を学ぶために来る。これらの学生は、フォーマル教育で学力を身に付け、それの方向目標を追求するばかりでなく、絶対目標を自ら立て学ぶという、学びの自前の構造化を行っている。

ムハンマディアの夜間コースの成人クラスを見学したが、ほとんどがスカーフで頭髪を覆った熟年の女性たちで、私たち見学者に興味を示し、にこやかに話しかけてきた。

ムハンマディアは、1882 年にマドラサとして創設された歴史のある施設

である。その運営は、すべて寄付によってまかなわれている。学習者は、自身の資力にみあった寄付をする。学外からも寄付がある。ムスリムとしての宗教的な義務行為の一つである喜捨によって、ムハンマディアは運営されている。教師と学生のために大量の食材が定期的に寄付される場合もある。

　ムハンマディアの副校長によれば、当校の第一の特徴は、民衆性にある。民衆性とは、人々の要求によって成立し、自らの手によって運営されているということを意味している。もう一つの特徴として挙げられたのは、タタール語による教育であるという点である。この特徴を踏まえれば、タタール語で教育することによって、学習者はムスリムという共同性と、タタール人という民族意識を醸成し、ムスリムとしての生き方の指針と基盤としてのアイデンティティを、民族的なものとして構築する、と考えられる。

■ 5.2. ムスリム初等・中等教育学校グスマニア

　ムスリムの育ちの文化を重視する家族がとるもう一つの選択肢が、子どもを私立学校に通わせるというものである。ムスリム初等・中等教育学校グスマニアは、そうした学校である **(図2)**。教育省下にある学校だから、教育課程などはすべてふつうの世俗的な学校と同じである。教科課程に宗教教育を含みこんでいるわけではない。宗教教育にかかわる内容は、保護者の了承が得られた場合、サークルやプロジェクトなどの課外活動で実施される。しかし、教員は、市から給料をもらってはいない。ここは信者の寄付によって運営される私立学校である。

表1　教科課程表（全日制用、宗教科目に下線。Медресе ≪Мухаммадия≫ 2008:134-137）

1学年

| 前期 | | 後期 | |
| --- | --- | --- | --- |
| 教科名 | 時数/週 | 教科名 | 時数/週 |
| クルアーン | 3 | クルアーン | 3 |
| タタール語 | 2 | タタール語 | 2 |

16　第1章　タタルスタンの人間形成の全体史

| 教科名 | 時数/週 | 教科名 | 時数/週 |
|---|---|---|---|
| フィクフ（イスラーム法学） | 3 | フィクフ（イスラーム法学） | 2 |
| アキーダ（信仰箇条・神学） | 2 | アキーダ（信仰箇条・神学） | 2 |
| アラビア語（講読） | 4 | アラビア語（講読） | 4 |
| アラビア語（会話） | 4 | アラビア語（会話） | 4 |
| アラビア語（文法） | 4 | アラビア語（文法） | 4 |
| アラビア語（形態論） | 2 | アラビア語（形態論） | 2 |
| アラビア語（習字） | 1 | イスラーム道徳 | 2 |
| クルアーンの読み方 | 2 | タタルスタンの歴史 | 2 |
| アラビア語（手紙） | 1 | アラビア語（手紙） | 1 |
| アラビア語（発音） | 2 | アラビア語（習字） | 1 |
|  |  | アラビア語（綴り） | 1 |
| 合計時数 | 30 | 合計時数 | 30 |

2学年

| 前期 |  | 後期 |  |
|---|---|---|---|
| 教科名 | 時数/週 | 教科名 | 時数/週 |
| クルアーン | 3 | クルアーン | 3 |
| タタール語 | 2 | タタール語 | 2 |
| フィクフ（イスラーム法学） | 2 | フィクフ（イスラーム法学） | 2 |
| アキーダ（信仰箇条・神学） | 2 | アキーダ（信仰箇条・神学） | 2 |
| アラビア語（講読） | 4 | アラビア語（講読） | 4 |
| アラビア語（会話） | 4 | アラビア語（会話） | 4 |
| アラビア語（文法） | 4 | アラビア語（文法） | 4 |
| アラビア語（形態論） | 2 | アラビア語（形態論） | 2 |
| 地理 | 3 | スィーラ（ムハンマドの伝記・預言者伝）(1) | 3 |
| タタールの歴史 | 2 | タフスィール（ハディースに基づく解釈）(1) | 2 |
| アラビア語（手紙） | 2 | ハディース（預言者ムハンマドの言行を記録したもの）(1) | 2 |
| 合計時数 | 30 | 合計時数 | 30 |

第 1 部　体制転換期の新たな発達文化の模索　17

3 学年

| 前期 | | 後期 | |
|---|---|---|---|
| 教科名 | 時数/週 | 教科名 | 時数/週 |
| クルアーン | 3 | クルアーン | 3 |
| タタール語 | 2 | タタール語 | 2 |
| フィクフ（イスラーム法学） | 2 | フィクフ（イスラーム法学） | 2 |
| アキーダ（信仰箇条・神学） | 2 | アキーダ（信仰箇条・神学） | 2 |
| 預言者たちの歴史 | 3 | クルアーンの物語 | 3 |
| イスラームの歴史 | 2 | イスラームの歴史 | 2 |
| 演説術 (1) | 1 | スィーラ（ムハンマドの伝記・預言者伝）(2) | 3 |
| イスラームの女性 | 2 | 方法論（学年論文） | 1 |
| クルアーン研究 (1) | 2 | クルアーン研究 (2) | 2 |
| タフスィール（ハディースに基づく解釈）(2) | 2 | タフスィール（ハディースに基づく解釈）(3) | 2 |
| ハディース（預言者ムハンマドの言行を記録したもの）(3) | 2 | ハディース（預言者ムハンマドの言行を記録したもの）(4) | 2 |
| アラビア語の歴史 | 3 | イスラーム法史 | 2 |
| ハディース研究 | 2 | イスラームの女性 | 2 |
| アラビア語史料研究 | 3 | アラビア語語彙学 | 3 |
|  |  | アラビア語（翻訳） | 1 |
|  |  | 演説術 (2) | 1 |
| 合計時数 | 30 | 合計時数 | 30 |

（訳者註：合計時数は単純加算で前期は31、後期は33時間となっている。また「ハディース(2)」は原文から欠落している。）

4 学年

| 前期 | | 後期 | |
|---|---|---|---|
| 教科名 | 時数/週 | 教科名 | 時数/週 |
| クルアーン | 3 | クルアーン | 3 |
| タタール語 | 2 | アラビア語作詩法 | 1 |
| フィクフ（イスラーム法学） | 2 | フィクフ（イスラーム法学） | 2 |

18　第1章　タタルスタンの人間形成の全体史

| 宗派とその分派 (1) | 2 | イスラームの宗派とその分派 (2) | 2 |
|---|---|---|---|
| フィクフ（[イスラーム法学の] 継承） | 1 | フィクフ（[イスラーム法学の] 継承） | 1 |
| アラビア語文学史 | 3 | アラビア語文学 | 2 |
| 修辞学（ал-бади'） | 1 | 修辞学（ал-ма'ани） | 3 |
| アラビア語（翻訳理論） | 1 | 現代イスラーム社会 | 2 |
| アラビア語（講読） | 2 | アラビア語（文法） | 2 |
| タフスィール（ハディースに基づく解釈）(4) | 2 | タフスィール（ハディースに基づく解釈）(5) | 2 |
| フィクフ（イスラーム法学）の基礎 (1) | 2 | ハディース（預言者ムハンマドの言行を記録したもの）(6) | 3 |
| イスラームへの召喚 | 2 | イスラームへの召喚 | 2 |
| ハディース（預言者ムハンマドの言行を記録したもの）(5) | 2 | ハディース（預言者ムハンマドの言行を記録したもの）(7) | 2 |
| アラビア語（会話） | 2 | アラビア語 | 3 |
| 心理学 | 2 | アラビア語（翻訳） | 1 |
| 合計時数 | 30 | 合計時数 | 30 |

（訳者註：合計時数は単純加算で前期は29、後期は31時間となっている。）

5学年

| 前期 | | 後期 | |
|---|---|---|---|
| 教科名 | 時数/週 | 教科名 | 時数/週 |
| クルアーン | 3 | クルアーン | 3 |
| アラビア語史料研究 | 2 | コンピューター | 2 |
| イスラーム教授法 | 2 | アラビア語教授法 | 2 |
| 英語 | 4 | 英語 | 4 |
| 外国語教授法 | 2 | 方法論（卒業論文） | 1 |
| 現代イスラーム社会 | 1 | イスラームの訓育 | 2 |
| 教育学基礎 | 2 | タフスィール（ハディースに基づく解釈）(6)（テーマ別） | 3 |
| 修辞学（ал-байан） | 2 | 心理学 (2) | 2 |
| タタール語 | 1 | タタール語 | 1 |
| 演説術（実践） | 1 | | |
| 合計時数 | 20 | 合計時数 | 20 |

図2　初等・中等教育学校グスマニアの授業風景（曽根直子撮影）

　学校は、現在、農村部に位置している。11年制の初等・中等学校であり、2012年の生徒数は110人であった。男女共学の二交替制の学校である。卒業生のほぼ80％が大学に進学している。学校の特徴の一つは、第一外国語がアラビア語であることだ。第二外国語が英語で、生徒たちは4言語を習得する。アラビア語の教師は、上記のムハンマディアの卒業生であった。1年生のアラビア語の授業を見学したが、先生はロシア語も使いながら、生徒12人にアラビア語を教えていた。金曜日には、生徒たちは隣接するモスクにお祈りに行く。

　ここでは、高い外国語能力を生徒たちに獲得させ、ふつうの学力も身に付けさせて、大学進学を支援しながら、他方では、外国語教育やプロジェクト学習などの課外活動によって、「イスラームする」ことを教え、イベントや学内の雰囲気、隣接のモスクも相俟って、ムスリムの育ちの文化が織り上げられている。

　だが、問題もある。ムハンマディアもグスマニアもいずれも、寄付で運営されている。タタルスタンのイスラームはハナフィット学派だが、学校への寄付を通じて国外などから異なる過激な学派が忍び寄ることがないとはいえない。

## 6. ノンフォーマル教育——補充教育施設の教育活動

　タタルスタンには、宗教とはかかわりがない子どもたちの居場所もあった。学校外の補充教育施設である。居場所と記したのには理由がある。子どもたちが体調不良で学校を欠席しても、このノンフォーマル教育機関の補充教育施設「子どもの創造宮殿」には来ずにはいられない、という。関係者の証言だが、あながち過大評価とはいえない。なぜなら、ここには、フォーマル教育とは異なる教員・指導者と生徒との関係性があるからだ。フォーマル教育の場合、両者の関係性を規定する要因の一つが生徒の序列化であるが、ここにはその要因はない。ここの指導者は、それぞれの参加者の能力の絶対的な発達を助成することに努めている。学校よりもここに喜んで来る子どもたちがいる理由を、各種専門力量を確実に向上させる指導法ばかりでなく、教師・指導者と生徒との真剣で、心の通い合った関係性にある、と指導者数人がインタビューで答えた。

　もちろん、ここでの活動を、必修扱いの課外活動にカウントすることもできるから、当施設もフォーマル学校教育と無縁ではないし、参加者は学業競争を有利に展開するためにこの施設を利用することもできる。それでも、子どもたちは、学校での競争的（相対的）な評価に拘泥することから離れ、興味や好みにかかわる能力や感性を絶対的に向上させ、その達成感を楽しんでいる。

　当施設は、かつてはピオネール宮殿であり、2010年に創立75周年を迎えた。現在市から予算が与えられ、無償性を維持している。

　ソ連邦では、学校教育と学校外教育は、いわば車の両輪として重視され、学校外教育は無料で実施され、優秀な指導者が勤務していた。社会主義革命後当初、ピオネール施設では、思想性を帯びた教育が行われたが、しだいに多様な能力や個性をのばすサークルの集合施設になっていった。この「子どもの創造宮殿」は、20年前は娯楽が目的であったが、いまは教育的なプログラムが実施される教育施設になった、という。

　こうした施設は、ロシア連邦内の他の地域にもある。本章で指摘したいの

は、独自の充実したよい生き方を探求するというひとりだち過程が、ノンフォーマル教育によって部分的に実現され、それを可能にしているのが、ソ連邦時代に育まれた発達文化であるということだ。

## 7. 発達文化から人間形成を読み解く

　よりよく生きる基準は、ある人々の生きやすさを正当化し、その基準を高いスコアでクリアするためのメカニズムが作り出される。現在では、グローバルな活躍に連動する学力（スコア）を効率的に身に付けさせる学校形態や種別がつくり出されている。

　誰の教育意思が教育システムを稼動させているか（フォーマル教育がどのような「よりよく生きる能力」を保障しているか）は、いかなる教育問題が課題化されるかによって浮かびあがる。タタルスタンでは、ネットやマスコミで教育問題として取り上げられるのは、学歴の獲得に生き残りをかける人々の競争がはらむ理不尽さ（不利）をめぐるものが多い。例えば、タタール語必修への不満など[10]が、教育問題として取り上げられる。国際標準の学力獲得競争が教育の王道とされ、学業成績を介して社会進出を目指す人々によって支持されている。

　しかし、上記の王道をひた走ることに生きにくさを感じてしまう人もいて、独自のひとりだち過程が作り出されていることもわかってきた。

　制度化した教育システムに、当該社会に生きる人々がどのように向き合っているかを解読するために、本章では「人々によって日々生きられている文化（本章では〈育てる・育つ〉をめぐる発達文化）を、そのあらゆる繊細さを踏まえながら記述的にとらえつつ、それを構造づけているグローバルなものを分析的にとらえる二重の視線」（ハージ 2007:47-48）を重視しようとした。タタルスタンに生きる人々のひとりだちのドラマを、上記の二重の視線を縦糸と横糸にして、織り上げてみようとしたのである。残念ながら、繊細な記述には遠く及ばなかったが、フォーマル教育ばかりでなく、ノンフォーマル教育、インフォーマル人間形成作用にも注意を向けると、フォーマル教育の方

向目標である学力とよりよく生きる基準を考え直し、相対化し、個人的に一部作り変える過程も進行していることが浮かび上がった。

　ダブル・スクールとして宗教教育機関に通う学生は、一方ではフォーマル教育を介した自己実現を目指すが、それに飽き足らず「イスラームする」ことも重視する。同教育施設で生涯学習に取り組む年配の女性たちもいる。大学進学を助成しつつ、「イスラームする」ことも大切にする私立の初等・中等イスラーム学校を選択する保護者もいる。保護者たちは、手作りの行事で学校を支援する。子どもたちが個性と能力の発達に達成感を抱く無償の居場所もある。シャイミーエフを中心とした人々は、世界が認めざるをえない価値を帯びた民族イメージを、風景と文化遺産を利用してタタルスタンから発信し、タタルスタンの国際的な立ち位置を誇示しようとする。これらは、先述の二つの矛盾に対する、生きられた発達文化と風景を基盤とした対応の仕方である。

　フォーマル教育によって輝く個性は、往々にして能力差であるが、所与のよりよく生きる基準を再考する人の場合、一人ひとりの生き方（育ち方）の組み立て過程が個性を紡ぎだすことになる。フォーマル教育、ノンフォーマル教育、インフォーマル形成作用に目配りすれば、フォーマル教育によって定型化されたよりよく生きる能力の獲得とは別の、学力獲得競争という教育の王道に回収されない人々の自前のひとりだち過程もせりあがる。

【註】
1. 本章は、拙稿（1998）で着手した比較発達社会史研究の現在の到達点である。出発点と同様に、具体的な対象としてタタルスタンを選んだ。
2. 本章では、属性は、業績の対語として使用している。「属性が生得的で本人の努力によって変えられない性質であるのにたいし、業績は本人の能力と努力によって獲得した性質ないし成果をさす。」（『社会学事典』弘文堂、1988）
3. Соболеваは、現行の統一国家試験などの改革の問題点を指摘しつつも、教育の現代化問題には、国家の関与が必要であるとする（Соболева 2011:395）。彼女の論述からは、グローバルな競争力に見合った国民的な人的潜在力を向上させるという課題が浮かび上がる（同上）。
4. 同じタタール人でも、タタルスタンのタタール人とモスクワのタタール人ではひとりだちの苦

労が異なる。両者を比較すれば、モスクワのタタール人は、民族の誇りと自信の源としての「伝統」の確認と、民族アイデンティティの確立、居場所としてのモスク建設をはるかにより真剣に必要としている。モスクワのタタール文化センター(新名称はアサドゥラエフ記念精神教育センター)の代表者(弁護士)が強調したのは、モスク建設の必要性であった。

5. Российская газета 2011/09/23　編集部のコメントより。
　　http://www.rg.ru/printable/2011/09/23/reg-volga-kama/tatrus.html
6. http://www.regnum.ru/news/1564231.html 2012/08/23
7. ボルガルとスヴィヤシスクの世界遺産登録への働きかけについては、櫻間瑛「文明の交差点における歴史の現在―ボルガル遺跡とスヴィヤシスク島の『復興』プロジェクト―」が詳しい。復興プロジェクトの意味と課題が掘り下げられ、実に興味深い論稿である。http://hdl.handle.net/2115/51948
8. タタルスタンにおけるロシア人の若者(対象者：590人の学生と525人の生徒)の民族的自己意識の調査結果によれば、ロシア人の場合、タタール人よりも、自己の民族アイデンティティの固有性について考えることがまれである、と分析されている(Лучшева 2009：223)。
9. Медресе«Мухаммадия»: преемственность традиций, Казань, 2008
10. 7割もの学校が、民族・地域コンポーネント(全教科課程の15%)や学校裁量枠(同10%)を、ロシア語関連の教科に振り向けている、という。
　　http://www.rg.ru/printable/2011/09/23/reg-volga-kama/tatrus.html

【引用・参考文献】
伊豫谷登士翁／齋藤純一／吉原直樹(2013)『コミュニティを再考する』平凡社新書。
小杉泰(1994)『イスラームとは何か―その宗教・社会・文化』講談社現代新書。
ギデンズ、アンソニー(1984)『先進社会の階級構造』市川統洋訳、みすず書房。
澤野由紀子(2012)「ロシア連邦における教育の『現代化』」『文部科学時報』2012年2月号。
櫻間瑛「文明の交差点における歴史の現在―ボルガル遺跡とスヴィヤシスク島の『復興』プロジェクト」　http://hdl.handle.net/2115/51948
関啓子(1998)「比較発達社会史の冒険―ひとりだちをめぐるタタール人の葛藤の歴史」中内敏夫／関啓子／太田素子編『人間形成の全体史―比較発達社会史への道』大月書店、281-311頁。
関啓子(2012)『コーカサスと中央アジアの人間形成―発達文化の比較教育研究』明石書店。
内藤正典(2012)『イスラームから世界を見る』ちくまプリマー新書。
中内敏夫(1998)「中内敏夫最終講義」中内敏夫／関啓子／太田素子編『人間形成の全体史―比較発達社会史への道』大月書店、21-50頁。
ハージ、ガッサン(2007)「存在論的移動のエスノグラフィ― 想像(イマジンド)でもなく複数調査地的(マルチサイティッド)でもないディアスポラ研究について」伊豫谷登士翁編『移動から場所を問う―現代移民研究の課題』有信堂高文社、27-49頁。
ハルゼー、アルバート＝ヘンリー／ヒュー・ローダー／フィリップ・ブラウン／エイミー・スチュアート・ウェルズ編(1997=2005)『教育社会学―第三のソリューション』住田正樹／秋永雄一／吉本圭一編訳、九州大学出版会。

レ・タン・コイ(1991)『比較教育学―グローバルな視座を求めて』前平泰志／田﨑徳友／吉田正晴／西之園晴夫訳、行路社。
山内進(2012)『文明は暴力を超えられるか』筑摩書房。
Диденко Д., Ключарев Г.(2012) О ресурсах российской модернизации：роль непрерывного образования в процессе накопления капиталов//Общество и экономика, №.11.
Лучшева Л. В. (2009) Идентичность и самосознание русских Республики Татарстан, Этносоциология в России научный потенциал в процессе интеграции полиэтнического общества, Казан.
Медресе «Мухаммадия»: преемственность традиций, (2008) Казань.
Сафиуллин М.Р., Ефлова М.Ю., Нагимова А.М., (2012) Социальное самочувствие и самоидентификация среднего класса в Татарстане// Социологические исследования, №.10.
Соболева И.В.(2011) Социальные и экономические аспекты кризиса образования в России. // Стратегия опережающего развптия-Ⅲ Том2 Спектры российских модернизаций. Москва.

http://www.rg.ru/printable/2011/09/23/reg-volga-kama/tatrus.html
http: //www.regnum.ru/news/1564231.html  2012/08/23
http://hdl.handle.net/2115/51948

追記）本章の4と5については、詳しくは『ロシア・ユーラシアの経済と社会』(2013年5月号、№.969)に掲載された拙稿「変わりゆくタタルスタン」を参照されたい。

## 第2章　転換期における近代教育思想への向きあい
——東ドイツの改革教育学研究にみる挑戦と霧散

木下江美

### 1. 教育思想史をどう描くか

　教育の思想は、日常性にしみこんでふだんはみえない、「〈育つ・育てる〉をめぐる判断・行動様式」（関 2012:34）としての発達文化を成り立たせるさまざまな思想や実践のひとつである。この〈育つ・育てる〉という行為や現象、人びとのひとりだちは、さまざまな時代や地域を通じてひろくみられるものである。そのなかに、市民社会化・工業化を経た西欧近代において、よりよく生きるという目標の追求のもと、市民の育成をめざす国民教育制度として制度化された思想があった（中内 1998）。この近代教育の思想は、とくに非西欧地域で民衆の抵抗にあいながらも制度として世界各地に伝播した。さらに奇妙なことに、時代を経てこの教育のありかたはあたかも盤石なものであるかのように、社会のさまざまな位相で論じられてゆく（森 1993）。けれども、出発の時点で明白なように、近代教育の思想は、あくまでも近代西欧の市民社会に固有のものであり、そもそも社会−史的な限定を受けている。そのため、次世代の〈育つ・育てる〉に関わる思想は、特定の社会や時代のありかたのイメージとつねに不可分である。こうして、教育の思想は現在のみならず将来の社会に対して構想され、社会の変化に応じてたえず批判にさらされてゆく。

　このように、教育思想を特定の社会や時代の文脈でそのつどとらえるなら、教育思想家の手によるテキストがいつしか聖典化したり、思想家がイコン化される（関 1994:24）ことはない。関（2012:195）がヨーロッパ近代教育思想の相対化の方途について述べているように、近代教育思想はいつくしんだり、手をかけて守らねばならないものではない。ならば、近代以後の特定の場所

と時代において、社会とのどのような対峙があり、そこでどのように教育への反省がおこなわれてきたのかを解きほぐし、近代教育思想に向きあう人びとのことを考えてみたい。言いかえれば、教育を切り口に社会を構想する試行錯誤のプロセス、すなわち転換期の教育社会思想史（関 2012:39）としてこの向きあいをとらえてみたい。

近代教育思想の生誕地ヨーロッパに目をやると、この思想は深く根を張り近代学校を中心にひろく制度化したものの、改革運動というかたちをとって 19 世紀以降幾度も批判や再考にさらされてきた（Benner/ Kemper 2005）。この意味で、ヨーロッパは近代の教育思想にたえず向きあってきた地域である。近代教育思想を批判的に組みかえようとするとき、前の時代の批判的取りくみが参照され、さらなる検討がおこなわれる。この取りくみを実践とみなすと、後の時代の実践は前の時代の実践のうえに独自の展開をとげる。そこで生じるずれや新たな動きに、社会との関わりからみた近代教育への向きあいかたを探る。

## 2. 転換期の教育思想への接近

### ■ 2.1. 転換期の戦略と戦術

特定の時代と場所で近代の教育思想に向きあう人びとの営みを実践としてとらえるとき、そこにはどのような独自の展開や組みかえの様式があるだろうか。まずはミシェル・ド・セルトー（Michel de Certeau）（1980=1987）の議論を手がかりに考えてみたい。

ド・セルトーは、民衆文化や人びとの日常的実践を主題とし、そこでとられる民衆の「技」を論じている。かれはこの技を戦術と呼び、他者のテリトリーにおいて、ヘゲモニーを握るまさにその他者—そのテリトリーにおける主流—をわずかながらもあざむきながらとられる技芸であるとした。これは、自分のテリトリーを確立させたうえで、そのなかで有効なルールのもとで巧みに最善最良の策を取ろうとする戦略とは区別される（ド・セルトー 1980=1987:100ff.）。言いかえれば、戦略は近代制度に特有の「強者」の行為様

式であり、戦術はそのなかにありながら独自の論理で支配する他者をあざむき、裏をかいて「細く長くねばりづよい抵抗をつづける集団」（同上:71）、いわば「弱者」の活動である[1]。

このように考えると、先に述べたようなヨーロッパにおける教育批判の歴史のなかで、前の時代の思想を検討しなおし改革を構想する作業は、支配的な教育思想や硬直化した制度に向きあうなんらかの実践である。そこには、現行の制度を刷新し高みをめざす戦略も、現行の制度とは違ったものをわずかながらでも実現してニッチを探そうとする戦術も、ともに確認できよう。そのなかでも、制度化した教育と人びとの教育へのおもいとのあいだの対抗関係がドラスティックに転回するとき、状況に応じて戦略は戦術へ、戦術は戦略へと配置がえを余儀なくされる。ここには、変化のさなかにある社会とのかかわりで、教育に関するさまざまな実践の主体が「強者」にも「弱者」にもなりうる一触即発の事態がある。

こういった状況はまさに、「転換期の教育学」研究が関心を寄せてきたものである（鈴木 1968、Löw/ Meister/ Sander 1995、関 1995）。転換期とは、従来のひとりだちのありかた・させかたに関わる思想がいったん崩壊し、それらに対して再構築が求められる時期である（関 1995:19-25）。このとき、来たるべき社会を生きる人びとのひとりだちに働きかけようと、喫緊の課題として教育思想がさまざまに組み替えられ、構想される。このとき、それまで戦略としてなされていたひとりだちのありかたは崩壊し、戦術を駆使して変化に立ち向かってゆくことになる。ここにみられる教育批判のありかたや新しい教育の構想は、変化してゆく先の社会の構想とも連動する。新たな教育構想は、過去の時代のそれに示唆を得ながらも、いまここで批判している社会状況を乗り越えるための教育、これからつくってゆきたい社会を生きる人びとを対象にした教育として、新たに組みかえられることになる。こうして、転換期の〈育つ・育てる〉思想のゆく先が照らしだされる。

■ 2.2. ローカルな場所での戦術

ド・セルトーがみつめた民衆の実践は、話すこと、読むこと、歩くことな

ど、ごくごく日常的なものである。そのため、民衆の実践自体は、あまりに「ふつう」で、注意深く観察していなければ見逃されてしまう。ド・セルトーは、戦術と戦略というふたつの技を区別し、民衆の実践の特徴を描きだした。

2.1. で設定した転換期という舞台は、人びとがそれまでの日常性に意識的に向きあわざるを得なくなる時期である。そこでは、従来あまりに当たり前で気にも留められなかった日常が明白な違和感や希望の対象として浮きあがり、可視化される。こうなると、転換期の日常はある種の非日常となり、着想のうえで矛盾をはらむ。とはいえ、社会の転換期は、一枚岩のように押し寄せるものではなく、さまざまな位相・アクターによって異なった速度や強度で体験される（木下2010）。したがって、日常と非日常のせめぎあいや変転を具体的に観察できる場について考えることが必要である。

そのための場を、たとえば「ローカルな場所」としてとりあげることができる。この場所のもつ具体性について、保苅(2002)は、独特の意義を指摘する。かれは、オーラル・ヒストリー研究をおこなうにあたり、ローカルな場所にこそ、ナショナルな歴史からはみ出す現象や論点を見いだすことができると述べた。ここでいうローカルな場所は、「国家」でもその「一地方」でもない。また、そこでの日常的実践は、国家史と単純に連動するものではなく、そのミニチュアでもない。ここでおこなわれる実践には、その場所に独自の課題や性格があり、近代国家の定める時空間、制度史にあらわれる時期区分とは異なる時間の流れをもっている。しかし同時に、この場所は他の場所や国家・制度から切り離されて離れ小島のように孤立しているわけではなく、この場所を生きる人びとに独自の論理でほかの場所とのかかわりをもっている。保苅は、マイノリティの歴史を国家史に味気なく回収させることへのアンチテーゼとして、しかし国家史に対立させることなく、ローカルな場所を舞台とした歴史叙述を提案した。

こういった見方は、教育の歴史研究に対して中内敏夫が示した「小文字の社会史」を「大文字の社会史」へと導いてゆく態度に通じる（中内1992:230ff.）。彼は、社会史を「わびしい庶民の歴史」としないよう、国家や制度と緊張感をもって向きあい、その歴史を包摂した「大文字の社会史」へ

と成長させ（同上:235）、「生きられた歴史の復権」（同上:230）をめざすものとした。ここでも、社会史のもつ独自の時空間が論点となっている。この時空間でおこなわれる実践には、この場所だからこそ抱えることになった国家や制度に対するきしみがあるだろう。こうして、きわめて日常的で、ふだんは気にもとめられないローカルな場所が転換期に姿をあらわす。国家や社会のありかたに対して人びとの考えかたが変化してゆく時期、日常の具体的な生活空間から、既存の社会に対して何かをかいくぐるように、どのような対応や新しい思想が生まれてくるのか、〈育つ・育てる〉に関わる思想を通してみることができるだろう。

## 3. 近代教育思想に向きあう——東ドイツのばあい

これまでの議論をふまえ、本章では転換期においてローカルな場所で繰りひろげられる近代教育思想との向きあいかたを検討してゆく。そこで、近代教育思想が生まれて以来、これとの批判的な対峙を繰りかえしてきた東ドイツに舞台を設定する。東ドイツには、次項で述べるようなドイツ近代教育史を特徴づける改革教育運動の経験のみならず、第2次世界大戦後の社会主義教育の経験、その崩壊後の改革の経験がある。この過程のなかでの近代教育思想との重層的な向きあいかたを考察してゆく。

### ■ 3.1. 改革教育運動と東ドイツ

ベンナーとケムパーは、近代以降のドイツの教育史を広い意味で改革教育運動の歴史としてとらえた（Benner/ Kemper 2005）。これは、18世紀の啓蒙の時代、19世紀初頭の学校の制度化過程、20世紀初頭のいわゆる改革教育運動、そして戦後の教育改革の展開を、前の時代までの教育に対する改革を求める運動とみなし、近代教育思想史の大きな時間の流れにのせてとらえようとしたものである。同時に、彼らの研究はドイツの近代教育史の展開を、ドグマや制度としてではなく、実践・制度・理論のあいだを行き来する人びとの学習プロセスとしてとらえようとする、思想史的試みであった（同上:9-10）。

本章では、この学習プロセスすなわち向きあいかたに着目することにくわえ、それがおこなわれる社会状況を積極的に書き込んで後年の教育批判の特徴を読みといてゆくことをめざす。

　改革教育運動は、ドイツにおける近代教育との向きあいを論じるにあたり、有意義な研究対象である。これは、19世紀末からナチズムの政権掌握までの時期にドイツ各地で展開した社会変革を求める思想や実践の運動のひとつであり（Scheibe 1969=1994 を参照）、とりわけ近代学校批判の運動であった。この時期には、工業化・都市化がさらに進み、家族生活や労働状況が大きく変化し、そのなかで生活の改善や社会のありかたが鋭く問われていた。学校への批判もこの流れのなかでおこったものである。19世紀後半に制度として定着していた学校教育は、19世紀末になると、児童中心の教育をめざす動きや生活に根ざした授業・学習論に顕著なように、硬直性やつめこみ学習・授業が批判されるようになっていたのである。

　第2次世界大戦後には、教育問題が論じられたり、制度改革やオルタナティヴな教育に関心が寄せられるたびに、20世紀初頭の改革教育運動に対して示唆を得ようとするまなざしが向けられた。この運動はドイツの近代教育批判のひとつの様式として現在まで有力な手立てであり続けてきたのである。ただし、これは近代学校の存立基盤を問うものではないため、教育のありかたにオルタナティヴを求めたはずが学校制度の中心を占める中産階級の教育要求が強化されるなど、けっかとして近代教育の論理を洗練させてしまうという皮肉もしばしばあった。このように、改革教育運動は、ドイツの近代教育史・学校史を大きな変化と連続性のもとに理解するための重要な軸である（Scheibe 1969=1994, Benner/ Kemper 2005 を参照）。

　本章で対象とする東ドイツについてみてみよう。戦後、ドイツ民主共和国（DDR）において、改革教育学（Reformpädagogik）は政治状況に応じて適宜位置づけを変更させられた（Uhlig 1994, Benner/ Kemper 2005）[2]。敗戦直後の教育制度の民主化過程において、改革教育学は積極的に改革の思想的基盤・指針とされた。一方この時期、短期間に大量に養成された新教師（Neulehrer）が年長の教師とともに模索した教師像や授業実践にも、学習者に即した自由な

学びに価値がおかれたことなど、運動の影響を確認できる。その後、ソ連との関係が緊密になった 1947 年ごろ、さらにわずかな緩和を経てスターリン死後の独自路線の追求のなかで、改革教育学はブルジョワ的だとして政策のうえでも思想的拠りどころとしても退けられる。こうして、1960 年代から 1990 年に至るまで、改革教育学はタブーとされた。しかし、実践や研究のレベルでは連綿と受け継がれ、ドイツ連邦共和国（BRD）との理論交流やその教育への好意的な関心を示すバロメーターでもありつづけた。

■ 3.2. 東ドイツとライプツィヒ

　東ドイツでの改革教育学への向きあいかたをみてゆくにあたり、本章では 1970 年代半ば以降から 1990 年代初頭までの時期に特化して考察する。1970 年代半ばの DDR では、1989/90 年のいわゆる転換へとつながる変化が、社会や生活のなかに見え隠れしはじめていた。この転換期への「予感」は、BRD メディアの視聴をきっかけに、DDR の政治体制や社会生活に対する市民の民主化要求へと展開した。DDR の政治機構や社会生活においては、言論や思想、信仰の自由をはじめとする人権がないがしろにされていること、兵役制度への不満や平和への貢献が弱いことへの危惧、消費文化の貧弱さなどが絡みあい、これらが民主化要求の基盤をなすことになる。当初、反体制的青少年や兵役忌避者、教会に集う人びとによって担われていた活動は、1980 年代後半を過ぎると DDR 全域にひろがった。

　その後、1989 年のベルリンの壁崩壊・対西側国境開放をうけ、運動は民主化の実現という課題の追求から、即座に統一をめざす要求へと転じた。1990 年の DDR の BRD への編入によるドイツ統一にあわせ、東ドイツ地域の行政・制度は BRD に倣って解体・改革され、1990 年代半ばまでに制度移行は収束した。その一方で、就業状況・支持政党・出生率・外国人人口割合など、東西ドイツ地域間の社会構造には大きな違いがみられ、今日に至るまで両ドイツ地域のメンタリティの違いや相互理解の欠如は繰りかえし議論されることとなった。

　こういった DDR・東ドイツ史のなかで独自の性格を発揮するのが、早くも

1980年代前半から「平和の祈り」とそれに続く「月曜デモ」や神学セミナー[3]に象徴される民主化要求運動の舞台となったライプツィヒである。これらは当時も、また現在にいたるまで、DDRの転換期を象徴する重要なシーンとなった。DDRの行政機構のなかでも大規模な人口を抱え政治的要所であったライプツィヒは、首都ベルリンに先んじた1989年10月の大規模な民主化要求デモの成功などにより、「英雄都市」として今日まで語られている。

前史をひもとけば、中世より、ライプツィヒはバッハ（Johann Sebastian Bach 1685-1750）の活躍をはじめ音楽の街、大見本市を擁する商業都市、出版の一大拠点として知られた。1409年より街の歴史を彩ったライプツィヒ大学は1953年にカール・マルクス大学と改称され、DDRの社会科学の中心を担った。また、ライプツィヒは1848年革命の中心地のひとつであり、組合運動も盛んで、ナチズムへの抵抗運動も数多くみられた[4]。あわせて、後述するように近代における教育運動の中心地のひとつでもある。

ドイツ現代史の文脈においてライプツィヒは、1990年の統一にかかわってではなく、「月曜デモ」に象徴されるような1980年代を通じた民主化運動の中心地という自認や社会的評価をもっているといえる**（図1・図2）**。この性格を後景に置いたうえで、DDR・ドイツの現代史と連動しながらも、独自の歴史にこだわるライプツィヒというローカルな場所でおこなわれた、近代教育思想に向きあい、その土地だからこその教育構想を模索した試みを検討する。

## ■ 3.3. ライプツィヒ教育大学での改革教育学研究プロジェクト

以上をふまえ本章では、ライプツィヒ教育大学（Pädagogische Hochschule „Clara Zetkin" Leipzig、以下PHLとする）で1970年代後半から10年あまりにわたって続けられた改革教育学研究プロジェクトの展開に、近代教育との向きあいかたを読みといてゆく。次節で論じるように、こういった研究活動はド・セルトーの論じた日常的実践そのものではないが、ここに日常が入りこんでゆくさまをみてゆくことで、転換期ならではの思想への対峙が読みとけよう。

PHLは、DDR草創期から中期に設立された12の教員養成大学うちのひ

第 1 部　体制転換期の新たな発達文化の模索　33

図1　「丸い角」と月曜デモ（筆者撮影）
通称「丸い角」の入口右手には、この建物が1989年まで国家保安省の県本部であったこと、1989年12月4日の月曜デモの際に市民によって占拠されたことが記されている（現在は公安書類監理受託機関・資料館として利用されている）。また、建物左手前にある看板は、月曜デモの重要ポイントに関係する場所に置かれ、「1989年のライプツィヒ」の展開を地図とともにたどれるようになっている。月曜デモの記憶・記録は、たとえば右下の写真にあるように、建築物の壁面に描かれた芸術作品として市中にみることもできる。

図2　建設ラッシュと街の変化（筆者撮影）
旧市街を取り巻くリングの一角に再生された集合店舗ビル。解体されていた建築物の再建にあたって1970年代のデザインが採用された例。ここに写る通りも月曜デモの重要ルートであった。
（左下）2011年7月
（右下）2012年5月
（上）2014年5月：なお建物の完成は2012年10月。

とつであり、1992年に制度改革の過程で他の教育大学と同様、閉鎖を余儀なくされた。DDRにおける教育研究は、教育科学アカデミー（APW）や総合大学によって担われることが多く、教育大学は中等教育課程以上の教員養成やそれに関する教授法研究を担っていた。このため、教育大学は学校現場との距離も近く、理論研究中心のAPWや総合大学とは異なる性格をもっていた（木下2010）。ライプツィヒでは、総合大学であるカール・マルクス大学と、PHLの両方で教員養成がおこなわれていたが、規模のうえではPHLが圧倒的に小さかった。

DDRの教育研究に対しては、その画一性やイデオロギー支配が指摘されてきたが、近年では大学ごとの差異や、中央集権的な教育研究に対して各教育大学での議論が批判的性格をもっていたことに改めて関心が寄せられている。とくに、DDRにおける教育学にも学派が形成され、中央の政策やAPWとの対抗関係もあったことが論じられている（Uhlig/ Kirchhöfer 2011, Pehnke 2011）。PHLにおける改革教育学研究については、研究の当事者による後年の考察（Uhlig 1994などを参照）や、それらにもとづいた歴史的評価（関川1995、吉田2012）がなされてきた。これに対して本章では、同時代的な資料を用い、近代教育思想との独自の向きあいかたを検討する。

本章でとりあげる改革教育学研究は、PHL「教育学・心理学」部門の「専門領域：教育史」ですすめられたものである。このプロジェクトは、後述するように、当初は政策的に計画されたものであったが、大学独自の関心のもとで続けられた。この専門領域は、比較的若いスタッフと博士候補生から構成されており、3か月に一度の頻度で博士候補生の研究報告会を開催していたようである。スタッフには数度の異動もあったが、この研究プロジェクトはシンポジウムや学内誌『学術雑誌（Wissenschaftliche Zeitschrift）』の特集などを活用し、テーマを深めていった[5]。

次節では、時間的展開に留意して、この改革教育学研究プロジェクトを検討する。

## 4. 改革教育学研究プロジェクトの展開と霧散

■ 4.1. 1970年代末——議論のはじまり

『学術雑誌』誌上での最初の研究成果は、ウーリヒ（Christa Uhlig）とヴォルフラム（Alfred Wolfram）による「ワイマール期における学校の展開に対する徹底的改革者連盟の位置づけ」として、1978年に発表された[6]。

このプロジェクトは PHL が独自の関心から着手したものではなかった。ウーリヒとヴォルフラム（Uhlig/ Wolfram 1978）によると、(i) マルクス＝レーニン主義教育学の立場による改革教育学の理論的検討の必要性、(ii) 改革教育学の進歩性を民主主義的改革として評価する可能性、(iii) BRDにおける改革教育運動と労働運動の混同への批判、(iv) ユネスコでのパウル・エストライヒ（Paul Oestreich 1878-1959）の生誕100年祝賀、という4つの背景状況があった。研究対象として改革教育運動期のエストライヒを中心とする徹底的改革者連盟がとりあげられたことは第 iv 点に対応しており、国際社会に向けて DDR での教育研究をアピールすることを企図していた。

これらは、徹底的改革者連盟が研究対象となる理由を部分的に説明はするが、そもそもタブーであった改革教育学が研究されることになった理由については説明していない。ただし、当時の DDR 教育学がおかれた状況に照らすと、その理由を考察することはできる。ひとつには、DDR と BRD との政治的な対抗関係が教育研究にも影を落としていることである。(i) と (iii) では、BRDでの研究状況をDDRでの研究がのりこえるべきことが主張されている。もうひとつ、(ii) から察せられるのが、DDR での教育実践に内在的ともいえる論点である。この時期には大きな教育制度改革は収束して久しく、具体的な実践が議論されるようになっていた。また、政治的閉塞感や国防教育導入などを前に、若者のあいだではパンクスなどの反体制的なサブカルチャーも展開していた。こういったことから、学校や青少年の動向をいわば軌道修正するために、それまでにはありえなかった「改革教育学の進歩性」を措定しなおす作業が中央から許されたとみなせる。徹底的改革者連盟に対しては、教育と政治の関係性を論じる際の甘さやドイツ共産党との距離

がDDRでの従来の評価と同様に批判されてはいるが、全面発達した個人、学校制度の民主化、弾力的統一学校が教育学上の成果として積極的に評価され、DDRの学校への連続性が見いだされる。これを通して改革教育学は、戦後BRDに繰りかえしみられるような、改革の参照先や正統性の証明としての位置づけを公的に得た。それがけっかとして研究上のタブーに挑むことになったものだと理解できる。

翌1979年、『学術雑誌』誌上には関連論文があわせて3本掲載された。改革教育学にそなわった帝国主義性への留意が述べられたうえで、1978年の論文で示された（i）の方向性が共有されている。DDR教育学が前提とする理論と枠組みにのっとり、1970年代の終わり、エストライヒのいわば偉業を題材に、PHLでは改革教育学を歴史的な実践経験としてDDRの「公的な」教育史に位置づけはじめたといえる。この段階で、研究者たちにも新たな視角を打ちたてる期待があったろうが[7]、まずは制度的に用意された研究枠組みのなかに、それまでタブーとされていたテーマを位置づけたのだといえる。

■ 4.2. 1980年代初頭——議論の展開

こういった前奏を経てPHL内外の研究者が参加したシンポジウムが開催され、1981年の『学術雑誌』の特集「後期ブルジョワ期改革教育学の多様な検討に向けた理論上・方法上の諸問題について」でその成果が論じられた。特集は、「修正主義論争以前最後になされた1956年の改革教育学再評価を出発点にする」、「マルクス＝レーニン主義の改革教育学研究の全体像からはみえないものについて、対象を細分化して再検討する」、「今後、学校と現実との対応関係、理論の主導者と実践者とのあいだにあるズレ、個別の教育学などを研究してゆく」ことがめざされた（Uhlig 1981b）。特集では、ウーリヒの趣意文と論文（Uhlig 1981a, 1981b）を基調とし、DDRにおける教育研究のありかたに批判的検討がくわえられた。それは、現行制度の理念に立ち返って学校を修正してゆくことではなく、DDRで生まれた学校の現実を読みとける教育理論を模索するために、タブーとされていた改革教育学に示唆を求め、進歩主義を積極的に措定してゆこうとしたものであった。ここでプロジェク

ト は、改革教育学に対する独自の研究動機を表現しはじめたといえる。

　この特集には、9本の論文が掲載された。改革教育学の検討方法への課題提起（1本）、労働運動や社会主義理論との密接な関係（3本）、ライプツィヒをふくむ20世紀初頭の教育活動家による実践（3本）、敗戦後のドイツにおける改革教育学の受容（2本）というテーマの幅広さを確認できる。全体を通じて、改革教育学の多様性・多層性を出発点に、DDRの公式教育学と改革教育学がともに革命の希求やプロレタリアとしての運動論をもっていること、ブルジョワジーとの接近ゆえに頓挫した運動からも批判的教訓を得られることの2点が共通してみられる。ここでは、歴史的・理論的関心を細分化して検討したうえで、現状を理解するための示唆を改革教育学から得ようという実践的態度が確認できる。また、中央政府においては減退していたが、教育実践の領域では1945年以降も改革教育学の遺産が生きのびていることが指摘される。こうして、PHLでの研究に、DDR教育学をドイツ教育史のなかで理解するという、いわば連続性を意識した観点が盛り込まれたといえる。既存の研究枠組みを多様性・多層性という概念のもとに組みなおし、改革教育学を積極的に位置づけようという動きを確認できる。

　あわせて、とくに改革教育運動期の思想家の実践について検討した各論文においては、事例にみられる個人と社会との関係、教師・校長と生徒の相互関係が積極的に論じられるなど、教育現場を理論に照らして把握する態度から少しの訣別が垣間みえる。

## ■ 4.3.　1980年代半ば——議論の転回

　前節で検討した特集ののち、『学術雑誌』上での議論の空白を経て、1986年、APW『教育学』誌にこの年の3月にPHLで開催された会議の成果が報告されている（Trinkmann/ Ulm 1986）[8]。ここでは、学内の別プロジェクト「授業におけるコミュニケーションと協働」などとあわせ、学校現場における実際的な課題解決への貢献をめざし、「改革教育学の授業論的視点」として、創造的な授業のありかたが検討された。ウーリヒはこの大会に際し、「教育学の理論史の研究を通して、現実的な教育問題の議論に参加しようとした」と

述べ、前項で示した改革教育学からの示唆を学校・授業現場にも援用することが明言されたという。ただし彼女は、教育の理論は歴史的制約をもった人間形成構想と相まってつくられると述べ、改革教育学の実践的観点が即座に1980年代半ばのDDRに当てはめられたわけではない。改革教育学からは民主主義や全面発達などの考えかたを積極的に学び、近代教育の「よい」遺産に着目することでDDRでの教育を批判する議論の構造が生まれた。

　この大会後、代表者のウーリヒはAPWへと異動し、PHLでの改革教育学研究プロジェクトは幕を下ろす。このプロジェクトからの成果としては、1987年第3号でライプツィヒ教員史についての特集が組まれたのが最後である。この特集では、労働運動が展開するなか革命前夜の1846年に結成され、ナチズムの台頭に至るまでドイツの教員組合活動を牽引したライプツィヒ教員組合（LLV）と、ライプツィヒにおける反ファシズム教師の抵抗が5本の論文でまとめられている。この特集は、教員史を教師による進歩と反動を求めた戦いととらえて積極的に時代に位置づけるという研究動機をもっていた。そのうえで、大学所在地のライプツィヒを即座に先進事例としてとりあげ（Naumann/ Pehnke/ Uhlig 1987:32）、改革教育学を論じた。PHLの改革教育学研究は、ここではじめてローカルな場所の歴史に有無を言わず乗りこんだ。

　特集はおもにLLVの歴史的評価と特筆すべき成果を論じている。社会改良をも求める改革教育運動の主体であったLLVは、英雄としてではなく、課題も限界も背負った組織として論じられている（たとえば、労作学校の思想を貫徹できなかったことなど；Naumann/ Pehnke 1987）。課題や限界は、LLVがつくった研究所や図書館・博物館、教材などへの同時代的な検討から導かれている。この特集を理論的に主導した論文（Naumann/ Pehnke/ Uhlig 1987）では、労働組合運動の系譜にあるLLVが、プチブル的特徴をもってはいたものの政治的な問題に積極的に取りくんだ社会変革の担い手として評価され、教育運動以外の対抗的グループとの連携も積極的に言及された。そして、教師の生活改善や制度改革を構想したこと、学校外に独自の教育活動の場をつくったこと、子どもの関心を出発点としたことが、教育運動としての成果とみなされた。

第1部　体制転換期の新たな発達文化の模索　39

　総じて、政治的な閉塞状況に対して教師が運動することにより、社会に変化を起こすことができる、という議論が、ライプツィヒの具体的な地域を舞台に繰りひろげられる。自然博物館は1980年当時（そして現在も）市内中心部近くに開館しており、図書館や研究所はオルタナティヴな青年文化が花開いた地区や通りに開かれた**（図3）**。こういった具体的な生活空間のイメージと重ね合わせながら論文は読みすすめられることになる。一方で、LLVがコメニウスやペスタロッチなど、ヨーロッパの近代教育思想の源流をつくった思想家・実践家の成果を積極的に学び取って自らの教育理論や改革方針を練っていたことも強調される。こうして、ライプツィヒは、DDR教育学や社会主義教育が展開する一大舞台としてとらえられるのではなく、ヨーロッパ近代教育史の流れのなかに位置づけられ、DDR教育学の求める枠組みから自由になってゆく。

　LLVは、DDR教育学にとっては二律背反である。LLVは、一方では、DDRが評価していた労働運動としての教員運動であり、他方ではDDRでタブーであった改革教育学と接続している。これがライプツィヒという身近な舞台のうえで合流する。改革教育学の実践や思想を前面に出すのではなく、

図3　今日の自然博物館（筆者撮影）
入口右手の看板では、自然博物館設立を呼びかけたロースメースラー（Emil Adolf Roßmäßler 1806-1867）が紹介され、彼の呼びかけに応じたLLVの自然科学部会がこの博物館のコンセプトや展示を具体化させたことが記されている。なお、この建物は、高等小学校（Höhere Bürgerschule）として1838年につくられたものである。

ライプツィヒの教員組合が体験した改革や抵抗の歴史として LLV の意義を強調することで、PHL の改革教育学研究は、学校現場の改革にとどまらず、社会の民主化と教師の活躍を論じることに成功している。1980 年代後半には、反体制派も学校現場も、DDR の終焉に直結する社会批判・教育批判を、社会主義の民主化をめざすかたちで言明するようになっていた（木下 2010）。PHL のプロジェクトはこれにつながる構造をもっていたといえる。ただし、プロジェクトがもはや継続しなかったこともあり、改革教育学の歴史を介した社会変革につながる議論は、個別の論文のなかで継続されるにとどまった。

1988 年、APW による『教育学』誌では、ギュンターとウーリヒによる改革教育学研究への着手を宣言する論文が 2 本掲載された（Günther/ Uhlig 1988a, 1988b）。これらの論文では改革教育学を細分化・差異化して考えることや DDR の歴史状況に左右されてきた評価をやりなおすことが論じられており、先行研究ではこれらが DDR における教育学の画期とされている（Uhlig 1994）。しかし、すでに PHL の研究プロジェクトでは、変化する社会やライプツィヒという場で改革教育学に向きあい、独自の議論を展開させていたのである。

### ■ 4.4. 1990 年──議論の開花、終焉と霧散

そののち、1989/90 年のいわゆる転換を機に急ピッチですすんだ大規模な教育改革を経て、DDR・東ドイツ地域では、それまで制度上不可能だった私立学校の設立も可能となった。ヴァルドルフ学校やモンテッソーリ学校など、改革教育運動期に生まれ、旧連邦州に広がっていた学校が新連邦州でも次々に設立された。特筆すべきは、こういった既存の学校の受容にとどまらず、東ドイツ地域に独自の教育改革の動きが多数みられたことである。ライプツィヒでは、1989 年に民主化要求運動のひとつとして「自由な教育のためのイニシアティヴ（Initiative Freie Pädagogik）」が設立された[9]。多様な職業・立場の人びとが参加したこのイニシアティヴでは、さまざまな学校改革・設立案が議論され、20 世紀初頭につくられた私立学校のほか、DDR 時代の学校批判をふまえた独自の理念やカリキュラムをもつ私立学校や、改革教育運

動的な理念を掲げる公立学校や学校外教育活動が花開いた。

　こういった状況をうけて、『学術雑誌』でも、1990年にふたたび改革教育学についての特集が組まれ、9つの事例が紹介された。PHLでの研究前史への言及はあるものの、この特集の執筆者やテーマ設定に連続性はみられない。さらに、特集の趣旨も、東ドイツ地域を席巻する教育改革や関心にこたえるべく、それまでDDRでは知られていなかった改革教育学のさまざまな潮流と事例や、BRDで展開している私立学校を紹介することに主眼をおいており（Schmidt 1990）、それまでの研究蓄積はふまえられていない。

　こうして、PHL『学術雑誌』上の議論は、改革教育学研究を介した社会批判や変革から離れ、東ドイツ地域に広がった怒涛の関心に応えるべく、改革教育学についての情報提供をおこなうものへと変化した。この特集では改革教育学への反省的検討のための枠組みはつくられず、統一を機に進んでゆく改革や世論への貢献がめざされた。

　ここで興味深いのは、同じ号に掲載されたペーンケの論文である（Pehnke 1990）。彼は、1980年代初頭からの改革教育学研究プロジェクトの一員であり、この過程でLLVに関心を寄せてきた。統一時の教育改革のさなか、彼はDDR期になされたPHLなどでの改革教育学研究のうえにさらに細分化・差異化し、歴史的実態にせまる研究をめざすと宣言する（同上:157f.）。けれども、改革教育学に学びつつもあくまで社会ー史的検討をめざすというスタンスは、転換直後からある時期まで、DDRや新連邦州において影をひそめることとなった。

## 5. 東ドイツの改革教育学研究から読む教育社会思想史

　これまでにみてきたPHLの改革教育学研究プロジェクトについて、ド・セルトーの戦術と戦略の概念から整理しよう。この研究プロジェクトがDDR後期に外部からの要請によって開始された時点では、DDRの公式見解を援用する戦略としての性格をもっていた。これが、教育学研究や学校現場の抱える問題をみすえるなかで、次第に戦術としての性格をもつようになっ

た。まずは DDR 教育学における改革教育学の論じかたを再考した。これはさらにライプツィヒという身近な舞台を設定しながら、組合運動への積極的な評価をつうじて教員による社会変革の希求を好意的に位置づけるという大胆な戦術へと転回した。しかし転換後、改革教育学への高い関心や改革上の必要性という新たな切実さにこたえるがごとく、PHL での研究は変容した。社会変革への期待も、ドイツ統一による「民主化」の実現という移行政策にひとまず置きかえられた。こうして、PHL の改革教育学研究は制度改革に関わる情報提供というかたちで、ふたたび戦略をとった。この研究プロジェクトでは、1980 年代後半という時期に、ライプツィヒの教員史に光を当てて日常的に接するローカルな場所を浮きあげることで、教育関係者による社会変革の希求に戦術としてのリアリティをもたせようとしたといえよう。

　さいごに、教育社会思想史研究の展望を拓こう。本章で取りあげた事例は、20 世紀初頭の実践に向きあった研究者の実践である。PHL のプロジェクトでは、改革教育学への評価を DDR の公式見解とは違ったかたちでおこなうことによって、DDR の教育研究や教育現場を読みとく手だてとしてきた。このとき、改革教育運動の担い手による自己評価は注意深く検討されるものの、そこからの連続性が前面に出される。こうして、改革教育学は DDR 教育学への批判の根拠を提示するものとなる。ただしここでは、改革教育学がもつ近代教育としての性格の検討は棚上げされる。すると、改革教育運動が近代教育批判でありながらもその洗練に期せずして貢献してしまうという困難が首をもたげてくる。とはいえ、転換期のさなか、日常が展開するローカルな場所へのこだわりによって、改革教育運動の試みは、社会変革の希求ととくに結びつけられて研究されることになった。そののち、霧散したプロジェクトにみられた社会変革のイメージは、担い手を変えながらどのように転換期を経ていったのか。今日まで続くライプツィヒでの改革教育運動的な学校改革を題材に、社会ー史的に限定的な〈育つ・育てる〉舞台のゆく先をにらんで教育の思想を編みあげる人びとの教育社会思想史を描くことが次の課題となる。

【註】
1. 教育思想研究にド・セルトーの実践概念を持ち込んだ事例として、思想の解釈を実践と位置づけた岡部（2010）も参照。
2. DDRにおける中央主導の教育学では、改革教育運動はブルジョワ帝国主義のドグマとみなされ、改革教育学と呼ばれていた。本章では、東ドイツにおける改革教育運動への向きあいかたをみてゆくため、DDRにかかわる文脈では改革教育学の語を用いる。
3. 神学セミナーは、プロテスタント教会立の高等教育機関であったが、DDR国家の認可を受けていない。プロテスタントのみならず、政治的理由などにより大学進学が認められなかった反体制的青少年もここに学び、民主化要求運動の中心をなした（Vogler 1993）。
4. 今日でも、市内の通りや場所の名称には、ライプツィヒにゆかりのある音楽家、社会主義の思想家や活動家、ナチズムへの抵抗運動の犠牲者の名前が多く採用されている。
5. DDRにおいて各大学の紀要は重要な研究発表の場であり、PHLでは『学術雑誌』がその中心であった。この雑誌は年3回刊を基本とし、査読制をとっていた（ライプツィヒ大学文書館資料PH072を参照）。また、PHLには、改革教育学研究のほかにもさまざまな学内プロジェクトがあった。改革教育学研究プロジェクトは、たとえば、4.3.で言及するシンポジウムなどで、学内の別グループによる「授業におけるコミュニケーションと協働に関する研究」にも多くを負っており、全学的な研究関心や方向性もある程度共有されていたと思われる。
6. 徹底的改革者連盟は、「弾力的統一学校」を掲げて20世紀初頭に活躍し、第2次世界大戦敗戦後のソ連占領地区での統一学校導入に理論的基礎を提供したパウル・エストライヒ（4.1.を参照）が率いた改革教育運動期の団体である。
7. DDRの教育大学では実践とのかかわりをとおしてDDRの教育理論からは距離をとった見方が生まれていたこと（木下2010）、PHLにおいては会議の場などでAPWの見解や要請に異議を申し立てる教員がいたこと（Pehnke 2011）などから、このあたりの状況を推察することは可能であろう。
8. この大会で議論された個別の報告・論文は管見のかぎり確認できていない。なお、関川（1995）がこの研究大会について紹介している。
9. このイニシアティヴに関わった人びとによると、教師・学校職者の参加はごくわずかにとどまったという（2012年7～9月の関係者へのインタヴューによる）。PHLプロジェクトとの関連はとくにみられない。なお、このイニシアティヴの参加者は高等教育を受け専門職として働いている割合が高く、DDRにおけるインテリ層の教育関心を反映していたとも思われる。

【検討対象資料（DDR時代に発表されたもの）】
＊管見のかぎり、『学術雑誌』にはあわせて46本の改革教育学をテーマとする論文・記事が掲載されている。ここでは、紙幅に限りがあるため、本文で言及した論文のみを掲載する。なお、WZ der PHLは『学術雑誌』をさす。

Günther, Karl-Heinz/ Christa Uhlig (1988a) Zur Rezeption der Reformpädagogik durch die Pädagogik der Deutschen Demokratischen Republik. In: *Pädagogik*. Jg. 43, H. 9, S.718-727.

Günther, Karl-Heinz/ Christa Uhlig (1988b) Die Reformpädagogik im Bild der pädagogischen Traditionen in der DDR. In: *Pädagogik*. Jg. 43, H. 10, S. 794-801.

Naumann, Gerlinde/ Andreas Pehnke (1987) Impulse des Leipziger Lehrervereins zur Erhöhung der Qualität des Unterrichts. In: *WZ der PHL,* III/1987, S. 40-45.

Naumann, Gerlinde/ Andreas Pehnke/ Christa Uhlig (1987) Der Leipziger Lehrerverein. Motor der Lehrerbewegung in Deutschland im Kampf um die Demokratisierung der Schule. In: *WZ der PHL,* III/1987, S. 32-36.

Pehnke, Andreas (1990) Theoretische und methodische Positionen zur Bearbeitung des didaktisch-methodischen Gehalts der Schulreformbewegung am Beginn unseres Jahrhunderts. In: *WZ der PHL,* III/1990, S. 154-175.

Schmidt, Roland (1990) Vorbemerkung. In: *WZ der PHL,* III/1990, S.3-4.

Uhlig, Christa (1981a) Konrefenzbericht. In: *WZ der PHL,* III/1981, S.5-6.

Uhlig, Christa (1981b) Zu einigen theoretischen und methodologischen Ausgangspositionen differenzierter Erforschung der spätbürgerlichen Redormpädagogik. In: *WZ der PHL,* III/1981, S.7-14.

Uhlig, Christa/ Alfred Wolfram (1978) Die Stellung des Bundes Entschiedener Schulreformer im Ringen um den Schulfortschritt in den Jahren der Weimarer Republik. In: *WZ der PHL,* II/1978, S. 7-14.

Trinkmann, Barbara/ Eberhard Ulm (1986) Unterrichtstheoretische Aspekte in der spätbürgerlichen Reformpädagogik. In: *Pädagogik.* Jg. 41, Ht. 9., S. 736-739.

【引用・参考文献】

岡部美香(2010)「教育思想の解釈をめぐる戦略・戦術と倫理」『近代教育フォーラム』第19号、103-116頁。

木下江美(2010)「教師の生活誌と近代教育―東ドイツ地域における転換期のライフヒストリー」博士学位論文(一橋大学)。

鈴木秀勇(1968)「転換期の教育学：J.J. ルソー『エミール』分析試論(1)」『一橋論叢』第60巻第6号、日本評論社、694-706頁。

関啓子(1994)『クループスカヤの思想史的研究―ソヴェト教育学と民衆の生活世界』新読書社。

関啓子(1995)「教育思想史研究の可能性」『一橋論叢』第114巻第2号、日本評論社、217-233頁。

関啓子(2012)『コーカサスと中央アジアの人間形成―発達文化の比較教育研究』明石書店。

関川悦雄(1995)「旧東独における新教育の再受容の動き―1980年代を中心に」『研究紀要』第50号、日本大学文理学部人文科学研究所、139-151頁。

ド・セルトー、ミシェル(1980=1987)『日常的実践のポイエティーク』山田登世子訳、国文社。

中内敏夫(1992)『改訂増補　新しい教育史―制度史から社会史への試み』新評論。

中内敏夫(1998)『教育思想史』岩波書店。

保苅実(2002)「アンチ・マイノリティ・ヒストリー―ローカルかつグローバルな歴史へ」『現代思想』第30巻第1号、青土社、20-32頁。

森重雄(1993)『モダンのアンスタンス―教育のアルケオロジー』ハーベスト社。

吉田成章(2012)『ドイツ統一と教授学の再編―東ドイツ教授学の歴史的評価』広島大学出版

第 1 部　体制転換期の新たな発達文化の模索　45

会。

Benner, Dietrich/ Herwart Kemper (2005) *Theorie und Geschichte der Reformpädagogik. Teil 3.1. Staatliche Schulreform und Schulversuche in SBZ und DDR.* Weinheim und Basel: Beltz Verlag.

Löw, Martina/ Drothee Meister/ Uwe Sander (Hrsg.) (1995) *Pädagogik im Umbruch. Kontinuität und Wandel in den neuen Bundesländern.* Opladen: Leske + Budrich.

Pehnke, Andreas (2011) Forschungen zur unterrichtlichen Kommunikation und Kooperation an der Pädagogischen Hochschule Leipzig. In: Uhlig/ Kirchhöfer (Hrsg.) (2011), S.119-138.

Scheibe, Wolfgang (1969=1994) *Die Reformpädagogische Bewegung 1900-1930.* 10. Aufl.Weinheim und München: Beltz Verlag.

Uhlig, Christa (1994) Zur Rezeption der Reformpädagogik in der DDR in den 70er und 80er Jahren vor dem Hintergrund der Diskussion um Erbe und Tradition. In: Ernst Cloer/ Rolf Wernstedt (Hrsg.) (1994) *Pädagogik in der DDR. Eröffnung einer notwendigen Bilanzierung.* Weinheim: Deutscher Studien Verlag, S.134-151.

Uhlig, Christa/ Dieter Kirchhöfer (Hrsg.) (2011) *„Verordnete" Einheit versus realisierte Vielfalt Wissenschaftliche Schulenbildung in der Pädagogik der DDR.* Frankfurt/M: Verlag Peter Lang.

Vogler, Werner (Hrsg.) (1993) *Vier Jahrzehnte kirchlich-theologische Ausbildung in Leipzig.* Leipzig: Evangelische Verlagsanstalt.

追記)本論文執筆のための資料収集および関係者へのインタヴューは、日本学術振興会特別研究員奨励費(2011-2013年度、課題番号23・5045)の助成を受けたものです。

# 第 3 章　EU 域内の人の移動と構築されるヨーロッパ的次元空間
　　　　──EU 新規加盟国にとってのヨーロッパ／イギリス

柿内真紀

## はじめに

　この 20 年余りで、1989 年のベルリンの壁崩壊から、1990 年代初頭のソヴィエト連邦や、ユーゴスラヴィアの解体などを経て、旧社会主義圏は大きな社会体制の変化を経験することになった。そして、それは EU（European Union: 欧州連合）の加盟国を増大させた。2013 年 7 月に、旧ユーゴスラヴィアのクロアチアの加盟によって、EU は 28 ヵ国で構成される超国家機関となり、かつての冷戦期の東西の境界は東へ向けて動いている。いわゆる「EU の東方拡大」（2004 年）によって新たに EU に加盟した東欧およびバルト諸国（ポーランド、ハンガリー、チェコ、スロバキア、スロヴェニア、エストニア、ラトヴィア、リトアニア：A8 または EU8 諸国と呼ばれる。以下、本章では EU8）の人びとは、EU 域内での移動が合法的となり、予想されたようにそれらの人びとの域内移動を活発化させた。そして、2007 年のルーマニア、ブルガリアの加盟によって、それはさらに勢いを増しつつある。ヨーロッパの歴史を振り返れば、時代の趨勢によって国境は動き、そこで暮らす人びとにとっては、閉じられたり、開かれたりを繰り返してきた。

　地理学を専門とするトゥアン（Yi-Fu Tuan）は、「『悪い』（bad）という語の根本の意味は、『開いている』（open）である。開いていて自由であることは、むき出しで傷を受けやすいということでもある。開いている空間には、踏み固められた道も道しるべも存在しない。そこには、確立した人間的意味の固定した様式はない。開いている空間とは、何らかの意味がしるされる可能性のある白紙のようなものである。」（トゥアン 1977=1993:100-101）と語る。開いている空間に意味づけをしていくのは、同じ空間に集い、そこを場所として

生きる人びとであろう。では、冷戦期に閉じられていた東西のラインが開かれた現在、移動するかれらはいったいヨーロッパ的次元での空間をどのように捉えているのだろうか。

本章では、かれらの多くの移動先であったイギリス[1]を事例にしながら、EU 域内において移動する人びとが、移動においてどのような戦略をめぐらせたのか、ヨーロッパ的次元で生活空間や教育空間を捉えながら、子どもの教育や、家族や個々の将来をどのように描き、構築しようとしているのかについてみていきたい。

## 1. EU の東方拡大がもたらしたもの——EU 域内の人の移動

### ■ 1.1. 東欧・バルト諸国からイギリスへ

2004 年の新規加盟 10 ヵ国のうちの EU8 は、上述のように、東欧・バルト諸国である。なかでも、バルト 3 国（エストニア、ラトヴィア、リトアニア）は、ソ連からの独立という大きな政治体制の変容を経験した国々である。特にエストニアとラトヴィアは、ソ連時代の政策による連邦内の人の移動により、現在でも国内の民族構成において、後述するように、ロシア系住民の割合が高い。ここでは、ラトヴィアを例にみてみよう。

ラトヴィアは面積が日本のおよそ 5 分の 1、人口は約 200 万人（2014 年）の小規模国家で、エストニア、リトアニア、ロシア、ベラルーシ等と国境を接する。首都リーガの人口は約 64 万人とラトヴィアの人口の約 3 割が集中している。かつてハンザ都市であったリーガの旧市街はユネスコ世界遺産である。ドイツ商人がもたらしたドイツを連想させる街並みとともに、ソ連時代のスターリン建築様式の建物もみられる。また、1918 年のロシアからの独立を記念して、ロシア皇帝ピョートル大帝の銅像があった場所に建てられたという自由記念碑と周辺広場は、国家的行事などが催され、献花がおこなわれる場所である。そうした風景（**図1、図2**）からもラトヴィアの歴史を振り返ることができる。1991 年のソ連からの独立回復以降、ソ連時代の社会体制からの脱却を進めるラトヴィアは、2004 年 5 月の EU 加盟、さらに

はNATO（北大西洋条約機構）への加盟、2014年のユーロ導入と、いわゆるヨーロッパ回帰を着々と進めつつあるようにみえる。2015年上半期には、初のEU理事会議長国（輪番制）を務めることになっている。

図1　（左）衛兵が守る自由記念碑と広場（2009年9月筆者撮影）
図2　（右）ギルドの商人たちが集ったブラックヘッド協会建物（再建）（2009年9月筆者撮影）

　ラトヴィアをエスニシティ別人口割合でみると、特殊な多民族社会が浮き彫りになる。ラトヴィア系住民の割合は61.4％で、主にソ連時代に移住してきたロシア系住民の割合が26.0％と高い。首都リーガでは、ラトヴィア系が45.7％、ロシア系が38.3％（以上すべてラトヴィア政府統計2014年）[2]とその差は小さい。この数値だけをみても、国内のロシア系住民の問題は、EU加盟に際しても、その市民権の付与、言語政策が加盟交渉において人権問題となったように、ラトヴィアの社会統合の大きな課題であることがわかる。そして、EU加盟以降、他のEU8諸国と同じく、国外への人口流出が続き、大きな課題となっている。それを物語るのが**図3**「ラトヴィアからの長期国際移動者数（international long-term migration）」[3]である。

　図3は、移動先をEU加盟国、EU加盟候補国、EFTA（欧州自由貿易地域）、その他（CIS：独立国家共同体を含む）の計4グループに分けて作成された統計からEUの統計数値が示された1993年以降について、EU15（EUの東方拡大前の加盟国）とCISを取り出したものである（合計は4グループの総計）。独立回復後は、ロシア系住民の帰還とみられるCISへの移動が目立ち、2004

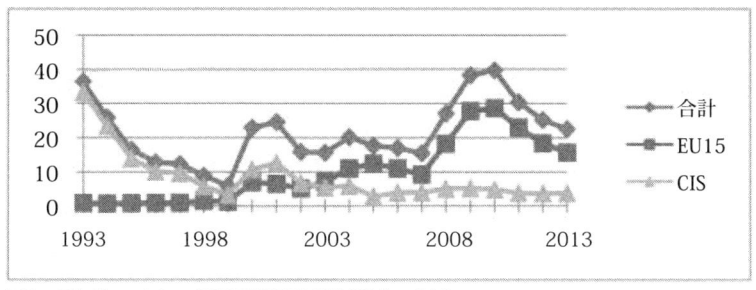

図3 ラトヴィアからの長期国際移動者数(単位：千人)
出典)ラトヴィア政府統計から筆者作成。

年の EU 加盟以降は EU15 への移動が顕著となり、リーマン・ショックに端を発した 2008 年のラトヴィアの経済危機の際にはそれが急増している（2012 年に筆者が確認していた旧同統計では 2010 年はイギリスへの移動が EU 計の 4 割）。経済危機を克服した現在、移動者数は危機前に戻っている。以上ラトヴィアを例にみてきたが、EU8 から西へ向かう EU 域内移動者は 2004 年以降、増加傾向にあった。次に代表的な受け入れ国であるイギリスからその状況をみてみよう。

■ 1.2. 受け入れ国イギリス——新規加盟国からの移民の急増

2012 年夏のロンドン・オリンピックの際に、再開発計画とともにオリンピック・パークが建設されたイースト・ロンドン一帯は、多民族社会イギリスの代表例とも言える移民のまちである。社会経済的な問題を抱えるこの地区は、古くはアイルランドやヨーロッパ大陸からのユダヤ人の流入があった。そして 1960 年代からはバングラデシュからの移民が続いた。こうしたイギリス周辺諸国・地域や旧植民地からの人びとの流入は、イギリスへの移民の歴史の典型を表している。

しかし、近年、移民の出身国の構成に変化がみられる。EU の東方拡大以降、EU8 からの人の移動が続き、イギリス社会において、この新たな EU 域内から流入する人口の割合が増加しつつあるのである。主に旧植民地からの移民の子どもの教育についてフィールドワークを続けてきた佐久間も、EU

の東方拡大以後、新たな人の流入が始まっており、かつての移民と同じく、イギリス人の就きたがらない職（たとえば看護職、外食産業、建設労働、清掃業など）を担っていることを指摘している。そして、その点において、「イギリスは、もはや旧植民地の人びとの労働力をあてにしないということ」（佐久間 2007:ii）であり、旧植民地から流入してきた人びとにも大きな影響を与えているとする。佐久間の指摘を補完すれば、近年のイギリスがとる移民政策の厳格化（移民の選択的受け入れ）がある。それは、優秀な人材を確保し、低技能労働者の流入を減らす政策である。この背景にも、低技能労働者の供給地として 2004 年以降東欧諸国に依存可能になったことがあると考えられている（厚生労働省 2010:52-54）。EU 域内からの人びとの流入は、これまでの移民が築いたイギリス社会における位置づけに変化をもたらす要因となりつつあると言えよう。

　EU8 からの人の流入が多い理由のひとつには、当時の労働党政権がとった EU8 からの労働者流入に対する方策が緩やかなものであったことがあげられる。多くの EU 加盟国は流入数制限をおこなったが、イギリス、アイルランド、スウェーデンはそれをおこなわなかったのである。これら 3 国には、EU8 から労働者が多数流入し、特にイギリスとアイルランドへの流入数は多かった[4]。この制限は最大 7 年間猶予することができ、ドイツ、オーストリアは 2011 年 4 月末まで継続していた。イギリスは EU8 からの労働者には「労働者登録制度」（WRS: Worker Registration Scheme）を課したのみであり、雇用さえ決まっていれば、内務省登録窓口に所定の書類を 1 ヶ月以内に送付すればよかった。2011 年 5 月からは WRS も不要になっている。この方策の是非については、現在でも移民政策の方向性をめぐる論議で問われることがある。特に 2014 年 1 月から、2007 年に EU 加盟を果たしたルーマニアとブルガリアからの就労規制が撤廃されるにあたって、現連立政権は、福祉の受給制限を決めるなど、東欧からの移動者の流入を警戒するに至っている。

　では、EU8 からの流入者数はどの程度であるのだろうか。政府統計（ONS: Office for National Statistics）によれば、2004 年から急激に増加し、2007 年にピークを迎えている（**図4**）。2008 年から 2009 年にかけての流入数の減少は、リー

マン・ショックの影響により、イギリスの通貨（ポンド）価値が下がったため、イギリスへの出稼ぎが必ずしも高収入を得られることにならず、流出が増えた時期である。

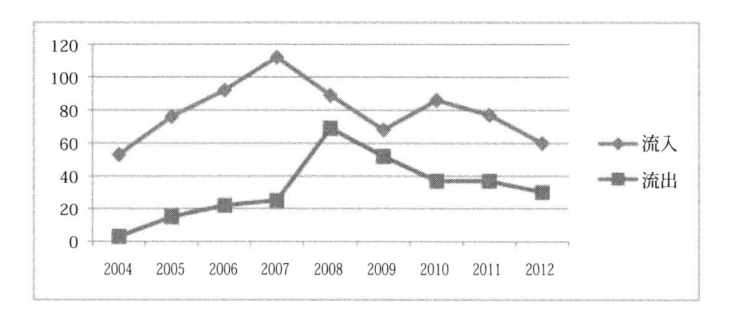

図4 イギリスにおけるEU8市民の長期国際移動者概数 2004-2012（単位：千人）
出典）ONS, *Migration Statistics Quarterly Report February 2013* から各年12月の年度統計値により筆者作成。

　EU8 のなかでも突出した流入数はポーランドからである。イギリスに住むポーランド生まれの住民数をみると、2004 年以降に急増していることがわかる **（図 5）**。2003 年 12 月から 2010 年 12 月の間、EU8 からの流入数のうち 66% がポーランドからであり、その概数は 75,000 人（2003 年）から 532,000 人（2010 年）へと大幅に増加している。また 2010 年では、16-64 歳がその 86% を占めている（ONS 2011）。2011 年の ONS 統計（*Migration Statistics Quarterly Report November 2011*）によれば、外国籍のイギリス居住者の 1 位となっている。EU 加盟後のポーランド人労働者の EU 域内移動を分析したジェニスによれば、ポーランド側からみた国外への移動人数でみると、2004 年以降、増加が顕著な移動先はイギリスとアイルランドである。2006 年にはドイツを抜いてイギリスが第 1 位となっている。また、上記の 2008 年からの金融危機の際にも、出稼ぎ労働者は帰国傾向があっても長期的ではなく、帰国後再出国しているか、受け入れ国に残る場合があったという分析がなされている。特にイギリスやアイルランドは社会保障制度が整備され、失業手当給付金の受給権があることなどにより帰国を延期する労働者も多かったというこ

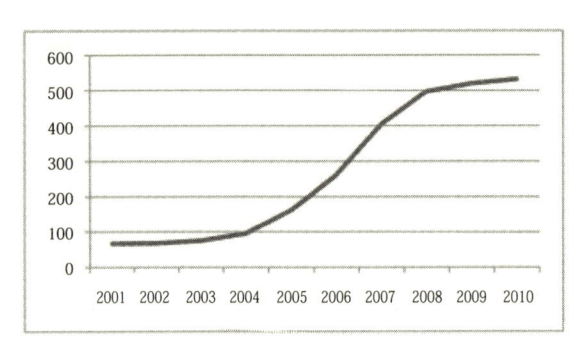

図5 ポーランド生まれの住民概数 2001-2010（単位：千人）
出典）ONS, *Polish People in the UK. Half a million Polish Residents, 2011*から各年12月の年度統計値により筆者作成。

とである（ジェニス 2010）**5**。

　ポーランド系の人びとの居住地域はイギリス全土に分散している。そのうち、ロンドンには25％近くが居住し、西部エリアに集住地区のひとつがある。ハマースミス地区にある1974年にオープンしたポーランド芸術文化センター（1964年創設のポーランド社会文化協会による）は、ホールや図書館、レストラン、書店などを備え、ポーランド人コミュニティを支えるとともに、ポーランド人以外にもポーランド文化の発信をしている。ホールでは、

図6 （左)ポーランド芸術文化センター全景
（2013年3月筆者撮影）
図7 （右)センター内フロアのポーランド関連の掲示
（2013年3月筆者撮影）

後述の土曜学校（Saturday School）による発表会などさまざまな催しが開かれてきている**(図6、図7)**。

## 2. 移動先での生活と戦略

■ 2.1. イギリスへの移動を握る鍵とソーシャル・ネットワーク

　イギリスへ流入してきたポーランド人の就業についてみれば、出身国で高い学歴を持っていても、それはイギリスでの職の獲得には必ずしも役に立ってはいないようすが、ドキュメンタリー番組（NHK BS ドキュメンタリー「ポーランド発イギリス行き～ EU 拡大と出稼ぎ労働者」、2007 年 7 月 14 日放送）で描かれている。図 4 にみられたように、2004 年の EU の東方拡大によって、ポーランドからイギリスへの人の移動が顕著になり始めたころの制作である。ドキュメンタリーは、ポーランドで修士号を取得して小学校の総務部長（事務職）をしていた女性が、子どもを親に預け、自動車整備工場のエンジニアであった夫と長距離バスを乗り継いでたどり着いたスコットランドのエディンバラで、職探しをする日々の記録で構成されている。夫婦は英語ができないことが壁となり、なかなか職に就けない毎日が続く。女性がレストランの清掃と皿洗いの職を、夫が庭の草刈りの仕事をやっとのことでみつけたという例である。この間、ポーランドに残った子どもの生活のようすや子どもとの手紙などのやりとりなど、なかなか予想通りにはお金が貯まらず、子どもに会えない葛藤の日々のようすが続く。後述するが、英語という言語の問題については、ポーランドからイギリスに移動してくる人びとが居住するコミュニティになじめないこと、子どもたちがイギリスの学校に編入した際の最初の壁となること、ポーランド系のソーシャル・ネットワークに浸る要因として、いくつかの研究（たとえば、Ryan et al. 2009, White 2011 など）でも述べられている。

　さて、移動の要因は何だろうか。前節のように、EU8 のなかでも突出した流入数はポーランドからであることもあり、ポーランドからの移住者を対象とした質的・量的調査をもとにした研究がイギリスではこの 10 年余り蓄

積されてきている。ここでは、それらの先行研究から、かれらのイギリスへの移動の要因をみてみよう。

　ホワイト（Anne White）やライアン（Louise Ryan）ほかの研究によれば、まずは家族のなかで男性が先にイギリスに移動し、その収入をポーランドに送金するが、そのうちイギリスにポーランドの残りの家族が移動し、長期滞在を選択するのが典型的である（White 2011, Ryan et al. 2009）。長期滞在する要因には、経済的要因と、家族はいっしょに暮らしたほうが良いという感情的要因、子どもの要望などがあげられている。そして、いずれもイギリスに長期滞在するのか否かの選択権を握るのは女性であるという。イギリスでの長期滞在を選択するのは、ポーランドよりも収入が多く、住居もみつかり、女性も仕事に就くのか、あるいは家事をするのかという「選択ができる環境」があるのが大きく、子どもにとっても英語環境が将来の選択肢を広げるということが誘因となっている。また、なかには、ポーランドでの苦しい家族内の状況から抜け出すためにイギリスへ移動する人びともいる。先に子どもがイギリスに留学し、それに親が合流するケースもある。

　そうした移動するかれらを支えるのは、ポーランド系のクラブや文化センター、インターネット内のポーランド系コミュニティサイトなどを含むソーシャル・ネットワークである。そして、次節でも触れるが、子どもたちが通う土曜学校は子どもにとっても親にとってもイギリスでの生活を支える拠点のひとつである。さらに強調すべきは、EU加盟によって移動と就業が合法化したことがプル要因となり、「イギリスで生活したいと思えば、それだけでできる」ということである。そして、ポーランドに帰国したいと思えばいつでも帰国できる安価な長距離バスや低価格の航空路線網も、イギリスで生活することの選択をいわば気楽にさせている。これらの点については、ホワイトも指摘している（White 2011:7）。

　ところで、ポーランドからイギリスへの人びとの移動は、EU加盟以降のみではない。移動時期の異なる3つのグループ（第2次世界大戦前後のおもに政治的理由による移動、1990年前後の社会変動による移動、EU加盟以降の移動）を対象にした研究（Galasińska 2010）では、ソーシャル・ネットワークのひと

つであるポーランド・クラブにおいて、人びとの語る噂話を収集・分析した質的調査を実施し、グループごとの特徴を導き出している。それによれば、EU 加盟以降に移動してきたグループは、政治的理由による移動グループが相互助成をしてきたのと同様に、積極的にソーシャル・ネットワークを活用している。1990 年代前後に移動してきたグループは EU 加盟以降のような「気楽な決断による移動」ではなかったため、ネットワークに頼らず、自分でイギリスでの生活を切り拓いていくものだとする傾向があるが、EU 加盟以降の移動グループは子どもたちもクラブに積極的に参加し、ポーランド文化やアイデンティティの継承の場として活用している。

　以上のように、EU 加盟による移動（就労と居住）の自由は、イギリスで生活することの選択を「気楽」にさせ、かれらの生活空間が「ポーランドからイギリスへと西へ拡がった」だけのように思わせる。ホワイトも「ポーランド社会がポーランドとイギリスの間に拡がっていると考えるほうがよい。だから、こんにちの移住者（migrant）は、外国にいても「自国（at home）」のようにさらにもっと感じがちになる」（White 2011:7）と述べる。そして、それはトランスナショナルな社会空間（トランスナショナル・ソーシャル・スペース）の出現でもある（小井土 2005、広田 2012、2013）。このトランスナショナルな社会空間は、本書で扱う発達文化空間とも言えよう。

■ 2.2.　進む家族結合にともなう増える子どもたち

　前出のポーランドとスコットランドのエディンバラを場としたドキュメンタリーが制作された 2007 年ごろは、出稼ぎでイギリスを目指したのは親だけで、子どもはポーランドに残される段階であったようである。佐久間もかつてのイギリスへの移民と同じく家族結合はこれからの段階であると当時述べている（佐久間 2007:231）。しかし、その後、イギリスでは家族結合が急速に進みつつあるようである。そこで、ここでは子どもの教育をめぐる現況をスコットランドの事例にみてみよう。

　スコットランドでは、家庭での使用言語別の公立学校児童・生徒数において、2008 年からポーランド語が、パンジャブ語（インドとパキスタンのパンジャ

ブ地方の言語）とウルドゥ語（パキスタンの公用語のひとつ）を抜いて第1位となっている**(図8)**。パンジャブ語とウルドゥ語は旧植民地からの移民の使用言語であるが、ポーランド語はそれらをわずかな期間で超え、2009年には2006年の3.5倍を超える児童・生徒数となっている。スコットランド政府の統計で確認できるのはこの4年間だけであるが、ポーランド語が家庭での使用言語である子どもの数の急速な増加は明らかである。この点からも家族結合が一気に進んだことがうかがえる。

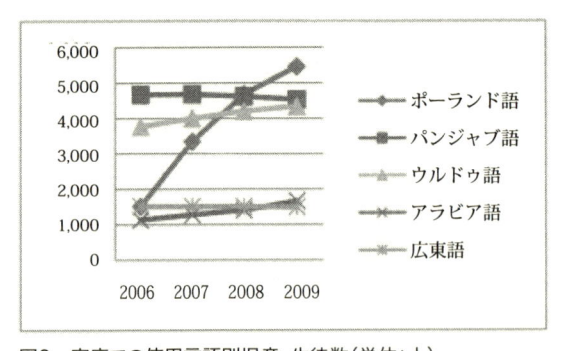

図8　家庭での使用言語別児童・生徒数(単位：人)
出典）The Scottish Government, *Pupils in Scotland,* Statistical Bulletin 2006,2007,2008,2009から筆者作成。

　学校の役割については次節で検討するが、ここで、イギリスでの生活において、母国語で開かれる土曜学校の果たす役割の大きさについて指摘しておきたい。ホワイト（White 2011:189-190）によれば、2004～2009年の間にイギリスにおいてポーランド系の土曜学校は倍増し、90校になっている。子どもを土曜学校に通わせるためにはいくらかの費用負担があるが、多くの親は子どもを土曜学校に通わせている。授業内容はポーランド語だけではなく、歴史、地理、宗教、音楽とともに、フェスティバルや文化活動などをおこなっており、子どもたちがポーランドに帰国しても、ポーランド社会に入り込めるように考えられている。さらに、土曜学校は子どもと親にとって友人をつくる場でもある。重要な言語・文化コミュニティであり、支援ネットワークの形成にもなる点は、日本の子どもたちが海外の現地校に通いながら、土曜日の補習校で自分のアイデンティティを確認していることに共通する。それ

は、筆者が2001年に約1ヶ月間、スコットランドのエディンバラに当時あった日本語補習校を見学する機会を得た際に観察できた子どもと親のようすでもある。補習校では、朝、子どもを送ってきた親たちがそのまま授業の終わる昼まで情報交換をしながら過ごしたり、設けられた小さな日本語図書コーナーの本を借り出したり、補習校の授業日に合わせて訪問する日本食販売移動車で買い物をしたりするようすがみられた。補習校は週に一度の日本語または日本につながるコミュニティの場でもあったと言える。土曜学校／補習校は、人びとの移動先での生活を支えているという点において、広田が先行研究を整理して提示した、受け入れ国側の「移動の磁場」である受け入れ社会のコミュニティに形成される、移動を支える装置・制度の一つとして位置づけられそうである（広田 2012:145-146）[6]。

## 3. ヨーロッパ的次元にみる教育空間

■ 3.1. 学校の役割

さて、短期間にポーランド系の子どもたちが増えた学校や地域では、一体どのような対応ができたのであろうか。前節でみたスコットランドでは、ポーランドを含むEU8から移動した子どもたちが増えるなか、学校と家庭の関係や、かれらの学校での経験に関する調査がみられるようになってきた。ここでは、そのうち2011年の調査報告書「外国の我が家：スコットランドにおける東欧移民労働者の子どもたちの生活経験」（Sime et al. 2011）をみてみよう。

この調査は主にEU8からの移動者を対象として7～16歳の57人の子どもに対する、11のフォーカス・グループ・インタビュー、7人の個人インタビュー、さらに28人の子どもを含む22家族のケース・スタディに加えて、サービス・プロバイダー（教育、ヘルスケア、レジャー、住宅供給、行政機関、ボランティア）関係者17人対象のインタビュー調査を2008～2010年に実施したものである。この調査には、120人の教師が1日セミナーに参加した際に語った、学校における子どもたちをめぐる問題の記録も含まれている。

報告書では調査で得られた結果を、①「子どもの移動による経験」、②「子どもの移動の経験と文化変容に影響を与える要因」、③「移動した子どもの公的または民間サービス利用」の3つの観点から、次のように整理している。

① 「子どもの移動による経験」の結果：親は移動する動機を子どもに「より良い将来を」と考えたからだと語るが、子どもはその過程でほとんどそのような動因を持たない。親はスコットランドには子どもの教育や将来の雇用により多くの機会があることを2008～2009年の景気後退の時期にも感じていた。子どもの移動による経験はかなり多岐にわたっている。どのような経験をするかは、家族の収入や住宅、地域社会、兄弟姉妹、自分自身の奮発力などに依っている。年齢やジェンダーによっても異なる。子どもは出身国に戻ると「我が家（at home）」だと思うことがほとんどだが、なかにはスコットランドと両方が「うち」のようであると思う子どももいる。概して、子どもの移動の経験は肯定的である。

② 「子どもの移動の経験と文化変容に影響を与える要因」：主要因は、スコットランドへ移動後の家族の社会経済的状況、住む地域の特質、ローカル・サービスの質、ソーシャル・ネットワーク、さらには子ども自身の新しい環境に対処する能力である。多くの家族にとって、移動は社会経済的環境が変化することを意味する。肯定的で包摂的な学校環境は子どもにとっては鍵となる。最も出会うことの多い困難は言語の壁であり、また友だちづくりの難しさである。特に年長の子どもにとってそれは当てはまる。

③ 「移動した子どもの公的または民間サービス利用」：比較的限られた範囲のサービスにしかアクセスしていない。子どもたちは教育を主たるサービスだと思っており、概してスコットランドでの学習経験を好意的に受け入れている。ヘルスケアやレジャー、小売店などはより限られている場合が多い。公的機関での翻訳や通訳、EAL（English as an Additional Language）の教師などの整備は地方当局によってかなりの差がある。一方、学校は子どもにとって鍵となるサービスである。また、土曜学校や教会

は子どもや親の文化的アイデンティティにとって重要である。

　以上の調査結果からみえてくるのは、子どもを受け入れる学校が抱える問題の提起とともに、子どもにとっても親にとっても、他者とのつながりの場としての学校の役割と可能性である。学校は、子どもを中心に家族も関わり、情報交換の場となる。ソーシャル・ネットワークのさらなる展開にもつながる。また、ここでも前節で取りあげた土曜学校が教会とともに文化的アイデンティティを支えるものとして重要だとされている。

　また、別の調査[7]（Moskal 2010）では、ポーランド系の多くの親や子どもたちはスコットランドの学校を「簡単（easy）」だとみている点を指摘している。学校で子どもたちが適切に評価されるかどうかは、学校文化の違いを抱える移動してきた子どもたちにとっては大きい。学校で英語の能力に重点が置かれてしまい、数学や他の学習の到達度がみえにくく、低い期待しかされないことが、結果的には移動してきた子どもに「学校は簡単だ」と思わせている。親もポーランドに比べて宿題が少ないと感じているなど、英語という言語の問題を離れれば、スコットランドとポーランドの学校文化そのものの違いを反映していると思われる結果である。イギリスの学校は「簡単」で、ポーランドの学校のほうがレベルは高いと感じる親が多いという点は、ホワイト（White 2011:160-163）もイングランドでの調査で指摘している。しかしながら、親はそれでも子どもが宿題に追われたりせずに学校を楽しんでいるということを肯定的にみることや、英語を身につけることの将来性をみいだすことで、イギリスの学校生活をプラスに捉えようとしているという。それはたとえ将来、ポーランドに戻ることになっても、イギリスで学校教育を終えるほうがプラスであるという見方である。かれらの生活空間が「ポーランドからイギリスへと西へ拡がった」だけのようにみえるのと同じく、その先には、「ヨーロッパで生きる」という視野からヨーロッパ的次元での教育空間の拡がりを把握しているかのようである。

■ 3.2. EUの戦略と教育空間の利用

　EUは2000年に欧州理事会で採択されたリスボン戦略（2010年までにより多くの雇用と強い社会的結束を伴い、持続可能な経済成長を可能にし得る、知識基盤型経済・社会への移行を目指したもの）を基軸に各分野が対応を迫られてきた。ただし、2010年までに達成できなかった項目も少なくなく、現在は2020年までのEUの新経済成長戦略「欧州2020」として継続中である。新戦略では3つのプライオリティ（賢い成長、持続的成長、包括的成長）を実現するための5つの重点目標（ヘッドライン指標）が定められ、教育分野（早期離学者比率の引き下げ、高等教育レベル修了者比率の引き上げ）がその1つになっている。

　教育・訓練政策分野においては「教育と訓練2010（Education & Training 2010）」（2002年欧州理事会決定）で戦略目標を定め、目標達成のために2010年に向けた5つのベンチマーク（数値目標）を設定し、2004年からの年次報告書（progress report）で達成進捗状況をモニターしてきた。リスボン戦略で導入された「裁量的政策調整」（OMC: Open Method of Coordination）がEUの目標達成に向けた統治手法として教育・訓練分野でも適用されているのである。EU域内を移動する、知識基盤型社会に応じた労働力の育成に向けて、EU加盟国は方向性を位置づけられている。現在は2020年を目指した5つのベンチマークと雇用に関するベンチマークが設定されている。

　また、EUは教育分野のエラスムス・プログラム（高等教育における交流）やコメニウス・プログラム（学校教育における交流）、そして職業訓練・教育の分野におけるレオナルド・ダ・ヴィンチ・プログラムなどを含む「生涯学習プログラム（LLP: Lifelong Learning Programme）2007-2013」を展開し、2014年からは「エラスムス・プラス（Erasmus＋）」というプログラムに移行継続されている。また、職業教育・訓練分野でのリスボン戦略への対応であるコペンハーゲン・プロセスの展開とともに、各国での資格が比較参照できる「ヨーロッパ資格枠組み」（EQF: European Qualifications Framework）を2008年に採用し、2010年までに各国の資格をこのEQFに参照できるように求めるなど、ますますEU域内での移動を容易にさせる枠組みが本格的に具体化している。

　EU8のような新規加盟国にとって、EU加盟による人やモノの自由な「移動」

が単に「流出」になるのではなく、トランスナショナルなプラス効果をもたらすには、EU の提供するヨーロッパ構造基金（European Structural Funds）等の資金や、上記の教育分野のプログラム等を利用して、知識基盤型社会の形成を目指したリスボン戦略以降の流れに乗ることが、「加盟国」としてまずは求められている。ラトヴィアのように社会体制の転換から時間を経ていない小国が多い EU 新規加盟国にとって、それはかなりの負担でもある。しかしながら、そのなかで、EU 新規加盟国の人びとは、国家を超えたヨーロッパ的次元での移動によって自分たちの生活空間や教育空間をトランスナショナルに拡大し、ヨーロッパ的次元の発達文化空間を構築しつつあるようにみえる。

## おわりに

　これまでの移動によって構築されたヨーロッパ的次元の生活空間や教育空間において、人びとは今後どのように動くのだろうか。ポーランドからのイギリスへの移動をみても、短期的のはずが、イギリスでの生活がポーランドでの生活よりもよいと判断し、家族結合へと進展して居住地に落ち着く様相がある。移動は経済的な豊かさと安定を求めた一時的な「出稼ぎ」だけではなく、ラトヴィアのように民族間の軋轢による社会統合の難しさからの脱出や、ヨーロッパ内外でより効果的な価値をもつとされる高等教育や英語という言語がもたらす価値も要因であるとも考えられる。専門職の頭脳流出（brain drain）はすでに問題[8]となっている。

　EU8 のような送り出し国にとって、開いた空間はトゥアンの語るように「むき出しで傷を受けやすい」。ヨーロッパ的次元に構築していく空間において、人びとは新たな発達文化空間をみいだすことになる。一方で、構築したはずの新たな空間を維持できるかどうかという課題にもつながりそうである。

　そして、受け入れ国であるイギリス社会ではこれからどのような展開があるのだろうか。この 10 年で急激な増加傾向にある EU8 から移動してきた人びとは旧植民地からの移民と異なり[9]、出身国がヨーロッパ域内であること

やキリスト教社会であるという共通点が、彼らのイギリスでの生活にプラス要因となるであろうか。それとも就業面で競合する新たな住民という、これまでの移民と同じ位置に置かれるのだろうか。旧植民地からの移民はアジア系やアフリカ系、カリブ系が多く、身体的に可視化されやすく、またムスリムであるなどキリスト教とは異なる宗教を背景に持つ人びとも少なくない。EU8からの労働者はその点では異なる。しかしながら、「増えすぎた」と認識されると、イギリス社会は受け容れがたいとする反応は、EUからの離脱を問う国民投票の実施をキャメロン首相が2013年1月に示唆するに至ったことや、反移民や反EUを唱える政党の躍進の理由として報道されることが多いことに、その一端がみられる。コミュニティごとの実際はどうであろうか。注意が必要ではある。

けれども、EU新規加盟国の人びとが、ヨーロッパに位置づくことで、トランスナショナル＝ヨーロッパ的次元の発達文化空間を構築している予兆は確かにある。一方で、この空間を維持できるかどうかは、受け入れ国にとっても、東に拡大されたヨーロッパ的次元の空間の意味を再び問うことになる。

【註】
1. ここでは、「イギリス」の表記では連合王国(the United Kingdom of Great Britain and Northern Ireland)全体を指すこととし、連合王国を構成するイングランド、スコットランド、ウェールズ、北アイルランドは区別して表記する。
2. ラトヴィア政府統計(Central Statistical Bureau of Latvia)による統計。http://www.csb.gov.lv/（2015/2/7閲覧）。
3. 同上による統計から作成。http://www.csb.gov.lv/（2015/2/7閲覧）。永住または居住地を最低1年移す目的で移動した人数。2011年の人口・住宅センサス（登録していない流出者数を考慮）の結果により、旧同統計の2000～2010年の長期移動者数が再計算されている。その他、ラトヴィアのEU域内への労働移動分析はEglite, P. and Z. Krišjāne(2009)が詳しい。
4. EUの東方拡大の結果、EU域内労働市場でどのような変化が起きたのかについては、Kahnec, M. and K. F. Zimmermann(eds.)(2010)、およびGalgóczi, Béla et al.(eds.)(2009)が詳しい。
5. Fihel, A. and M. Okólski(2009)もEU加盟後のポーランドからEU域内への労働移動に関する詳細な分析をしている。
6. 広田は、「送り出しコミュニティと受け入れコミュニティを結んで、国境を越えて形成される空間」であるトランスナショナル・ソーシャル・フィールド(T.S.F)／トランスナショナル・ソーシャル・スペース(T.S.S)を整理して提示した「マイグラント・トランスナショナリズム過程とT.S.Fイ

メージ図」において、移動を支える装置・制度の形成の例として、民族学校、エスニック・ビジネス、送金システム等をその例にあげている。
7. ポーランド系の5〜17歳の子ども41人、24人の親、16人の教師を対象に2008年に実施されたインタビュー調査。
8. たとえば、ルーマニアからの医師の移住についての朝日新聞2013年8月11日付記事「人口流出　縮む東欧」。
9. たとえば、パキスタンからの移民は、ムスリムであることがイギリス社会になかなか受け入れられない要因のひとつになってきた。彼らのイギリスのなかで隔離された生活については、アンワル(1996=2002)を参照。

【引用・参考文献】
アンワル、ムハンマド(1996=2002)『イギリスの中のパキスタン―隔離化された生活の現実』佐久間孝正訳、明石書店。
小内透 (2007)「トランスナショナルな生活世界と新たな視点」『調査と社会理論』研究報告書24、北海道大学大学院教育学研究科教育社会学研究室、1-11頁。
上林千恵子 (2007)「東欧労働者の流入とその影響―EU拡大後のイギリス労働市場」『労働調査』459、労働調査協議会、8-12頁。
小井土彰宏 (2005)「グローバル化と越境的社会空間の編成―移民研究におけるトランスナショナル視角の諸問題」『社会学評論』56(2)、381-399頁。
厚生労働省(2010)「2008-2009年海外情勢報告　諸外国における外国人労働者対策」http://www.mhlw.go.jp/wp/hakusyo/kaigai/10/index.html, 2012/03/25閲覧。
佐久間孝正 (2007)『移民大国イギリスの実験―学校と地域にみる多文化の現実』勁草書房。
塩原良和 (2012)『共に生きる―多民族・多文化社会における対話』弘文堂。
ジェニス、アンナ・マリア(2010)「EU加盟に伴うポーランド人労働者の域内移動分析」『岡山大学大学院社会文化研究科紀要』第30号、255-274頁。
トゥアン、イーフー(1977=1993)『空間の経験―身体から都市へ』山本浩訳、ちくま学芸文庫。
広田康生 (2012)「日本人のグラスルーツ・トランスナショナリズムと「場所」への都市社会学的接近」『専修人間科学論集　社会学篇』2(2)、141-154頁。
広田康生 (2013)「トランスナショナル・コミュニティ・パースペクティブの諸仮説」『専修人間科学論集　社会学篇』3(2)、71-80頁。
Eglīte, Pārsla and Zaiga Krišjāne (2009) "Dimensions and Effects of Labour Migration to EU Countries: The Case of Latvia", in Galgóczi, Béla et al. (eds.) (2009).
Fihel, Agnieszka and Marek Okólski (2009) "Dimensions and Effects of Labour Migration to EU Countries: The Case of Poland", in Galgóczi, Béla et al. (eds.) (2009).
Galasińska, Aleksandra (2010) "Gossiping in the Polish Club: An Emotional Coexistence of 'Old' and 'New' Migrants", *Journal of Ethnic and Migration Studies,* 36(6), pp.939-951.
Galgóczi, Béla, Janine Leschke, and Andrew Watt (eds.) (2009) *EU Labour Migration since Enlargement,* Farnham, Surrey: Ashgate.
Gillingham, Emma (2010) *Understanding A8 migration to the UK since Accession,* ONS, http://www.ons.gov.uk/ons/publications/index.html, retrieved 2011/12/05.

Home Office UK Border Agency (2009) *Accession Monitoring Report May 2004 –March 2009,* http://www.ukba.homeoffice.gov.uk/aboutus/statistics/, retrieved 2011/07/28.

Kahnec, Martin and Klaus F. Zimmermann (eds.) (2010) *EU Labor Markets After Post-Enlargement Migration,* Heidelberg: Springer.

McCollum, David and Allan Findlay (2011) *Trends in A8 migration to the UK during the recession,* Population Trends nr 145 Autumn 2011, ONS, http://www.ons.gov.uk/ons/publications/index.html, retrieved 2012/01/25.

Moskal, Marta (2010) "Polish migrant children's experiences of schooling and home-school relations in Scotland", *CES Briefings* No.54, June 2010, Centre for Educational Sociology, University of Edinburgh, http://www.ces.ed.ac.uk/publications/briefings.htm, retrieved 2011/10/16.

ONS (2011), *Polish People in the UK. Half a million Polish Residents,* 25 August 2011, http://www.ons.gov.uk/ons/rel/migration1/migration-statistics-quarterly-report/august-2011/polish-people-in-the-uk.html, retrieved 2012/03/25.

Ryan, Louise, Rosemary Sales, Mary Tilki, and Bernadetta Siara (2009) "Family Strategies and Transnational Migration: Recent Polish Migrants in London", *Journal of Ethnic and Migration Studies,* 35(1), pp.66-77.

Sales, Rosemary, Louise Ryan, Magda Lopez Rodriguez, and Alessio D'Angelo (2008) *Polish Pupils in London Schools: opportunities and challenges,* Project Report, Middlesex University, http://eprints.mdx.ac.uk/6326/, retrieved 2013/2/6.

Scottish Government (2010) *Demographic Change in Scotland,* The Scottish Government Social Research, http://www.scotland.gov.uk/Publications/, retrieved 2011/10/16.

Scottish Government (2009) *Recent Migration into Scotland: the Evidence Base,* The Scottish Government Social Research, http://www.scotland.gov.uk/Publications/, retrieved 2011/10/16.

Sime, Daniela, Rachael Fox, and Emilia Pietka (2011) *At home abroad: The life experiences of children of Eastern European migrant workers in Scotland,* A summary version of the 'At Home Abroad' Report for practitioners and policy makers, ESRC and University of Strathclyde, http://www.esrc.ac.uk/, retrieved 2012/10/24.

White, Anne (2011) *Polish Families and Migration since EU Accession,* Bristol: The Policy Press.

追記)本章は、『教育研究論集』(鳥取大学)掲載の拙稿、「EU新規加盟国ラトヴィアにおける教育政策の課題」(創刊号2011)、および、「イギリスにおけるEU域内からの人の移動と教育の諸相」(第3号2013)をもとに大幅な加筆により構成されている。

# 第2部

## 支配的文化のなかで揺れ動くマイノリティの発達文化

## 第4章 「日本人」でもなく「外国人」でもなく
——日本で生まれ育つニューカマーの子どもたち

三浦綾希子

### はじめに

　1980年代以降、日本において、「ニューカマー」と呼ばれる新来外国人とその子どもが急増し、かれらが抱える教育問題が注目を集めるようになった。ニューカマーの子どもというと、日本語が分からず、日本の学校への適応に困難を抱える子どもを連想しがちである。しかし、近年、ニューカマーの定住化に伴って増加しているのは、日本で生まれ、日本語を流暢に話すニューカマーの子どもである（渋谷 2013）。第一言語が日本語となり、日本人のような行動様式をとるかれらが抱える課題は、学齢期に来日した日本語が分からない子どもたちとは異なり、ニューカマーの教育問題は新たな局面に入ったともいわれる（佐久間 2006）。

　ホスト社会生まれの子どもは、「自分が何者であるか」というエスニックアイデンティティの問題で戸惑いや葛藤を抱えやすい。2世以降の移民は、1世とは違って、ホスト社会の文化の影響を多分に受けやすく、そのルーツを確認する機会が限られている。かれらは、自分の生まれやホームランドでの個人史に基づいてエスニックアイデンティティを主張できないため（Kibria 2002:300）、エスニックアイデンティティの構築において葛藤を抱え易いのである。例えば、在米フィリピン系移民を対象としたエスピリトゥ（Yen Le Espiritu）は、フィリピンでの生活経験がないアメリカ生まれの子どもは、エスニシティを確認できる環境に置かれていない場合、自分が「アメリカ人」なのか「フィリピン人」なのかで悩み、アイデンティティが揺らぐ可能性があることを示唆している（Espiritu 2003）。

　しかし、無論 2世以降の移民たちは、ホスト社会の文化にのみ接している

のではない。関によれば、人々は次世代のひとりだち[1]を促すために、様々なエージェントを介してある文化を伝達しようとするが、ホスト社会の支配文化とは異なる文化を生きる人々も独自のやり方で独自の文化を伝達するという（関 1998）。つまり、マイノリティとしてホスト社会に暮らす移民たちも、ホスト社会の文化に馴化されないよう、自分たちのエスニック文化を次世代に継承しようとするのだ。伝達される文化には、言語や価値観、社会関係などが含まれるが、中でも文化によって意味を与えられたシンボルは重要であり、シンボルによって文化が子どもたちの中に刷り込まれていく（関 1998:284）。

このように、ホスト社会で生まれ育つ子どもたちは、ホスト社会の文化と親のエスニック文化という少なくとも 2 つ以上の文化の狭間を生きる存在であると措定されるが、日本で生まれ育つニューカマーもこの範疇で捉えることができるだろう。では、複数の文化の影響を受ける子どもは、それぞれの文化といかに折り合いをつけながら、人間形成を行っていくのだろうか。本章では、子ども自身の視点を通して、異なる文化の狭間を生きる子どもたちのエスニックアイデンティティの有り様を明らかにする。子どもたちは文化の狭間をどのように生き、どのようなエスニックアイデンティティを持つのか。日本生まれの子どもたちのサバイバル戦術に着目したい。

本章では、人々の日常世界に接近するエスノグラフィの手法を用いて、課題に迫っていくことにする。データは、筆者が 2010 年 1 月から 2013 年 4 月の間に、ニューカマー児童生徒の集う地域学習室[2]を拠点に継続的に実施しているフィールドワークで得られたものを用いる。なお、本章では両親とも外国人である日本生まれの子どもと国際結婚で生まれた子どもの両方を対象とするが、一口に日本生まれ日本育ちと言っても、両者では親の文化の影響が異なることが予想される。しかし、いずれであっても、日本の支配文化と親が持つ文化という 2 つ以上の文化の影響を受けているという点では共通していることも確かである。そのため、本章では、国際結婚で生まれた子どもと両親とも外国人である子どもをまったく異なるものとしては区分しない。双方の文化から受ける影響の度合いの違いを考慮に入れつつも、共通性

のほうに注目し、考察を行っていきたい。
　以下では、まず、マジョリティ側、すなわち、支配文化側のまなざしを照射しながら、日本生まれの子どもたちが置かれている状況を確認する。その後、親が伝達しようとする文化に子どもがいかに関わっているかを概観していく。そして、2つの文化の狭間を生きるかれらが他者との間に引く境界設定の有り様を見ていきながら、かれらの中に2つの文化がいかに息づいているのか描き出したい。

## 1. 日本社会で育つ子どもたち――支配文化の中で

■ 1.1. 顕在化しない異質性と同化の圧力――「ハーフってばれた」

　日本で生まれ育つ子どもたちは、アクセントのない日本語をぺらぺらと流暢に話す。学習思考言語が十分でない子もいるが、日常会話に問題がある子はほとんどいない。日本の消費文化に浸って暮らしているかれらの話題の中心は、もっぱら日本のテレビやゲームの話であり、テレビから伝達される情報や街を歩けば目に付く日本語の文字など、子どもたちを取り巻く環境がかれらの日本人化を促す。中でも、かれらを日本人化させる最も強力な装置が学校である。
　以下では、地域学習室で繰り広げられた子どもたちのやりとりから、日本生まれの子どもたちの学校での様子を確認してみよう。ここで登場する凛、陽菜、美波は、皆父親が日本人であり、母親がフィリピン人である。凛、陽菜、美波は同い年で、当時中学1年生であった。

　　凛、陽菜、美波が英語の勉強をしている。
　　凛：「せんせーい！」
　　筆者：「何ー？」
　　凛：「ハーフってばれてから英語の時間当てられるようになったー」と、
　　　　ちょっと顔をしかめて言う。
　　陽菜：「え？そうなの？」

美波：「うち、ばれてなーい。」
陽菜：「うちもー。」
筆者：「どうして分かったの？」
凛：「え、なんか、英語の音読のとき、『発音いいね』って言われたから、『ハーフなんで』って言ったの。『どこのハーフ？』って聞かれたから、『フィリピン』って。」
陽菜：「『ハーフなんで』って言うんだー。」
美波：「ねー。」
凛：「だって、『練習しました』とか言えないじゃん。なんて言うの？」
陽菜：「うち、そういうのないからなー。音読はみんなでするし。」
【2011年6月8日　地域学習室　フィールドノーツ】

　以上のやりとりから、彼女たちが学校では、「ハーフ」であることを特段表明せずに過ごしていることが分かる。英語の発音の良さを指摘された凛は「ハーフ」であることを表明するが、それに対して陽菜と美波は驚きを見せ、自分たちであれば、「ハーフ」であるとは言わないことを暗に示す。
　国民教育制度は原則的にある1つの文化を選択し、それを全ての子どもに伝達しようとする（関1998:286）。マジョリティの学校で重視されるのは、マジョリティの文化を伝達することであり、マイノリティはそれを受容することが求められる。特に、平等性や同質性が重視される日本の学校では、個々の文化的差異は考慮されにくく、ニューカマーの子どもであっても日本人と同じように扱われる。そして、この「差異を認めない形式的平等」（太田2005:64）はニューカマーの子どもに日本人のように振る舞うことを求め、子どもたちの日本人化を促していく。とりわけ、国際結婚によって生まれ、名前や外見から異質性が明らかではない子は学校で日本人と同じように扱われることが多く、「日本人であること」が期待される傾向にある（山本／渋谷／敷田／キム2013:116）。日本人のように振る舞うよう求める強力な磁場が日本の学校にはあるのだ。
　異質性が認められない学校において、自らの背景を進んで明かそうとする

子どもはなかなかいない。学齢期に来日した子どもであっても日本語を習得し、学校に適応するようになると、その異質性が見えにくくなるといわれるが（恒吉1996）、はじめから日本語を第一言語とし、日本人のような行動様式をとる日本生まれの子どもたちはより見えにくい存在として、きっかけがなければその異質性を示すことなく、学校生活を送るのである。

そして、こうした学校文化を生きるニューカマーの子どもの中からは、マジョリティである日本人の価値観を内面化する者も出てくる。例えば、両親とも韓国人である子が同じく韓国にルーツのある転校生や同級生に対し、「ここは日本なんだから、日本語でしゃべれ」と言い、差別的なまなざしを向けることもある[3]。マジョリティである日本人へと同化し、その支配的価値観にすりよることによって、自らを排除される側ではなく、排除する側に置こうとするのだ。同質的な日本の学校を生き抜くための戦術の1つが、日本人に同化することなのである。マジョリティは自らの文化を普遍的なものと捉え、それ以外のものを下位に置こうとするが、差別的なまなざしはマジョリティからマイノリティへだけでなく、マジョリティの価値観を内面化したマイノリティからマイノリティへも向けられ、マジョリティの価値観は維持され続けるのである。

■ 1.2. 異化のまなざしと抵抗──「日本生まれです！」

前述の事例で、「ハーフ」であることが「ばれた」凛が英語の時間によく当てられるようになったことからも分かるように、かれらは同化圧力を受ける一方で、異化のまなざしも受ける。一例を挙げよう。以下は学習室で行われたボランティアのAさんと日本生まれの子どもとのやりとりである。ここで登場する香織とカルロスは、当時同じ学校の小学6年生であった。二人とも母親の出身地が中南米であり、香織は父親が日本人である[4]。

　　休み時間に廊下で何人かの子どもがおしゃべりをしている。そこに新しくボランティアとして参加した男性Aさんがやってきて子どもたちに声をかける。

第 2 部　文化的支配のなかで揺れ動くマイノリティの発達文化　71

　　A：「君たちはどこの国の子？」
　　ヤン：「中国です」とはっきりした声で言う。
　　カルロスと香織は苦笑いをして答えない。
　　A：「君たちは？」とカルロスと香織に向けて言う。2 人は互いに顔を見合
　　　　わせながら「えー？」と言い、首をかしげ、なかなか答えない。
　　A：「言いたくない？」
　　カルロス：「日本生まれです！」と大きな声で言う。
　　A：「あ、そうなんだ」と意外そうに答える。
　　　　　　　　　　　　　【2010 年 11 月 9 日　地域学習室　フィールドノーツ】

　当時中学 1 年生の男子であったヤンは 3 年前に来日している。日本語にも若干のアクセントが残る彼は、ためらうことなく自らを中国人として呈示する。だが、ここで香織とカルロスは「〜人」として自己呈示することを拒否している。A さんはこの支援室が「両親、もしくは片親が日本語を母語としない子どものための教室」であるため、ここにいる子どもたちは「日本ではないどこかの国から来た子」であると考えたのだろう。かれらの背景を理解した上で関係を築こうとしていたと考えられる。しかし、日本での生活しか知らない香織とカルロスにとって、日本以外の国を暗に示し「どこの国から来た子なのか。どこの国に所属している子なのか」と問われることは困惑することに他ならなかった。
　ヤンの応答からも分かるように、学齢期で来日した子の場合は、生まれた場所とルーツのある場所が一致する。よって、「どこの国の子か？出身はどこか？」という問いに戸惑うことはない。だが、日本生まれである子どもたちの場合は、生まれ育った場所とそのルーツをストレートに結びつけることが難しい。そのため、上記の問いにどう答えていいか分からず、逡巡することになる。そして、結果的に紡ぎ出されたのが「日本生まれです！」という一言であり、カルロスはここで日本生まれであることを示すことによって、A さんの異化のまなざしに抵抗しようとするのである。
　アメリカ生まれの韓国系、中国系移民第二世代の若者を対象としたキブリ

ア（Nazli Kibria）は、「どこ出身ですか？（Where are you from?）」という質問に戸惑う若者たちの様子を明らかにしている（Kibria 2000:86-87）。ボストンなど、アメリカの地域を答えようものなら、「はい。でも、本当はどこ出身ですか？（Yes, but, where are you *really* from?）」と問われる。その前提には、アジア人は全て外国人であり、「アメリカ人ではない」という意識があるとキブリアは指摘する。同様に、上記の例でみたようなボランティアが発する「どこの国の子？どこ出身の子？」という問いかけにも、かれらを日本人とは異なる他者であるとする認識が前提として垣間見られる。名前や外見、血統が少しでも日本人と異なるかれらは「〜人」という枠に当てはめられ、他者化されるのである。

以上見てきたように、子どもたちは同化や異化のまなざしをマジョリティから受けることになる。日本社会で生きている以上、かれらは日本の支配文化の影響をより強く受けることになり、日本人化していく。マジョリティはマイノリティに同化を求めながら、異化のまなざしも向けるが、マイノリティの子どもたちはこうしたマジョリティのまなざしに向き合う中で、支配文化を身につけていくのである。しかし、一方でかれらは親の文化の影響も受ける。以下では、子どもたちが日常的、非日常的にいかなる経験をしながら、親の文化に触れ合っているのか、そして、かれらはそれをどのように捉えているのかを描き出していこう。

## 2. 日常的、非日常的なエスニック経験
──親のエスニック文化と支配文化の狭間で

■ 2.1. 日常的なエスニック経験──料理、言語、家族関係

親たちは、意識的にも無意識的にも自分のエスニック文化を子どもたちに伝達しようとする。子どもたちの生活の中には、親が持ち込むエスニック文化が当たり前に存在しており、かれらはそれらに触れ合いながら、日常生活を送る。分かりやすい例で言えば、フィリピン料理やタイ料理、ミャンマー料理は、特別な料理、外出先で食べる料理ではなく、日常的に食卓に上がるものとして認識される[5]。

さらに、家庭内では使われる日本語以外の言葉は、親のエスニック文化を構成する基本的要素である。国際結婚家族の場合、その家庭内言語は日本語となることが多いが、子どもたちに自分の母語を覚えさせようと、母親が意図的に母語を用いる場合もある。前述した陽菜の母は「私は、（陽菜が）小さいときからずっと英語でしゃべってるの。あとタガログ語も」と言い、陽菜が英語もタガログ語も理解できるよう努めてきたと述べる[6]。日本語を使う機会が圧倒的に多い子どもたちの第一言語は、日本語となることは繰り返し述べてきた通りであるが、生活の所々で使われるタガログ語など、親の言語の単語や簡単なフレーズは、少しずつではあるが子どもたちの中に蓄積されていく。

 また、FacebookやSkypeなどを用いて、頻繁に母国と連絡を取っている親たちは、日常的に母国親族について言及する。母国で起こった出来事は、すぐ近くで起こっていることのように食卓での会話に上り、ときには子ども自身がインターネットを通じて、母国親族とやりとりを行うこともある。そして、このような親族との日常的やりとりは、子どもに親の母国の規範や価値観を伝達するものとなる。例えば、フィリピンでは「家族中心主義」（Espiritu 2003）と呼ばれる規範が重要視され、子どもは親に対して従順であるべきとされるが、日本生まれの子どもたちもこの規範を遵守することが親や親の母国親族から求められることとなる[7]。

 日本生まれの子どもたちは、十全たる帰属意識を親の母国に持っているわけでは必ずしもない。だが、上記で見たような親が持ち込む母国の文化や言語、価値規範はかれらの日常生活を構成するものであり、このような日常的経験は実際に住んだことのない親の母国へと子どもたちを結びつける。子どもたちは些細な日常経験を通して、親の文化に触れ合い、それを無意識のうちに吸収していくのである。

■ 2.2. 非日常的エスニック・イベント──シンボリックな文化の継承

 上記のような日常的経験に加えて、子どもたちが経験する非日常的経験も親の文化を吸収する契機となり得る。非日常的経験として挙げられるのは、

親の出身地への旅や日本に住む同国出身者同士で行われるイベントなどである。ここでは、フィリピンで行われる18歳の成人パーティーについて取り上げてみよう。

母親がフィリピン人で父親が日本人の詩音は、日本人に囲まれながら生活を送っていたが、毎週日曜だけは異なる経験をしていた。彼女は生まれたときから、敬虔なキリスト教徒である母親と一緒にフィリピン系のエスニック教会に参加しているのである。「なんか日曜日だけ違うみたいな。日曜日だけなんかガイジンがいるなという感じになります」と彼女は述べる[8]。フィリピン人が多く集まり、タガログ語が飛び交う教会は、日本に居ながらにしてフィリピンを感じる場であり、フィリピン系独自の文化を支える場である。生まれたときから教会へ通っていた彼女にとって、教会へ日曜に通うことは習慣であり、それは言わば断続的日常であった。そして、その断続的日常の上に行われるのが、非日常的イベントである。

フィリピンでは、女性が18歳になるとき、成人祝いとして「デビュー (Debut)」と呼ばれる大々的なパーティーを催す。ホテルなどの大きな会場を貸し切り、ドレスを何着か用意し、親戚や友人など、100〜200人ほどの人を招待する。フィリピン人女性にとって、このパーティーは一大イベントであるという。詩音はインタビュー当時17歳であったが、このデビューをフィリピンで行おうと準備を始めており、母親と共にフィリピンへ行き、衣装をオーダーメイドしたと嬉しそうに語っていた。

興味深いのは、このパーティーが、母親が詩音にフィリピン文化を継承させようとして、企画したものではなく、彼女自身の希望によって、実現されたものであったということである。母親からこういう儀式があるということを聞いた詩音は、「うちもやりたい！」と思ったそうである。彼女はインタビュー中、何度もパーティーが「ちょー楽しみなんです」と口にした。なぜなら、「日本ではないから」だという。ドレスを用意し、ダンスパーティーを楽しむ。これは、日本の成人祝いとは異なるやり方である。彼女は、日本の成人式よりもフィリピンのパーティーのほうが楽しみだとも述べる。その理由を「成人式ってなんか個人じゃないから。…みんな一緒みたいな」とし

第 2 部　文化的支配のなかで揺れ動くマイノリティの発達文化　75

ている。彼女にとって、それは自分だけが主役になれる楽しいパーティーなのだ。

　このように、彼女は 1 つのイベントとして、このパーティーを楽しみにしている。だが、このパーティーが単なるイベントと異なるのは、出席者のほとんどが教会の人とフィリピンの親戚であるという点である。フィリピン人が一堂に会し、フィリピンで自分のために行われる成人祝いでの経験は、フィリピン文化を吸収し、自分のフィリピンとのつながりを再認識する契機を含み得る。この点において、詩音の行う成人パーティーは、フィリピンで育ったフィリピン人が成人のための通過儀礼として執り行うパーティーとは異なる意味合いを持つだろう。

　ホスト社会生まれの子どもたちにとって、「〜人であること」は、イベントであるという（Espiritu 2003:181）。たとえ、タガログ語を話すことができなくとも、他のフィリピン人と出会い、フィリピン料理を食べ、フィリピンの音楽を聴き、タガログ語の会話を聞くことで、フィリピンを感じることができる。祭りや宗教儀式など、シンボリックなものを通して、親の文化を吸収することが可能となるのである。

■ 2.3.　民族衣装への違和感──「日本人が着物着たいって思うように着れない」
　以上見てきたように、日常的、非日常的経験を通して、子どもたちは親の文化に触れ合う機会を得る。だが一方で、親の文化伝達がなかなかうまくいかない場合もある。両親ともミャンマー人であり、当時小学 5 年生だったテテの事例を見てみよう。

　　社会の教科書に載っているペルーの民族衣装の話からミャンマーの民族衣
　　装の話になる。
　　テテ：「なんかミャンマーの民族衣装って、日本人が着物着たいって思う
　　　　　ように、着れない。」
　　筆者：「あんまり見てないからかな？ママとか着ないの？」
　　テテ：「着る。うちも時々着る。でも、あんまり着たくない。」

筆者：「日本の着物を着たいってわけでもない？」

テテ：「違くて。ママに『日本人が着物着たいって思うように着なさい』って言われるんだけど、あんま着たくない。」

【2012年8月1日　地域学習室　フィールドノーツ】

　料理店を営みながら、様々な社会活動にも参加している母親の影響で、ミャンマーに関連したイベントに出ることも多いテテは民族衣装を着る機会も多い。しかし、そのことを知らなかった筆者は、最初「ミャンマーの民族衣装って、日本人が着物着たいって思うように、着れない」というテテの発言の意味がよく分からなかった。テテが日本生まれ日本育ちであることを知っていた筆者ははじめ、彼女が袖を通したことのないミャンマーの民族衣装への愛着の無さを表明しているのかと思ったのである。だが、実際はそうではなく、それは時々着る民族衣装に対する違和感の表明であった。ミャンマーで生まれ育っていない彼女は、日本で生まれ育った日本人が日本の民族衣装である着物を着るのと同じようには、ミャンマーの民族衣装を着られないというのである。

　民族衣装は、「民族集団の規範や制度そのものを示す意味の体系」（韓 2006:21）であり、エスニック境界を維持するために創造された伝統のシンボルである。民族衣装を着るという行為には、エスニックアイデンティティの表明がついてまわり、民族集団への帰属意識が前提とされる（韓 2006）。これを踏まえて、テテの発言に戻ると、彼女は「ミャンマーの民族衣装を着たい」と思うほど、ミャンマーやミャンマーコミュニティに対して帰属意識がないということになる。彼女がミャンマーに対して帰属意識を持てない理由の1つには、ミャンマーで生まれ育っていないということが挙げられるだろう。しかし、ミャンマーで生まれ育っていなくとも、エスニックコミュニティとのつながりが緊密な場合、母国を代替するエスニックコミュニティへ帰属意識を持つこともあり得る。だが、彼女の場合、そうした意識も薄いようである。

　ミャンマーへの帰属意識が高く、母国のため様々な社会活動に参加しているテテの母親は娘にもイベントで民族衣装を着るよう求めるが、テテにとっ

て、それは一過性のイベントに過ぎない。彼女の友人はそのほとんどが日本人であり、彼女の送る日常生活は日本の学校を基盤に作られたものである。つまり、ミャンマーコミュニティへの関わりは生活のわずかな部分を占めるに過ぎず、帰属意識を持つほどのものではないということができる。もちろん、小学5年生という彼女の年齢は考慮すべきであり、今後成長するにつれてミャンマーコミュニティとの関係は変化し、それに伴って民族衣装に対する思いも変わってくることだろう。だが、よく分からないが民族衣装をあまり着たくないという彼女の違和感は、日本生まれ日本育ちの子どもの感覚として、重要なものであると考える。親の言うように、親が着るように、民族衣装を着られない。これは、ルーツのある親の母国に帰属意識を持つことのできない日本生まれの子どもの心情を端的に表すものだろう。

## 3. 日本生まれの子どもたちのエスニックアイデンティティ

これまで日本生まれの子どもたちが日本社会で置かれている状況と、かれらが日常、非日常の様々な経験を通して、親の文化を経験していく様子を描いてきた。では、このような子どもたちのエスニックアイデンティティとはいかなるものなのだろうか。

エスニックアイデンティティを読み解くために本章で用いたいのが、フレデリック・バルト (Fredrik Barth) のエスニック境界論である。バルトはエスニック集団の境界は属性によってではなく、他の集団との相互作用によって維持される動的なものであり、エスニックアイデンティティはその集団間の相互作用の際、現れる自己ラベルであるとする (Barth 1969=1996)。集団のメンバーは、他者との相互作用の中で、差異化に適切と思われる幾つかの文化的特徴を用い、自分にエスニックなラベルを貼り、他者との間に境界線を引く。何が文化的特徴として選ばれるかは、客観的に同定できるものではなく、行為者の主観やそのときの状況に左右される。

本章では、このバルトのエスニック境界論に基づき、エスニックアイデンティティを他者との相互作用の中で現れ出てくる自己ラベルとして捉える。

具体的には、子どもたちがどのような状況で、他者との間に境界を設定し、何を他者との差異化のための文化的特徴として選ぶのか、という点を注視しながら、分析を進めていく。

■ 3.1. 血統を用いた境界設定——「完璧な日本人」

　在米日本人を対象とした額賀によれば、アメリカに滞在している日本人の子どもたちが日本人であることの根拠として挙げるのは、以下の5点であるという。すなわち、①日本人の血が入っていること、②日本語の名前を持っていること、③日本で生まれたこと、④日本語を話すこと、⑤日本人の顔つきをしていること、である（額賀 2013:101）。本章で登場する子どもたちも、その血統や名前、日本生まれであることや日本語の流暢さ、外見によって、自分や周りの子どもを「日本人っぽい」と言ったり、「〜人っぽい」と言ったりする。そして、その「日本人らしさ」や「〜人らしさ」には、「完璧な日本人」や「完全に〜人」という言葉で、濃淡が付けられる。

　まず、かれらにとって「〜人であること」の第1の根拠となるのは、その血統である。日本で生まれ育った子どもたちは、その血統の純粋性を指して、「完璧な日本人」、「完全に〜人」という言い方をする。例えば、母親がコロンビア人である香織は、自分の好きなアーティストの話をしながら「完璧な日本人は、けっこうGLAYのこと知ってる」と述べた。筆者が「完璧な日本人？」と尋ねると、「A小ってさ、ハーフとか多いじゃん？でも、両親とも日本人の子は知ってる」という返事が返ってきた[9]。香織はここで血統の純粋性を指して、「完璧な日本人」と言ったのである。同様に、母親がタイ人であるみずほは、両親ともタイ人のサウィカーとの会話の中で、「ってか、きみ、完全にタイなのに、ハーフでもないのに、タイのこと悪く言ってるし」と述べ、「完全にタイ」という言い方をしている[10]。

　先述したキブリアは、アメリカの中国系、韓国系移民がその成員資格を規定する際に、何よりも重要視するのが血統であると述べる（Kibria 2002:299–303）。中国系、韓国系移民の場合は、言語や宗教、その他のエスニックな特徴よりも、血統によるつながりが重要であるというのだ。本研究の対象となっ

た日本生まれの子どもたちもその血統が「〜人」を規定する最も基本的な指標と捉えているようであり、その血統によって、まず他者を「〜人」や「ハーフ」と分類する。だが、必ずしも血統だけがかれらのエスニックアイデンティティを規定するわけではない。以下では、血統以外にかれらのエスニックアイデンティティを支えるものとして言語を取り上げよう。

■ 3.2. 言語による境界設定――「やっぱお母さんの言葉、分かんないとね」

同じルーツを持つ子ども同士が互いに親の母語のうち、知っている単語を言い合うという光景が学習支援室でよく見られる。親の母語を流暢に話せない子たちでも、小さい頃から親と会話する中で覚えた単語を互いに言い合うという遊びに興じる。それは、その単語を知っている自分を他者に呈示する作業のようにも見えるし、自分のルーツを確認する作業のようにも見える。

> 香織とカルロスが英語の教科書を見ている。教科書の最初に書いてあるスペイン語のあいさつを香織が読む。
> 香織：「ブエノスディアス。」
> 筆者：「『こんにちは』でしょ？」
> カルロス：「違う。ブエナスノチェスがこんにちは[11]。しかも、ブエノスじゃなくて、ブエナス。」
> 筆者：「あ、そうなの？」
> 香織：「『こんばんは』がブエナスタルデス。」
> カルロス：「そう。」
> 「さようなら」などのあいさつをスペイン語で何と言うか、やりとりが続く。
> カルロス：「じゃあ、スペイン語の問題だす！」
> 香織：「いいね！やろやろ！」
> カルロス：「じゃあ、日本語で俺言うから、かおちゃん、スペイン語で言って。」
> 香織：「え、うち、それ無理。逆ならいい。」
> カルロス：「俺、でも、そんな出てこない。スペイン語。そんなしゃべれないし。」

筆者：「しゃべれるじゃん。」
カルロス：「しゃべれるけど、こいつよりは。」
香織：「だって、それはママとスペイン語でしゃべってるからでしょ？」
カルロス：「やっぱ、俺、天才なのかなー。やっぱお母さんの言葉、分かんないとね。」
香織：「うち、言われたことは分かるよ。返すのは、日本語だけど。」
【中略】
香織：「やろやろ！問題だして！」
筆者が日本語で単語を言い、2人がスペイン語で言い返すということを繰り返す。

【2011年6月2日　地域学習室　フィールドノーツ】

　言語使用は、エスニックアイデンティティと密接に関係する（Portes and Rumbaut 2001:167）。「〜人であること」の指標として、言語が話せるか否かは、重要な役割を果たすのだ。家庭で母親とスペイン語で話すカルロスは、「外国人」として見なされることが多いが、そのまなざしを利用する形でスペイン語を話せることをアピールするということをよく行う。この場面でも彼は、スペイン語話者としての自己ラベルを貼っている。一方、日常的にスペイン語を話さないものの、言われていることは分かるという香織は、カルロスと同様のレベルでは、スペイン語話者としての自己ラベルを貼ることは出来ない。しかし、ここで単語当てクイズという自分が分かる範囲での遊びをすることで、スペイン語が分かる自分をアピールしようとしている。さらに、ここでは、スペイン語が分からない筆者という存在が重要となる。かれらは、スペイン語が分からない筆者に日本語の単語を言わせるということによって、「スペイン語が分かる人」と「分からない人」という境界線をより鮮明に引く。2人共、言語という文化的特徴を利用して、「スペイン語話者」としての境界をそこに立ち上げたのである。
　言語は、他集団と自集団との境界を特徴付ける1つの標識となるが、言語の境界の標識の示差性は、日常言語としての基盤の薄いところほど一層意味

を持つ（庄司 1997:91）。日本で生まれ、第一言語が日本語のかれらにとって、スペイン語は母語ではなく、「母の言語」であり、日常的には用いないものである。だが、親が意識的、無意識的に持ち込むエスニック文化に触れ合いながら生活してきたかれらは、母親の出身地への旅や教会の参加、または日常的な母親との会話からスペイン語を断片的に覚え、それを自らのルーツの異質性を示す道具として用いる。単語だけでもスペイン語を分かるということは、かれらのルーツの異質性を示す印となり、日本人とは異なる自分を立ち上げる際の資源となる。つまり、ここでの言語は、コミュニケーションツールとしてではなく、シンボルとして位置付いていたのである。完全には話せなくても、親の言語の単語が分かることは、エスニックアイデンティティを支える要素となるのだ。

■3.3. 外見や行動様式による境界設定——「ちょーフィリピン人っぽい」

　血統、言語の他に、かれらのエスニックアイデンティティを支えるものとして挙げられるのは、外見や行動様式である。外見は言語のように、後天的に取得していくものではなく、先天的な要素が強いものである。そのため、外見を境界設定に使える者と使えない者がでてくる。例えば、一瞥した限りでは、その異質性が分かりにくいフィリピン系の子たちは、その異質性が外見からにじみ出ている中南米系の子どもたちのように、外見を境界設定に用いることは難しい。

　しかし、化粧やファッションによって、あえて日本人とは違う自分をアピールし、日本人との間に境界線を引こうとする者もいる。詩音は、「日本人だとなんか（ファッション）ごちゃついてるじゃないですか。フィリピン人だとH&Mとかシンプルな感じですね。あれがかっこよく着れてるのはかっこいいなと思って、真似したり」と述べ、フィリピン人っぽい服装をすることによって、日本人とは違う自分を演出しようとしているという。

　だが、このような実践を行うには、フィリピン人のどの点が日本人と異なるのかを認識する必要がある。何が「日本人っぽい」ファッションで、何が「フィリピン人っぽい」ファッションか、見極める必要が出てくるのである。

そのためには、両方の集団の成員との関わりが不可欠となる。生活の大半を日本人に囲まれながら過ごしている彼女が母親以外のフィリピン人と関わる機会は限られているが、前節で見たようなイベントへの参加などのエスニックな経験は、フィリピン人っぽいファッションが何であるかを彼女に知らしめることになる。

　詩音の例は、主観的に意味づけた特徴によって、日本人との間に境界線を引くものであったが、フィリピン人との間にも境界線が引かれることがある。以下は、地域学習室が行われている建物のエレベーターの中での出来事である。

　　エレベーターに何人か人が入ってくる。その人たちが降りると、凛が「あの人たち、フィリピン人だよ」と得意げに言う。私が「あ、そう？何で分かるの？」と尋ねると、「匂い！あと、タガログ語話してたじゃん！」と返答した。

【2011年9月4日　地域学習室　フィールドノーツ】

　筆者は、かれらの外見から日本人ではないだろうとは思ったが、フィリピン人であるか否かまでは、判断できなかった。だが、凛は面識のないかれらを、その匂いによって、フィリピン人であると判断した。無論、匂いだけでなく、タガログ語という言語は、かれらがフィリピン人であることを示す印であり、凛がかれらをフィリピン人であると確証した根拠となったことだろう。しかし、言語という分かりやすい印であっても、その言葉に慣れていなければ、違いは判別し難い。事実、タガログ語を聞き慣れていない筆者は、かれらの話す言葉がタガログ語であるかも判断できなかった。だが、日常生活の中で多くのフィリピン人と出会ってきた凛は、その匂いや言語から、フィリピン人の特徴を敏感に感じ取り、かれらをフィリピン人であると判断したのである。

　親の持ち込むエスニック文化に触れ合いながら育った凛は、何が「フィリピン人らしさ」、「日本人らしさ」を特徴付けるものかを生活経験の中で感じ

取っている。それは匂いや行動様式のように、筆者のようなフィリピン人やフィリピン文化と常に触れ合ってきたわけではない者には、なかなか感知し難い特徴である場合もある。子どもたちが他集団との差異化を図るために選び取る特徴は、必ずしも客観的で分かり易い特徴とは限らないのである。だが、それはかれらにとっては、「フィリピン人らしさ」を示す印であり、その特徴を持って、「あの人、フィリピン人」と言うのである。この際、かれらはフィリピン人ではない位置に自分を置きながら、自らとは異なる存在としてかれらを表象する。この場面で、かれらはその「フィリピン人っぽい」特徴が自分たちにも備わっているとは考えておらず、相手との間に境界線を引いているのである。

このように、文化間の狭間にいるかれらは、それぞれの集団が持つ文化的特徴を自分たちなりに解釈し、その特徴を持っていることによって、もしくは持っていないことによって、自らや他者にラベルを貼る。そして、その特徴を場面によって、主観的に選び取りながら、日本人との間に境界線を引いたり、フィリピン人との間に境界線を引いたりしながら、自らを日本人側に位置付けたり、フィリピン人側に位置づけたりするのである。

## おわりに

繰り返し述べてきているように、日本社会で生まれ育つかれらは、支配文化である日本の文化を内面化し、意識的にも無意識的にも日本人化する。その背景には、「外国人の子でも日本人と同じように扱う」という形式的平等に代表されるような、支配文化の影響がある。しかし同時に、周囲の人々は、名前や外見が日本人とは多少異なるかれらを「純粋な日本人」とは見なさず、「〜人」の枠に当てはめようとする。必ずしもかれらが帰属意識を持っていない親の国へとかれらを結びつけ、「甘美な『〜人らしさ』の罠」(関 2002:23)に陥れるのである。

一方で、親たちが日常的、非日常的に生活の中に持ち込むエスニック文化は、確実にかれらの生活の一部を成している。親たちは意識的にも無意識的

にもエスニック文化を子どもに伝達しようとするが、親の文化に触れ合いながら過ごす子どもたちは、部分的に親の文化を吸収していく。そして、その過程において、かれらは「〜人らしさ」を象徴する特徴やその特徴の中身を判断する感覚を身につけていく。

このような2つの文化の狭間を生きる子どもたちは、混淆したエスニックアイデンティティを築くことになる。かれらは必要に応じて、その「〜人らしさ」「日本人らしさ」を示す文化的特徴を呈示し、他者との間に境界線を引きながら、「〜人」でもなければ、日本人でもない、もしくは「〜人」でもあるし、日本人でもあるというエスニックアイデンティティを作りあげ、それを呈示していく。本章の検討から明らかとなったのは、文化間の狭間を生きる子どもたちが、それぞれの文化の間で、場面ごとにエスニックアイデンティティを切り替えつつ、そのエスニックアイデンティティを構築しようとする姿であった。この場面に応じてエスニックアイデンティティを切り替えていく術こそがホスト社会で生まれ育った2世以降の子どものサバイバル戦術であるといえよう。

ただし、ここで留意すべきは、支配的な日本の文化とマイノリティである親のエスニック文化の非対称性である。言うまでもなく、ホスト社会の支配文化は圧倒的な影響力を持ち、国民教育制度を始めとするあらゆる装置が支配文化の伝達を促す。その中で、親が自らのエスニック文化を伝達することは容易ではない。圧倒的な力を持つ支配文化の中で、親たちがエスニック文化を伝達するには、本稿でも部分的に触れたように、それを支える教会のような場や同国人同士のネットワークが重要となってくる。支配文化に取り込まれないための集団性が必要となってくるのである。今回対象となった子どもたちは、場面に応じてそのエスニックアイデンティティを切り替えながら日々を過ごしており、それこそが複数の文化間の狭間を生きるかれらのひとりだちの形であるが、かれらがこうしたアイデンティティを構築するにあたっては、エスニック文化を伝達しようとする大人世代のこだわりや工夫が不可欠であることを考慮する必要があるだろう。

第 2 部　文化的支配のなかで揺れ動くマイノリティの発達文化　85

【註】
1. 「ひとりだち」とは、「この世に生まれ、育ち、働き、産み、育て、老いるという過程において自己を表出していくこと、自分の生き方を決め、社会的に実現していくことであり、すべての人に同等の、人間としてのありようである」(関 2012:34)。
2. この学習室は、小学校5年生から中学校3年生までの両親、もしくは親のどちらかが日本語を母語としない児童生徒を対象に学習支援を行っている。来日したばかりの子どもに対しては日本語支援を行うが、それ以外の子どもに対しては学校の勉強など日本語以外の支援が行われる。筆者は、2007年5月から同地域においてフィールドワークを続けており、2010年1月よりこの学習室でボランティアとして週に3回活動している。インタビューやフィールドノーツの引用箇所はゴシック体で表記し、引用者による補足は(　)で、省略箇所は・・・で表記した。対象者の名前は全て仮名である。
3. 2011年7月12日フィールドノーツ。
4. カルロスの父親は不明である。
5. 筆者は前述した凛と陽菜の家庭教師をしていたが、その際、自宅で夕飯をごちそうになることが多かった。食卓に上るのは肉じゃがやカレーなど、日本の家庭料理がその大半を占めたが、1ヶ月に数回はフィリピン料理も登場した。子どもたちはそれを美味しそうに食べ、子どもから母親にフィリピン料理を「作って」とリクエストすることもあった。
6. 2012年2月11日インタビュー。
7. 親の母語が出来ない子どもであっても、母国親族に対する呼称は母語を使うことが多い。例えば、前述した凛はフィリピンにいる祖母のことを、タガログ語でおばあちゃんを意味する「ロラ(lola)」と呼び、いとこたちをお姉さんを意味する「アテ(ate)」やお兄さんを意味する「クヤ(kuya)」と呼ぶ。さらに、こうしたタガログ語を使った呼称は、フィリピンにいる家族に対してだけでなく、日本にいる親しいフィリピン人同士や家族の中でも用いられる。教会では、年長者を呼ぶときに「アテ」や「クヤ」を付けるのは当たり前であるし、母親の友人に対しては、「おばさん」を意味する「ティタ(tita)」を用いる。
8. 2011年12月26日インタビュー。
9. 2011年2月10日フィールドノーツ。
10. 2012年5月24日フィールドノーツ。
11. 正しくは、ブエナスノチェスが「こんばんは」、ブエナスタルデスが「こんにちは」である。

【引用・参考文献】
韓東賢(2006)『チマチョゴリ制服の民族誌―その誕生と朝鮮学校の女性たち』双風舎。
額賀美紗子(2013)『越境する日本人家族と教育―「グローバル型」能力の育成と葛藤』勁草書房。
太田晴雄(2005)「日本的モノカルチュラリズムと学習困難」宮島喬／太田晴雄編『外国人の子どもと日本の教育―不就学問題と多文化共生の課題』東京大学出版会、57-75頁。
佐久間孝正(2006)『外国人の子どもの不就学―異文化に開かれた教育とは』勁草書房。
関啓子(1998)「比較発達社会史の冒険―ひとりだちをめぐるタタール人の葛藤の歴史」中内敏夫／関啓子／太田素子編『人間形成の全体史―比較発達社会史への道』大月書店、281-311頁。

関啓子(2002)『多民族社会を生きる—転換期ロシアの人間形成』新読書社.
関啓子(2012)『コーカサスと中央アジアの人間形成—発達文化の比較教育研究』明石書店.
渋谷真樹(2013)「ルーツからルートへ—ニューカマーの子どもたちの今」『異文化間教育』第37号、1-14頁.
庄司博史(1997)「民族境界としての言語」青木保ほか編『岩波講座 文化人類学 第5巻 民族の生成と論理』岩波書店、65-96頁.
恒吉僚子(1996)「多文化共存時代の日本の学校文化」久富善之編『講座学校 第6巻学校文化という磁場』柏書房、215-240頁.
山本ベバリーアン／渋谷真樹／敷田佳子／キム・ヴィクトリア(2013)「国際結婚家庭の教育戦略」志水宏吉／山本ベバリーアン／鍛治致／ハヤシザキカズヒコ編『「往還する人々」の教育戦略—グローバル社会を生きる家族と公教育の課題』明石書店、113-205頁.
Barth, Fredrik (1969) "Introduction", in Barth, Fredrik (ed.) *Ethnic Group and Boundaries: The Social Organization of Culture Difference*, Boston: Little Brown and Company, pp.1-38. バルト、フレデリック「エスニック集団の境界—論文集『エスニック集団と境界』のための序文」内藤暁子／行木敬訳、『「エスニック」とは何か—エスニシティ基本論文選』青柳まちこ編・監訳(1996)、新泉社、23-71頁.
Espiritu, Yen Le (2003) *Home Bound: Filipino American Lives Across Cultures, Communities, and Countries,* Berkeley: University of California Press.
Kibria, Nazli (2000) "Race, Ethnic Options, and Ethnic Binds: Identity Negotiations of Second Generation Chinese and Korean Americans", *Sociological Perspective* 43(1), pp.77-95.
Kibria, Nazli (2002) "Of Blood, Belonging, and Homeland Trips: Transnationalism and Identity Among Second Generation Chinese and Korean Americans", in Levitt, Peggy and Mary C. Waters (eds.) *The Changing Face of Home: The Transnational Lives of the Second Generation,* New York: Russell Sage Foundation, pp. 295-311.
Portes, Alejandro and Rubén G. Rumbaut (2001) *Legacies: The Story of the Immigrant Second Generation,* Berkeley: University of California Press.

## 第5章　自前の発達文化を求めて
――戦後在日朝鮮人の人づくりの構想と方法

呉　永鎬

### はじめに――在日朝鮮人自前の教育機関としての朝鮮学校

　本章では、戦後在日朝鮮人たちが、どのような人づくりのあり方を構想し、またそれをどのように実現しようとしたのかを、1960年代初頭から半ばの朝鮮学校を事例として検討する。

　本書第4章の三浦論文において、日本生まれ日本育ちの外国人の子どもたちを対象とした研究が、近年少しずつ着手され始めたことが指摘されているが、このことは日本生まれ日本育ちの外国人が、これまで日本社会に存在しなかったことを意味しない。本章では、時間を巻き戻し、さらに学校という手法をもって、自らの集団の構成員を再生産し続けようとした在日朝鮮人の取り組みを対象とすることによって、日本における「非日本人」たちの人間形成の様態を、より立体的に把握することとしたい[1]。こうした作業は、当該社会の支配的発達文化の中で、それらに拝跪したり、回収されたりするのみではない、マイノリティたちの主体的な生き様に接近する作業でもある（関 2012）。

　在日朝鮮人（社会）の歴史に目を向けると、その形成は1920年代前後であり（外村 2004）、本章が対象とする1960年代は、すでに「在日がニューカマーだった頃」（中島 2005）ではなく[2]、ある程度日本における生活が定着した時期であると言える[3]。とりわけ1945年8月の植民地支配からの「解放」は、制度的にも、心性の上でも、日本人としてではなく朝鮮人として生きていこうとする在日朝鮮人の想いを一層強化した。戦後の在日朝鮮人たちは、在日朝鮮人を教育する場として、自ら朝鮮学校を設立し、教育の営みを開始する[4]。いわゆる土着の文化や、地域の人間形成力に依拠することが難しい在日朝鮮

人は、人間形成に意図的・計画的に働きかける場としての朝鮮学校を築くことによって、その人づくり構想の実現を試みたのであった。

本章では、この朝鮮学校において、どういった人づくりが構想され（第1節）、その構想をどのように実現しようとしていたのかを（第2節）、当時の朝鮮学校の内部の声を拾うことによって掴まえ、検討する。具体的には、①当該期各地の朝鮮学校にて編纂された『学校沿革史』[5]の文言からその構想を、②全国の朝鮮学校で用いられていた教科書と、③子どもたちの作文から、構想の実現の試みがどのようなものであったかを読み解いていく。それらを通して、自前の発達文化を求めた在日朝鮮人たちの姿を描き出そう。

## 1. 朝鮮学校における人づくりの構想
——植民地期の経験の逆転としての「立派な朝鮮人」

> 在日朝鮮青少年は民主民族教育を受けることによって、私達の祖先達がもちつづけて来た美しい母国語を知り、民族の伝統ある輝かしい歴史、文化、風習を正しく理解し、さらには民族的誇りを持った**立派な朝鮮人**になるでしょう（京都府・A中高「学校案内」1964年度より）。（太字は筆者による。以下同様）

朝鮮学校の史資料調査を行っていて度々遭遇するのは、子どもたちを「立派な（堂々とした、しっかりした）朝鮮人（떳떳한 조선사람）」に育てるという文言である。上掲の「学校案内」は日本語で作られており、日本の学校に通う在日朝鮮人や日本社会に向けて発せられた、いわば外向きの声であるが、この「立派な朝鮮人」は、朝鮮学校内部の資料—学校や教員側の資料のみならず、子どもたちの作文等—にも幾度となく登場する。ここでは朝鮮学校の教育の意図を端的に反映していると思われる、この抽象的な「立派な朝鮮人」に込められた意味を探ることによって、戦後の在日朝鮮人が構想していた人づくりのあり方を掴まえだしたい。

そのために本節で用いる資料は、1966年各地の朝鮮学校で、同様のフォームで作られた『学校沿革史』である。現段階で執筆要領は発見できていない

が、多くの学校で章タイトルと時期区分が同様であることを勘案すると、総連から執筆の方向を定める何らかの指導があったものと考えられる（独自の時期区分を採用している学校もある）。また筆者が集めた沿革史はすべて各学校所蔵のものであるが、総連中央への提出が求められたことを考えると、総連中央の教育政策に対する「配慮」を含んだ叙述であることを自覚せねばならない。とは言え、具体的な執筆は各学校に委ねられており、登場する人物や地域の特徴、行っている教育実践も様々であり、各学校に固有の歴史が綴られている。本章で分析の対象としたのは東京都、三重県、大阪府、京都府、兵庫県、広島県、山口県、福岡県における 37 校の沿革史であるが[5]、全ての学校の沿革史において、自身の教育を語る際の共通の論調が見出された。

■ 1.1. 朝鮮民族の文化・歴史の奪還

　第一に見出せる共通した論調は、子どもたちに朝鮮民族の文化（言葉、文字、歴史、歌等）を体得させることを教育の目的として語っていることである。その中でも特に、「私たちの言葉と文字（우리 말과 글）」の体得は重要な位置を占めている。「〇〇人」になるために「〇〇民族」の文化や歴史、言葉と文字を体得するというのは、一般によく語られるストレートな展開である。しかし、朝鮮学校においては、それらは単に「朝鮮人だから朝鮮の文化や歴史を学ぶ」といったロジックでは語られない。

> 同胞たちは、異国の地で耐えられない苦役と民族的迫害のくびきを脱ぎ捨てたその時から、**日帝に奪われた私たちの言葉と文字、私たちの歴史と文化を再び手に入れ**、これを継承発展させ、自分たちの子女たちを**朝鮮の立派な娘・息子に、新朝鮮建設の担い手に育成する**という固い決意で、民主主義的民族教育を始めた（東京都・B 初中）。

> 教育事業に取り掛かったが、同胞たちの生活は苦しかったし、教育事業に対して準備された教員も施設も、何一つない状態であった。しかし同胞たちは**日帝時期に奪われた私たちの言葉と文字、私たちの国の歴史と文化を取

り戻し、**子女たちを朝鮮の立派な息子・娘に育ててみせる**という固い決意を抱きながら、教育事業を展開した（福岡県・C初）。

朝連〇〇支部では、同胞たちを愛国事業に組織動員し、彼らの人権と生活上の権益を擁護し、同胞子女たちに対し、**日帝により奪われた私たちの言葉と文字を教え**、彼らを**新朝鮮建設の担い手に育てる**ための教育を実施する準備を進め、1946年5月、〇〇朝鮮人学園を創立した（兵庫県・D初）。

日本帝国主義者たちによって、圧迫と無権利の中で苦しんだ在日同胞たちは、過ぎた日々の惨めな生活を振り返りながら、**取り戻した祖国**を何よりも恋しく思い、**朝鮮民族として私たちの言葉と文字、朝鮮の歴史と地理を学ぼう**という意欲はとても高いものでした（福岡県・E中高）。

このように、朝鮮民族の文化や歴史は、「日帝（日本帝国主義（者））」によって「奪われた」ものであり、だからこそ教育によって「取り戻す」べきものとして語られる。先に挙げた外向きの声である「学校案内」では明確に示されることはなかったが、沿革史において朝鮮学校の教育は、植民地支配の歴史と一直線上に位置付けられ、奪われたものを取り戻すプロセスとして表象されている。それゆえに多くの沿革史は、学校が設立された地域における在日朝鮮人の形成史や、「解放」前の生活の叙述から始められるが、そこでは時に、凄惨な描写で、植民地期の在日朝鮮人たちの「怨恨」が綴られている。

日帝侵略者によって国を奪われ、畑も奪われた同胞たちの、父母親戚たちと恋しい故郷の山河に涙で別れを告げ、日本に入り、あちらこちらを彷徨った、血と涙の歴史を振り返ってみる。この地の同胞たちも、祖国が黒い雲で覆われた絶望的な日帝時期、亡国奴の口惜しさと恨みを抱き、あらゆる民族的蔑視と迫害の中で（…中略（工場や炭鉱の名前）…）、牛や馬のように酷使されながら、強いられた過酷な労働のなかで、どれほどの血と涙を流して生きてきたのか。今日私たちの学校がそびえたつ〇〇川の川辺も、昔はこの地の多

くの同胞たちが、日本人たちが丘の上で花見をする時にも、肌が凍てつく極寒の日にも、○○川の中に入り、染色した服を洗う辛い労働を強要された、怨恨の川であった（京都府・F初）。

　他にも「日帝の植民地政策によって、誇らしい我が文字を学べず、鎌を見て「ㄱ」とも分からず（낫 놓고 기윽자도 모르고）過ごしてきた自身の辛い過去を深く悔いた同胞たち」（三重県・G初中）といったように、在日一世たちが受けてきた「辛い過去」への言及は枚挙に暇がない。加えて多くの場合、民族の文化を奪われた記述と並行して、植民地期の在日朝鮮人が不就学であったことへの後悔が述べられる。民族文化・歴史の奪還と不就学の解消という二つの要求が合致する地点に、朝鮮学校は位置付けられていた。

　　過去に、**学びたくとも学べず、**字が分からない苦しみを骨髄に深く体験した○○地域同胞たちは、朝連の指導の下、**自分の子女たちにはどのような困難があっても、私たちの言葉と文字、朝鮮の歴史を教え、祖国の立派な息子・娘に育成するという固い決意**のもと、学校建設事業に立ち上がった（大阪府・H初）。

　　この地に居住することになった同胞たちは、過去に自分たちが日本帝国主義者によって私たちの言葉と文字を奪われたのみならず、**学びの道も失い、学ぶことができなかった辛い苦痛を、育ちゆく後代たちに再び繰り返すまいと、自分たちの祖国の文字と言葉、自分の国の歴史と地理、伝統を教え、**すべての子どもたちを祖国と民族を熱烈に愛し、民族性が強い、解放された朝鮮の担い手に育てるため、○○市に朝鮮学校を作りました（福岡県・I初）。

　以上のような沿革史の叙述から、朝鮮学校における「立派な朝鮮人」が、植民地期を経験した在日朝鮮人大人世代の苦渋の歴史の逆転として措定されていることが分かる。つまり、小沢（1973）によって「人間解体」を経験したと表現される植民地期を生きた世代が、十全に得ることができなかった朝

鮮民族としての矜持を、朝鮮民族の言葉や文字、歴史や文化を通して体得させ、朝鮮人として堂々と生きていってほしいという願いが、「立派な朝鮮人」には込められていると考えられる。朝鮮学校とは、植民地期に「立派な朝鮮人」として生きることができなかった大人世代の次世代へ向けた願いを具現化した営みであったと、言い換えることもできよう[6]。

一方、大人世代が植民地期に持ちたくとも持つことができなかったものは「民族的矜持」のみではない。上掲沿革史の「亡国奴」という言葉、あるいはその逆転としての「新朝鮮建設の担い手」、「祖国の立派な息子・娘」という言葉に象徴されるように、朝鮮学校の自分史語りには、必ず「朝鮮人の国家」が登場する。自民族の国家もまた、植民地支配によって在日朝鮮人たちが失ったもの、そして渇望したものであった。「立派な朝鮮人」の語りを構成するもう一つの要素、それは国民であり、また「愛国的であること」であった。

■ 1.2. 愛国と脱植民地化——媒介としての朝鮮学校

　　共和国の創建は、過去 36 年間、痛ましい苦痛の中で**植民地亡国民族**として、あらゆる民族的蔑視と迫害を受けてきた地域同胞たちを曙光で照らし、**堂々たる独立国家の公民としての栄誉と矜持をもって、堂々と生きていける**ようにした。同胞父兄たちは共和国公民となった栄誉と矜持を胸に、共和国政府の教育政策に依拠し後代を**共和国に忠実な息子・娘に育てるために、教育事業により愛国的熱意を高め**、1949 年に〇〇で初めて高級部を開校した（福岡県・C 初）。

　　（総連結成以降）育ちゆく後代を祖国の自主的統一と、社会主義**祖国の建設**のための、頼もしい**担い手**として、**熱烈な愛国者として教養・育成する**という学校の教育目的も明確になった（兵庫県・J 中高）。

山室信一は、「脱植民地化とは、国民帝国の帝国性への拒絶であるとともに、国民国家性の受容による自立であり、それによる国民帝国体系の破壊であった」と述べる（山室 2003:125）。ここで中野（2006）が指摘するように、植民

地主義が諸個人の認識レベルまで支配関係を刻印するものであるとするならば、山室の指摘は被植民者たちの社会認識、自己認識の次元を含むものとして捉えられる必要があり、被植民者の認識における脱植民地化においても、国民国家性の受容が求められると言うことができる。

　植民地支配から「解放」された戦後在日朝鮮人たちも、自民族の国家を失った「亡国奴」ではなく、自民族の国家を建設し、その成員として生きることを強く希求した。実際、在日朝鮮人たちの次世代の人づくりの場である朝鮮学校の教育においても国家の存在は重要な位置を占めている。「解放」後の朝鮮半島に国家が樹立される1948年以前は、「日本帝国主義の教育理念を徹底的に掃蕩し、新しい民主主義国家を建設することに貢献できる国民を養成する」（在日本朝鮮人聯盟「第四回定期全体大会活動報告書　第三部教育編」（1947年10月））ことが、朝鮮民主主義人民共和国（以下、「共和国」と略記）政府樹立以後は「すべての青少年を共和国に忠実な息子、娘に教育する」（「民戦4全体会教育部門報告」（1953年11月））ことが、その教育目標として掲げられていた。上述のように『学校沿革史』においても、子どもたちを新朝鮮の担い手として、あるいは祖国である共和国の子どもに育てることが、朝鮮学校の教育の目的として語られていることが確認できる。朝鮮学校における「立派な朝鮮人」には、在日朝鮮人の悲願の祖国である共和国の国民として堂々と生きてほしいという想いが込められているのである。

　しかしながら異国の地にて生活する在日朝鮮人の子どもたちをして、自身が共和国の国民であることを認識させることが容易でないことは、想像に難くない。教育の対象である子どもたち、また朝鮮学校の教員たちの多くが日本生まれ日本育ちであり、「故郷」としての朝鮮半島も、ましてや「祖国」であるとする共和国も、伝聞される想像の地である場合が多かった。ディアスポラであるがゆえに国民（政治的主権者）であることを日常として享受しにくい在日朝鮮人は、こうした「立派な朝鮮人」＝共和国国民としてのアイデンティティを持つ朝鮮人育成の前に立ち塞がる壁を、「愛国」の言説と実践を通して乗り越えようとした。つまり、「愛国的であること」を通して、共和国との紐帯を積極的、意識的に強化し、それによって共和国国民たろう

としたのである。以下に見るように沿革史における愛国が指し示す幅は極めて広いが、大きくは3つの用法がある。

　第一は、愛「祖国」的な用法である。これは最も直接的な用法であり、「愛国主義教養を強化するために、共和国の希望に満ちた姿を教え、祖国統一法案と7か年計画の偉大な展望を教え、私たちの祖国を恋しく思い、慕うようにしました」（福岡県・I 初）、「愛国伝統教養の拠点となる祖国研究室を作る」（大阪府・H 初）ことなど、端的に、共和国の歴史や現状、政策を子どもたちに学ばせることが、愛国的な教育であると表現された。またこれは子どもたちへの教育のみならず、「（教員たちの）祖国の先進的な教育経験に学ぼうという熱意が次第に高まっていった。祖国が送ってくれた教授要綱と教科書を研究し、『人民教育』と教育新聞等を研究するようになった」（大阪府・L 初）というように、教員たちが共和国の教育方針や教育実践等に学ぶことも愛国的であるとされた。これは「学生たちを愛国者に教養するためには、教員たち自身がまず愛国者にならなければならない」（福岡県・M 初）という当時の朝鮮学校全体の教育方針でもあった。

　第二の用法は、愛「民族」的な用法である。前項の議論と関わるが、国語である朝鮮語、文化や歴史などを学ばせること、そしてそれらを備えた子どもたちが、すなわち愛国的であるとされた。「これ（愛国主義教養の方針）によって、学生たちは朝鮮語生活化、日本式名前の修正、チマチョゴリ着用運動を展開し、民族的主体を確立していった」（京都府・A 中高）というように、家庭における朝鮮語使用や、日本式から朝鮮式の名前へ改名すること、民族衣装であるチマチョゴリを女生徒が制服として着用することなど、ここで言われる「愛国的」は、学校生活や学習のみならず、子どもたちの日常生活を射程に含むものとして用いられる場合が多い。今日の朝鮮学校では「愛族愛国の教育」というように、民族と国家は繋がりながらも分けて語られるが、1960年代においては第一の用法と第二の用法は、ほぼ同義のものとして使われている。

　そして第三の用法—これが沿革史において最も多用されている用法である—が、愛「朝鮮学校」的な用法である。例えば以下のような叙述である。

(学校閉鎖措置の後にも) **熱誠的な愛国同胞**と一緒に残った〇〇学校の〇〇教員と、13名の学生だけが、封鎖された校舎の片隅で学習をした（三重県・G初中）。

〇〇地域の同胞、父兄、教職員と学生たちは東京都内の同胞たちと共に「民族教育弾圧反対！」、「検挙者を即時に釈放しろ！」というスローガンと要求を掲げ、東京都教育庁と警察署に抗議を繰り返した。こうした同胞たちの**愛国的闘争**によって、民族教育の自主性を最後まで守り抜いた（東京都・B初中）。

1954年8月に着工し、1956年4月に落成するまで、名節の農楽、戸別貯蓄運動、勤労奉仕等、学校建設に捧げられた同胞たちの**愛国情熱**はとても大きかった（山口県・N初中）。

(教育会会長は)「海外で生きながら、可愛い子弟たちのために総連が立派な民主主義的民族教育を行っている事実をみるだけでも感激的なことだ。故郷で学校の門前にも行けなかった自分の辛い過去を、再び後代たちに繰り返さないようにすることが、私の余生にしなければならないことだ」と言いながら、四畳半の家に住みながら、血と涙で一生をかけて集めていた私財、2千数百万円を、学校建設に差出し、建設委員会委員長の重責を担った。これにより多くの**愛国的商工人と同胞**たちが、学校建設基金を拠出した（京都府・F初）。

自身に付与されたこうした（子どもたちを朝鮮人に育てるという）役割を正しく認識した**愛国的な教員**たちは、全ての隘路と経済的な困難をいとわず、教育事業に献身したが、そうではない教員たちも多くいた（広島県・O初）。

教員たちも教授教養事業のために、子どもたちの教育のために、一生を**愛国事業**に捧げるという決意を持てなかったという弱点があった（大阪府・H初）。

このように、朝鮮学校を守る戦い（愛国的闘争）、朝鮮学校の校舎建設や増改築への寄付行為（愛国的商工人）、無給で働く朝鮮学校の教員（愛国的な教員）、朝鮮学校の教育そのもの（愛国事業）等、朝鮮学校に関わる多くの行為が、愛国的なものと表現されている。

　日本で暮らす在日朝鮮人が、共和国の戦後復興に携わるなどをして、国民として本国に対し、直接的に「愛国的な」働きかけをすることはほぼ不可能である。無論1959年末以降の「帰国事業」により共和国に渡った在日朝鮮人や朝鮮学校の子どもの共和国における活動も愛国的とされることがあったが、量的に言ってもそうした朝鮮学校関係者は決して多くはない。第一および第二の用法のように、祖国や民族に関する学習を通した「愛国」の発現や獲得も、祖国への関わりという意味では、あくまで間接的なものであった。そこで朝鮮学校に関わる在日朝鮮人は、共和国国民としての朝鮮人を育てる場である朝鮮学校への直接的な働きかけを、愛国的な行為と言ったのである。ここでは実に矛盾なく、朝鮮学校と祖国が連結されている。翻せば、朝鮮学校を守ったり発展させたりするための直接的な働きかけをすることによって、在日朝鮮人は「愛国的であること」を得ようとしたのである。ここで再び脱植民地化のために国民国家性を動員するという原理に立ち返れば、多くの在日朝鮮人たちが、上述のような朝鮮学校への直接的な働きかけを行ってきた動機が了解されるだろう。

　強調されるべきは、いずれの「愛国」のあり方も、朝鮮学校を媒介として実現されているということだろう。愛国的とされた本国や民族に関する学習は朝鮮学校で行われるし、朝鮮学校がなくなれば、直接的な働きかけによって愛国を表現できる新たな場や対象を探さなければならない。先述のように在日朝鮮人（ディアスポラ）と、本国ないしその国民であること（国民国家性）を、一直線に接続することは難しい。そのため在日朝鮮人と本国との間に、朝鮮学校を挟むことによって、且つそこでの教育やそれへの関わりに、「愛国」という推進力をつけることによって、在日朝鮮人は「立派な朝鮮人」の構成要素である国民国家性を獲得しようとしたのである。換言すれば、在日朝鮮人と本国との間を媒介するものとして朝鮮学校を機能させることによっ

て、在日朝鮮人は子どもたちを「立派な朝鮮人」に育てるという人づくりの構想を実現しようとしたのだ。

　以上、本節で見てきたように、朝鮮学校で語られる「立派な朝鮮人」には、朝鮮民族の文化や歴史を獲得した者、そして本国の国民として生きる者という、二つの意味が込められていた。この人材像は、植民地期を生きた在日朝鮮人大人世代の体験の逆転として指定されたものであり、そこには制度的な意味での解放に止まらない、植民地支配の軛から解放された朝鮮人として堂々と生きていくことを含んだ脱植民地化への想いが、込められていた。こうした人づくりの構想を実現する場として、戦後在日朝鮮人たちは朝鮮学校を設立し、教育を展開したのであった。

　それでは次に、朝鮮学校で用いられていた教科書の変遷と子どもたちの作文を検討することによって、こうした構想をどのように実現しようとしていたのか、そしてそこに立ち現われた困難・葛藤とそれを乗り越える工夫とを見ていこう。

## 2.　人づくり構想実現の試み——朝鮮学校における困難と工夫

### ■ 2.1.　在日朝鮮人の生に根差した教育への模索

　朝鮮学校の子どもたちを「立派な朝鮮人」に育てるための実現方法を、ここでは学校教育における主要な教材である、教科書の変遷から探ろう **(表1)**。1960年代に至るまでの朝鮮学校の教科書は、以下の表のように、大きく三つの変遷を辿っている。その変遷過程には、人づくり構想を実現しようとする在日朝鮮人の方法的な工夫が看取できる。

　第一期教科書は朝鮮学校で用いられた最初の教科書であり、朝連が組織した教材編纂委員会が編纂した。確認できる最初の第二期教科書、すなわち共和国で用いられている教科書を翻刻した教科書は、1954年のものである。教科書の奥付には「翻印」（翻刻印刷の略）と記されている。そして1963年から、共和国と朝鮮学校側との共同作業により作成された第三期教科書が用いられる（在日本朝鮮人総連合会中央常任委員会「1963～1964学年度新版教科書

**表1　朝鮮学校教科書の性格の変遷**

| 使用時期 | | 発行・編纂の主体 | 備考 |
|---|---|---|---|
| 第一期 | 1946年～1950年代中盤 | 朝連教材編纂委員会 | 在日朝鮮人による独自編纂。各校の『学校沿革史』によれば、多くの学校が1947年度から使用を始める。 |
| 第二期 | 1950年代中盤～1960年代初頭 | 共和国教育省教材編纂局、教育図書出版社 | 共和国の教科書を翻刻使用していた時期。翻刻は、1954年までは在日朝鮮教材編纂委員会、1957年以降は総連教科書編纂委員会による。 |
| 第三期 | 1960年代初頭以降 | 総連教科書編纂委員会 | 総連と共和国との共同編纂。分担の程度には濃淡がある。 |

出典）1946年～1970年代前半の教科書、350点より筆者作成。

取扱いに対する決まり」（1963年4月））。共同作業としての教科書編纂のスタイルは現在も続いているが、例えば自然科学系教科書に関しては、1970年代までの教科書編纂事業は「祖国主導型」で、朝鮮学校側は意見を反映する程度であり、1980年代から朝鮮学校側と共和国側との本格的な共同事業として教科書が編纂され、1990年代からは教科書の編纂権と審議権が朝鮮学校側に移ったというように、第三期の中にも力学の変遷がある（洪彰澤「「理科」教科書と私」（私家文書の回想記、2008年執筆）、総連教科書編纂委員会理科分科『「理科』教科書改作事業総括報告書」（1996年6月1日）、同「『理科』教科書改作事業総括」（2007年11月12日）を参照）。

　第三期初期の教科書は第二期の内容を部分的に継承しているが、明確な差異があり、この移行に伴う内容的な変化は、大きく三つにまとめることができる。

　第一に、在日朝鮮人に関する内容、在日朝鮮人の生活世界や歴史を描く内容が扱われるようになったことである。第二期教科書は共和国の国民教育のための教材であり、そこに在日朝鮮人の内容が入る余地は無かった。第二期においては、翻刻版が存在しない『社会』の教科書でのみ在日朝鮮人と関わる内容が扱われていたが[7]、例えば第三期『国語』教科書では、「スンジャさんを迎えて」「祖国から来た手紙」（初2、1962年）、「新校舎落成の日」（初4、1962年）、「私たちはなぜ日本に住むことになったのか」「教育費をもらった日」

（初6、1964年）、「私たちの学校」「大運動会」（中1、1964年）、「帰国船を迎え」「在日本朝鮮人総連合会」（中3、1964年）、「新潟の埠頭で」（高1、1965年）、「総連が歩んできた日々」（高2、1966年）、「国語講習所」（高3、1965年）等、編入生や校舎新築、学校での日常、「帰国」、また在日朝鮮人と朝鮮学校の歴史として民族団体や国語講習所を扱った内容の課が新たに設けられた。

　新設という対応ばかりでなく、同様のタイトルであるが、内容を在日朝鮮人に合わせて変えている課もある。例えば初級学校2年生国語には「私の姉」という課があるが、第二期教科書（1961年）では、「私の姉はトラクターの運転手」であり、「姉は模範トラクター運転手として国から勲章を」もらい、そのような姉を「誇りに思う」私が描かれているが、1962年に改編された第三期教科書の同様の課の内容は、「私の姉は朝鮮大学に通って」おり、「勉強を頑張れと手紙を送って」くれたり、夏休み等で「家に帰って来た時に楽しいお話をたくさんしてくれて勉強もよく手伝ってくれる」、というストーリーに変わっている。家族について語るという同様のテーマではあるが、その中身を在日朝鮮人の生活世界に接近させようとしていることが分かる。

　このように第三期教科書では、これまで教科書の中では埋没したり忘却されがちであった在日朝鮮人の歴史や生活に関わる内容を積極的に導入し、または内容をそれへと改変することによって、在日朝鮮人というテーマを教育内容に食い込ませたのであった。これは第二期教科書で想定している共和国の生活と在日朝鮮人のそれとがあまりに乖離しているためにとられた教育方法的な対処という性格を含むが（私の姉が模範トラクター運転手として国から勲章をもらうことは、日本ではない）、同時に在日朝鮮人という集団認識を生成・強化・維持する役割を担ったことも瞠目すべき点である。これが第一の変化である。

　第二に、とりわけ自然科学教育において、取り上げられる内容が、日本の学校のそれへと接近している点である。初級学校の自然科学教科である『自然』教科書（第4学年〜第6学年）は、1964年、1966年と改編されているが（以後1974年まで同教科書が用いられる）、その内容を1958年改訂版学習指導要領理科編で取り上げられている内容と比較すると、それぞれ84％、94％の内

容が重なっている。第二期教科書は共和国で作られたものであるため、当然のことではあるが、その内容と配列は1947年度学習指導要領理科編（試案）とも1958年のそれとも全く異なっていた。この接近が何故なされたかを示す資料は見当たらないが、日本の学校への接続や日本社会への順応を想定していたのではないかと考えられる。しかし接近したからと言って、その内容は日本の教科書と全く同じわけではない。例えば「火山と温泉」（初6、1966年）では浅間山、三原山、阿蘇山と同時にペクトゥ山、トゥリュ山といった朝鮮半島の山も取り上げられている。すなわち日本の教育内容に接近しながらも、脱植民地化の重要な要素である、山河や風景を通した国民としての共通の記憶の生成という役割は手放していないのである。

　第三の変化は、漢字表記の復活である。第二期教科書、つまり共和国の教科書では漢字は一切使われていないが、1960年代以降改編される全ての第三期教科書には、在日朝鮮人独自編纂の第一期教科書と同様に、新出概念や日本語の固有名詞を漢字で表記する教科書記述の方式が復活している。漢字表記に関しては、かねてから朝鮮学校の日本語教科担当教師たちによって意見提起がなされていた。すなわち「共和国では漢字を全廃する方向に進んでおり、それと反対に漢字を徹底的に教授するということは若干矛盾のようなものを感じる。しかし、現在漢字をすぐに廃止できない日本の実情を理解し、日本の全ての出版物が漢字を文章の重要な表現手段として使用している以上、私たちもまた、学生たちに充分な漢字読解力を付与しなければならない」というものである（在日本朝鮮人教職員同盟東京本部「第一次東京教育研究集会　研究報告」（1957年5月）、189頁）。一方で漢字を全廃する共和国への「帰国」を見据えながらも、学校以外の日常生活で触れるほぼ全ての文字が日本語の文字体系であり、多くの子どもたちの第一言語が日本語であるという現状が厳然と存在する以上、教科書記述内容の理解を促進するためにも、また日本での十全な生活を担保するためにも、ハングルのみで記されていた教科書に漢字表記が再び導入されたのであった。こうして基本的にはハングルで記述されながらも、要所が漢字で記述されるスタイルの教科書が復活することになった。

こうした第二期から第三期への三つの変化は、ナショナルな枠組みにのみ回収できない在日朝鮮人という存在の現実的な生に寄り添おうとした朝鮮学校の対応であったと捉えられる。別言すれば、在日朝鮮人の現状や歴史、具体的な生活を捨象して、「立派な朝鮮人」を育成するための教育を実施することが難しいということを、朝鮮学校側は教育の経験から感知していたと言える。「立派な朝鮮人」育成の構想は、共和国の国民を育てるための教育、日本の国民を育てるための教育のいずれとも異なりながら、いずれの要素も含み込みつつ、その基盤に在日朝鮮人の生を据える形で実現が目指されていたのだ。

■ 2.2.「立派な朝鮮人」と子どもたちのアイデンティティ

こうした大人世代の「立派な朝鮮人」育成構想に基づく教育は、子どもたちにどのように作用していたのであろうか。ここでは子どもたちの作文を参照する。言わずもがな、当時の子どもたちの「本当の気持ち」に接近することは容易ではない。ここで見る作文も、学校教育の営みとして作成されたものである以上、作文に対する学校や教員による何らかの指導が入ったことだろう。しかし以下に示す作文がたとえ「書かされた物」であったとしても、あるいは「本当の気持ち」を表現したものであったとしても、注目すべきはこれまで見てきた「立派な朝鮮人」と重なる論調が、子どもたちの作文からも同じように読み取れるということである。このことは、「立派な朝鮮人」育成の構想の実現が（作文指導も含め）実際に試みられていたこと、また大人世代と同じ方向の構想を子どもたちが共有していたことの、両方の可能性を示唆する。

文意が掴みにくい箇所もあるが、以下に朝鮮学校の子どもたちの作文を列挙しよう。

> 私は朝鮮の少女だ。でもまだまだ朝鮮の言葉で上手に話せない。学校で国語を毎日やっているが、国語を上手に使えないことが、常に一番恥ずかしい。授業ではいつも先生が国語常用をできない人たちは真っ当な朝鮮人になれな

いとおっしゃるのを聞くからだ。私の学校の友だちは、もちろん全員朝鮮人だ。(…中略…) どうすれば私たちみんなが国語常用をできるようになるだろうか。いつも考えているが、私自身も日本語がやり易い。私はある時は、友だちは皆馬鹿だ、朝鮮人でありながら朝鮮語も使えなく、本当に馬鹿だと思う。それは日本の子どもたちは一人も、自分たちの国の言葉を知らない人がいないからだ（パク・ポクスン「国語常用」、尼崎市立園田小学校分校（尼崎園田朝鮮初級学校）（1957年）の作文集より）。

私は限りない喜びで一杯です。それは、自分が朝鮮人として生きる事が出来たからです。(…中略…) この学校に来て、一番うれしく、痛切に感じたのは、ここに存在しているすべての人が、皆同じ朝鮮人であると思うと、私の心は、本当に限りない喜びで一杯でした。(…中略…) 私がもしこのまま、日本人として生きていたならば、自分自身をしっかりと見つめ、目覚めなかったなら、本当に大きな失敗であり、後悔で充たされるでしょう。日本人として生きる事、それは、大きなまちがいです。私達は朝鮮人です。(…中略…) 私達、朝鮮人にとって、一番大切な事は、朝鮮人として生きる事なのです。何も出来なくても、その人が自分が朝鮮人として目覚め、自覚を持っているなら、私は朝鮮人として一番尊敬します。(…中略…)（私は）まだまだ日本人の言葉、考え方だから駄目なのです。私は1945年に生まれましたが、本当は去年の1961年に生まれ、精神的には一年しか過ぎていないのです。自分にとって最も貴重な事は、「朝鮮人としての思想」を持つ事です。その様な事から私は、つくづく勉強しなくてはいけないと痛感します（金光子「タイトルなし」、「学級作文——東京朝鮮中高級学校に入学して　高等部一学年10班」（1962年））。

「ウリマル」——それは私達朝鮮民族の美しい言葉です。私は去年まで日本の小学校で日本語で外国の教育を受けてきました。(…中略…) この学校へ来たことをうれしく思っています。自分の国の美しいチョゴリを着て、「ウリマル」を習い、日に一言一言覚えて使えるからです。(…中略…)「ウリマル」を習うのは、将来の自分自身にとって、朝鮮人としての一番大切なことではないかと

つくづく思いました。(…中略…) 日本帝国主義者は「ウリマル」をなくそうとして弾圧を何回も加えたらしいです。朝鮮人民の勇敢な斗いにより、今日まで「ウリマル」を立派に守りぬいて来たのです。その「ウリマル」を守るのは、今の私達だと思います。守るためには「ウリマル」を一人でもより多く習い、そしてつかうよう、声を大きくして言いたい気持ちです（尹民淑「ウリマル（私たちの言葉)」、京都朝鮮中高級学校文芸部『燈台　第 7 号（特別号）』(1964 年 12 月))。

私の一番の希望は帰国して技術者になる事だ。民族教育を受けて二年目、今の私は、朝鮮学校に来て多くの事を学んだ。私の祖国は朝鮮民主主義人民共和国だ。(…中略…) 私が始めて朝鮮語を使った時の父母の喜びようはなみたいていではなかった。父なぞはやっと一人前の朝鮮人になれたといって、ふだんは何も言わないのにその時ばかりは喜びをかくしきれないと言った様子で、記念だといってなんでも買ってくれた事を覚えている。(…中略…) それ（母の時代）にくらべて今の私はなんと幸福な毎日送っている事だろうか。勉強も充分にできる。環境もずっといい。日本にいながら祖国の事をいくらでも学べるではないか！今の私は母の百倍も千倍も幸福である。父母は、私がりっぱな朝鮮人になる事を望んでいるし、親ができなかった勉強をして祖国のためになるような人になってもらいたいと願っているのだ。今の私には祖国がある（崔福順「祖国のためになるような人間に」、茨城朝鮮中高級学校「作文集」(1966 年 12 月))。

　子どもたちは、朝鮮人として生きるために朝鮮語の獲得を希求するも第一言語が日本語であるゆえに「国語常用」ができないことに葛藤し、植民地期の父母たちの「辛い過去」に想いを馳せ、朝鮮学校とウリマル（朝鮮語）を引き続き守り抜く主体として自らを位置づけ、祖国のために生きる愛国的な国民になりたいと願う、朝鮮学校で生きる自分たちの姿や学びを綴った。それらの多くは、自身が朝鮮学校に入学する以前の体験と対比する形で（これは大人世代の植民地経験の述懐と相似形を成しているとも言える）、朝鮮人になる

場として、朝鮮学校を位置付けている。日本社会や日本学校において、自身の出自を偽ったり隠したりしながら「日本人」として生きてきた在日朝鮮人の子どもたちのアイデンティティは非常に複雑なものであった。過去への後悔のみならず、朝鮮人になろうとする現時点においても、朝鮮語を上手に話せないことや、「朝鮮人としての思想」を持っていないことを是正したいとする言及は、「立派な朝鮮人」を育てようとする朝鮮学校の教育の中で、子どもたちが直面することになった苦悩や葛藤の一端を示している。

翻って、子どもたちに苦悩や葛藤を生ぜしめていたこと、あるいはそうした子どもたちによる朝鮮民族としての、また共和国国民としてのアイデンティティ希求の言明は、「立派な朝鮮人」構想を実現しようとする朝鮮学校の教育が、子どもたちのアイデンティティにどれほど強力に作用していたのかを示す証左でもある。

## おわりに

在日朝鮮人は望むと望まざると、本国と日本によって、その生活の条件を様々に規定・拘束されている（徐 2002）。戦後の在日朝鮮人たちは、自身らが直面する様々な困難（貧困による生活苦、故郷への移動の制限、冷戦の過熱による社会主義支持層への弾圧、日本社会からの差別や蔑視等）に対し、集団を形成し、集団を強化しながら、多くの抵抗を試みてきた。大人世代が子どもたちをどう育てるのかという人づくりの構想も、かれらが望んだひとりだちの像も、そうした在日朝鮮人が置かれた状況との関係の中で彫琢されてきた。在日朝鮮人たちは、日本社会の支配的発達文化に子どもたちが全面的に飲み込まれないために、在日朝鮮人たちの発達文化で覆われた場を対抗的に作りあげることによって、その人づくり構想を実現しようとしたのであった。

その場が、自前の教育機関である朝鮮学校である。「学校」という方式が選択されたのは、大人世代の不就学によって被った辛苦の経験、あるいは就学によって獲得できる力への信頼と期待があったためと考えられるが、近代学校教育の人間形成方式に蓄積されたナショナル・アイデンティティを育む

第 2 部　文化的支配のなかで揺れ動くマイノリティの発達文化　105

方法は、国民国家性の動員を要する在日朝鮮人の脱植民地化要求と符合したものでもあった。しかしその学校教育の具体的な中身は本国と同一のものではありえなかった。在日朝鮮人たちは祖国を求めながらも、祖国の方法そのままでもなく、また日本を拒絶しながらも、時にその文化を取り入れながら、自身らの生活に根差した教育を作り上げていった。その過程には大人世代のみならず、子どもたちも含んだ、当事者たちの少なくない苦悩と葛藤があったことだろう。しかしそれらがあったからこそ、国民という枠のみによって捉えきれない、自身たち在日朝鮮人の生のための、自前の教育が作り上げられていったのであった。

発達文化は固定的なものではない。集団やその構成員を取り巻く様々な状況の中で、緩やかながらも、絶えず再編されていく。時にささやかにさえ見えるそうした変化の中に、「近代教育の超克」の新たな可能性を見出せるかもしれない。

【註】
1. 在日朝鮮人を、いわゆるエスニック・マイノリティと同様に扱うことには注意を要する。在日朝鮮人は旧植民地宗主国で暮らし、またいわゆる本国が南北に分断し、さらに本国と（とりわけ北と）日本が分断しているという歴史的・社会的文脈に刮目せねばならない（徐 2002）。
2. もちろん戦後になって、済州島をはじめとした各地から「密航」によって渡日した朝鮮人たちも少なくない。例えば杉原（1998）などを参照。
3. 無論ここで言う生活の定着は安住と同義ではない。とりわけ冷戦構図の成立と共に、GHQおよび日本政府による共産主義への警戒が一層増す中、在日朝鮮人団体への弾圧は激化した。朝鮮学校に対しても、1948年および1949年に学校閉鎖措置が取られている（具体的な経緯に関しては小沢1973に詳しい）。
4. 解放後の在日朝鮮人は、全国各地で子どもたちに朝鮮語を教えるための国語講習所を設立していく。講習所と言ってもその形態は統一的なものではなく、例えば「教室」は民家、隣保館内の一室、工場や倉庫など様々であったし、朝鮮語を使用できる者が講師となっていた。こうした国語講習所の営みを地域ごとに再編、統合し、教育体系を整えたのが、当時広範な在日朝鮮人を網羅した在日本朝鮮人連盟（朝連）であった。朝連の指導により、1946〜1947年ごろから朝鮮学校は一定の体系と統一性を持つようになる。朝連は教材編纂や教員養成、教育通信を発行するなど、学校教育の営みを成立させるために多くの役割を担った。1949年9月に朝連が団体等規正令によって強制解散された後は、その後継団体である在日朝鮮民主統一戦線（略称「民戦」、1951〜1955年）が、1955年5月以降は、民戦が運動の路線を転換させて結成された在日本朝鮮人総連合会（総連）が、朝鮮学校の営みを統一的なものとして展開させるた

めの役割を担っている(例えば金2004等を参照されたい)。
5. 『学校沿革史』の出典に関しては、具体的な学校名を挙げず、(都府県名・校種)という表記にした。登場する地名や工場名などの固有名詞に関しても「〇〇」として伏せてある。また、沿革史は全て朝鮮語で記されている。
6. こうした在日朝鮮人の人づくり構想(「立派な朝鮮人」を育てる)の実現を試みる場であるからこそ、在日朝鮮人は朝鮮学校の営みを維持・発展させるために、様々な活動を展開した。そうした在日朝鮮人の朝鮮学校に対する思いは、1948年および1949年の学校閉鎖に反対する運動として噴出した。「学校のすべての教職員、学生たちも父兄たちと共に学校に宿泊しながら、昼夜を問わず学校防衛活動に参加」(兵庫県・J中高)、「150余名の学生たちも自身の胸で日本警官の銃剣を遮り、学生たちは全員学校で寝食を共にしながら戦った」(大阪府・K初中)といったように、各学校の沿革史には当時の闘争の様子が必ず描かれている。実際の闘争もそうだが、今後の学校を担っていく教員や子どもたちに、こうした闘争の歴史を記し、朝鮮学校は在日朝鮮人自らの手で築き守ってきたものであることを伝えようとしていることからも、在日朝鮮人の朝鮮学校にかける思いが見て取れよう。
7. 例えば初級部第6学年用の教科書、『社会勉強6』(1952年)における、「私たちが暮らしている日本」(84～91頁)、「在日朝鮮同胞たちの生活」(92～99頁)、「平和署名運動の実践記録」(100～114頁)、「新しい勉強」(115～122頁)等の課がそれにあたる。課の最後には、「4.24、10.19はどのような日か」、「進学問題に対し討論せよ」、「朝鮮学校の分布図を見て、どの地方に多く少ないのかを討論せよ」といった問題が記されている。「4.24」は1948年の阪神教育闘争、「10.19」は1949年の学校閉鎖令を指している。

【引用・参考文献】
小沢有作(1973)『在日朝鮮人教育論 歴史篇』亜紀書房。
金徳龍(2004)『朝鮮学校の戦後史1945-1972 増補改訂版』社会評論社。
杉原達(1998)『越境する民―近代大阪の朝鮮人史研究』新幹社。
関啓子(2012)『コーカサスと中央アジアの人間形成―発達文化の比較教育研究』明石書店。
徐京植(2002)『半難民の位置から―戦後責任論争と在日朝鮮人』影書房。
外村大(2004)『在日朝鮮人社会の歴史学的研究―形成・構造・変容』緑陰書房。
中島智子(2005)「「在日」が「ニューカマー」だった頃―戦前期在日朝鮮人の就学実態」『プール学院大学研究紀要』第45号、141-158頁。
中野敏男(2006)「植民地主義概念の新たな定位に向けて」中野敏男/波平恒男/屋嘉比収/李孝徳編『沖縄の占領と日本の復興―植民地主義はいかに継続したか』厚徳社。
山室信一(2003)「「国民帝国」論の射程」山本有造編『帝国の研究―原理・類型・関係』名古屋大学出版会。

# 第6章　公教育制度としての先住民教育の限界
## ——メキシコの二言語文化間教育をめぐって

青木利夫

## はじめに

　1993年、メキシコは一般教育法（Ley General de Educación）を改定して、小学校6年までの義務教育期間を中学校3年へと引きあげた。また、政府は、初等教育の普及が遅れている地域の多くが貧困問題を抱えていることから、貧困問題解決と教育の普及とを関連づけた政策を実施してきた。1997年にはじまる「教育・健康・食料プログラム（Programa para Educación, Salud y Alimentación:PROGRESA）」や、2002年、それを引き継いで導入された人間開発のためのプログラム「機会（Oportunidades）」など、子どもたちの就学支援を目的とし、条件付き現金給付によって家計を補助するためのプログラムがそれである。しかしながら、オアハカ州を中心に継続的な現地調査を実施する米村によると、メキシコにおける初等教育の普及は最終段階にあるものの、一方でそれが限界ともいえる状況にあるという（米村 2006）。さらに、PISAなどの国際的な学力調査において、メキシコは低い位置にあり、「教育の質」が問題とされているとともに、「教育の質および量」における地域的格差の大きさが克服すべき課題とされている（米村 2006）。

　質量ともに「教育の遅れ」が懸念されているのは、とくに、先住民系住民が多く居住する農村地域の農民層や、季節労働や出稼ぎなどで家族とともに移住する労働者層の子どもたちである。新自由主義的な政策による貧富の格差の拡大にたいする懸念、先住民の人権擁護にたいする国際的な関心の高まり、先住民を行為主体とする社会運動の高揚など、メキシコをとりまく国内外の状況のもとで、近年、政府はさまざまな対応を迫られてきた。上述の家計補助プログラムは、貧困対策と教育問題とを関連させた政策であるといえ

るが、先住民の人権擁護や先住民による社会運動などに対応する教育政策としては、近年、急速にその制度が整備されつつある「二言語文化間教育 (educación intercultural bilingüe)」がそのひとつとしてあげられるだろう。

　貧困を克服し、抑圧あるいは周辺化されている人びとの人権を保障するための手段として公教育制度をとらえる立場からは、こうした政府の取り組みは肯定的な評価が与えられ、問題解決にむけたより一層の努力が求められるかもしれない。しかしながら、こうした政策によって、「教育の遅れ」と認識される状況が解消されうるのだろうか。あるいは、公教育制度における「質と量」が向上し、それによって「教育の遅れ」を解消することが、はたして貧困の克服や周辺化されている人びとのかかえる問題解決につながるのであろうか。メキシコは、1920年代以降、農村地域における教育普及を積極的におこなってきた。それからまもなく一世紀になろうとする今日、先住民系住民のおかれてきた状況が十分に改善されたとはかならずしもいえない。1994年、サパティスタ民族解放軍（Ejército Zapatista de Liberación Nacional、以下サパティスタ）を名のる先住民集団が武装蜂起をして世界に衝撃を与えたが、後述のように、その後の経緯をみるだけでもこの問題の解決がいかに難しく、そして複雑であるかが理解されよう。

　ここで問われなければならないのは、公教育政策の内容やそれを進めるための方法が問題なのか、あるいは公教育制度のもつ構造そのものが問題なのかという点であろう。本章においては、こうした問題意識のもと、メキシコにおける二言語文化間教育がどのような過程で導入され、それがどのような思想にもとづいているのかを明らかにしたうえで、この国家主導による教育政策がもつ問題性について検討したい。

## 1.　「二言語文化間教育」導入の背景

### ■ 1.1.　二言語教育から二文化二言語教育へ

　メキシコにおいて、先住民にたいする学校教育が普及しはじめるのは、先述のとおり、1910年にはじまる革命の混乱が落ち着きをみせはじめる1920

年代であった。人口の約7割が農村地域に住むメキシコにとって、先住民が多く居住する農村地域の発展は重要な課題とされ、農地改革とならんで学校教育の普及は、そのための中心的な政策として位置づけられていた。その目的は、共通語となっているスペイン語を理解することのない多くの先住民にスペイン語とその読み書きを教え、都市の白人層や混血層が有する「近代的知識」や「進んだ文化」を伝えることによって、「同質的な文化」にもとづく国民統合を成しとげることであった。それゆえに、20世紀前半の国家主導による農村教育においては、先住民の言語や文化は、国民統合の阻害要因とされることはあっても、積極的に保護、育成する価値のあるものとしては認識されてこなかった。

1960年代になると、スペイン語化あるいは識字化の進まない状況をまえに、スペイン語のみを使用した教育に加えて、先住民言語を利用したスペイン語教育および識字教育、すなわち二言語教育（educación bilingüe）が導入されるようになる[1]。しかしながら、二言語教育は、先住民の子どもたちがスペイン語を習得するための手段であって、基本的にはそれまでの国民統合の流れの延長線上にあったといえる。こうした状況に変化があらわれるのは、国家主導による従来の先住民政策にたいする批判が出されるようになった1960年代後半からであった。教育をはじめ、先住民の生活向上をめざしたさまざまな政策は、その温情主義的、開発主義的性格から「官製インディヘニスモ（indigenismo oficial）」[2] として、人類学者や社会学者などから批判されるようになったのである。

さらに、1970年代には、メキシコ各地ですでに組織化されていた先住民集団が、全国組織を形成しはじめるようになり、先住民にかかわる政策の策定やその実施にあたって先住民を参加させるよう声をあげるようなった。そうした動きのなかで中心的な役割をはたしていたのが、スペイン語と先住民言語の両方を話すことができる二言語教師だったのである。高まる先住民の権利要求にたいして、教育の分野においては、先住民の言語を母語として尊重し、スペイン語を第二言語とする教育モデルが提唱されるようになる。さらに、言語だけではなく文化にも配慮した二文化二言語教育（educación bilingüe bicultural）が導入されるにいたった。そして、1978年に公教育省内に設置された先住民教育部において二文化二言語教育が正式な教育課程として位置づけられた。さらに、1980年代になると、メキシコ社会が有している複数の先住民文化が、国民統合の阻害要因としてではなく、肯定的な要素として認められるようになるのである。

　しかしながら、先住民言語をスペイン語化のための道具とするのではなく、先住民の言語と文化を教育内容に採りいれようとする二文化二言語教育を実施するためにはさまざまな障がいが横たわっていた。たとえば、この教育を学校において実際におこなうための教育方法や教材が整っているわけではなく、二文化二言語教育という特殊な教育の理念や実践方法を身につけた教員も十分には育っていなかった。また、強力な教員組合の執行部による恣意的な教員配置などもあらたな教育実践を推進していくうえで妨げとなっていた（Dietz y Mateos Cortés 2011:77-78）。さらに深刻な問題は、のちに詳しく論じるように、教育を受ける側である先住民すべてが、この二文化二言語教育をかならずしも歓迎していたわけではなかったということである。メキシコ社会においてよりよい生活を求めるためにはスペイン語の習得が不可欠であると考える先住民にとっては、子どもたちに先住民言語ではなくスペイン語を学ばせることが重要であり、二文化二言語教育への理解が得られない場合も少なくなかったのである。

　このように実践においては多くの課題を抱えつつも、少なくとも理念上は先住民の言語や文化に配慮した教育が導入されていく一方で、このあらたな教育の普及に多大な影響をおよぼしたのが1982年に起こった金融危機であった。メキシコは、第二次世界大戦期以降の輸入代替工業化や石油開発などの経済政策によって、20世紀なかばは比較的順調な経済発展をとげる。しかしながら、対外債務に依存した経済成長は、1980年代にはいっていきづまりをみせ、金融危機を乗り切るために国際通貨基金（IMF）などの国際機関による支援を受けることとなった。そのひきかえに、メキシコ政府は、国際機関が提示する「構造調整プログラム」を受けいれて国家財政の再建に乗り出すとともに、市場原理にもとづく国際的な自由主義経済の体制に

はいっていく。それは、国家がさまざまな産業に深く関与していたそれまでの経済体制の大きな転換を意味していた。財政の緊縮を迫られた政府にとって、非効率的であるとされた国営・公営企業の民営化とともに、教育や福祉への支出の削減は必須の課題とされたのである。その結果、教育をはじめとする対先住民政策は停滞を余儀なくされると同時に、国際的な市場を優先する経済政策は、貧困に苦しむ多くの先住民たちの生活をさらに圧迫することになった。

■ 1.2. 二文化二言語教育から二言語文化間教育へ

1980年代、経済的なグローバル化が進む一方で、世界の多くの地域、とりわけ「発展途上国」といわれる地域において貧困が拡大していることにたいして懸念が表明されるようになる。また、先住民などいわゆるマイノリティの権利にたいする国際的な関心の高まりを受け、メキシコにおいても先住民の言語や文化のもつ価値を認め、その権利を保障すべきであるという論調がより一層強まっていく。メキシコ政府の先住民政策にとって、もっとも大きな影響を与えたもののひとつが、国際労働機関（ILO）において1989年に採択された「独立国における先住民および部族民に関する条約」、いわゆる第169条条約である。メキシコは、この条約の制定に積極的に動き、採択の翌年にはノルウェーについで批准している。そのほかにも、国際連合において、1989年に採択された「子どもの権利条約」および1992年に決議された「少数者の権利宣言」、1990年の「万人のための教育宣言」なども先住民の人権問題に影響を与えた。

また、1980年代後半にスペインをはじめとするヨーロッパ各国において、コロンブスのいわゆる「新大陸発見」500周年記念行事の開催が提案されると、アメリカ大陸の先住民やアフリカ系住民がそれに強く反発して各地で抗議活動を展開する。さらに、1992年、グアテマラのマヤ系先住民である人権擁護活動家リゴベルタ・メンチュウ（Rigoberta Menchú 1959-）のノーベル平和賞の受賞、1993年、国際連合による「国際先住民年」および翌年からの「世界の先住民族の国際10年」の制定など、先住民の人権擁護にたいする

国際的な気運が高まったことも、メキシコ政府の対先住民政策に影響をもたらした。

　国内においては、新自由主義の象徴的政策である北米自由貿易協定（NAFTA）が発効する1994年1月1日に起こったサパティスタによる武装蜂起が、メキシコ政府だけではなく世界各地に大きな衝撃を与えた。グローバル化に反対し、500年におよぶ先住民にたいする抑圧や差別の解消、そして先住民の権利や自治の保障などを訴えたこの運動は、インターネットをつうじた広報活動などによって、世界のさまざまな地域の注目を集め、多くの支援がよせられた。そのため、メキシコ政府は、表面上は対話による解決を模索するなど、慎重な対応が求められた。

　このように国内外の情勢が大きく変化するなかで、メキシコ政府は、グローバル化に対応した新自由主義的な経済政策を強く推進する一方で、先住民政策をめぐって思い切った転換をはかった。それが、1992年におこなわれた憲法改定である。改定された憲法第4条は、「メキシコ国家は唯一不可分の国である」という一文に続いて、「メキシコ国家は、元来、先住民族に支えられてきた複数文化の（pluricultural）構成体をなしている」と記され、さらに先住民の言語、文化、習慣、資源、社会組織を保護し、促進することが規定された。それまで、スペイン語化政策に代表される「同質的な文化」による国民統合をめざしてきたメキシコ政府は、複数の先住民文化の存在を前提とした国家の統合へとその理念を大きく転換したのである。

　二言語文化間教育は、1980年代後半から1990年代にかけて起こった政治、社会、経済、法律、国際情勢などさまざまな領域におけるこうした変化にともなって、従来の二文化二言語教育にかわって1997年に正式に導入された。そして、1999年には、公教育省先住民教育部から二言語文化間教育にかんする指針が出された。翌年、それまで長期にわたってメキシコの政治を支配してきた制度的革命党（Partido Revolucionario Institucional）が大統領選挙で破れて政権交代が起こると、このあらたな教育政策はつぎの政権に引き継がれていくのである。

## 2. 制度化される二言語文化間教育の理念とその現実

■ 2.1. 二言語文化間教育政策の推進

　2000 年、政権に就いた国民行動党（Partido de Acción Nacional、以下 PAN）は、1980 年代から 1990 年代にかけて大きく転換してきた先住民政策を引き続き展開していく。その象徴的な政策が、2001 年におこなわれた先住民の権利にかんする憲法の再改定であった。メキシコを「複数文化」からなる国であると定めた第 4 条の冒頭を第 2 条へと移し、先住民のアイデンティティや自治を含めた共同体の権利にかんする細かな規定が憲法に盛り込まれたのである。その第 2 条 BII 項に二言語および文化間教育への言及があり、先住民の文化的遺産を承認するような教育プログラムの発展と、メキシコに存在する多様な文化にたいする尊重を促進し、その知識を深めることが定められた。

　PAN によって作成された「国家教育計画（Plan Nacional de Educación）2001-2006」をみると、二言語文化間教育にかんするさまざまな目標とそれを達成するための計画が記されている。そこには、先住民の子どもが通う学校だけではなく、一般の学校においても文化間教育を実施するよう計画されている。「すべてのものにたいする文化間教育政策（Política de educación intercultural para todos）」という項目において、メキシコのすべての子どもや若者たちに、メキシコが多文化社会であるという現実を知らしめ、文化的な多様性が国としての豊かさを支えているという認識をもたせることが謳われた。そして、2001 年、こうした計画を実行するための組織として、二言語文化間教育を所管するあらたな部局「二言語文化間教育総合調整局（Coordinador General de Educación Intercultural Bilingüe、以下 CGEIB）」が公教育省のもとに設置されたのである。

　また、20 世紀後半の先住民政策を担ってきた中心的機関である国立先住民研究所（Instituto Nacional Indigenista、以下 INI）にかわって、2003 年に全国先住民族開発委員会（Comisión Nacional para el Desarrollo de Pueblos Indígenas）が発足し、二言語文化間教育の実施にかんして CGEIB に協力している（北條 2006:50）。同じく 2003 年には、「先住民族言語権利一般法（Ley General de

Derechos Lingüísticos de los Pueblos Indígenas)」が制定され、それにもとづき国立先住民言語研究所（Instituto Nacional de Lenguas Indígenas）が設置される。それにともなって、一般教育法が一部改定されて、先住民が先住民言語とスペイン語によって義務教育を受けることができるという文言が付け加えられた。さらに、言語をはじめとする先住民文化に配慮した教育は、義務教育だけではなく、後期中等教育および高等教育においても実践されるようになり、先住民のための教育制度が急速に整備されていく。

　それでは、メキシコ政府が推進しようとする二言語文化間教育政策の根底には、どのような理念があるのだろうか。CGEIB の初代局長シュメルケス（Sylvia Shumelkes）は、「文化間性（interculturalidad）」と関連させて、「多文化主義」の概念について以下のように述べる。

　　（略）多文化主義はわたしたちを満足させることはない。それは、説明的な概念である。その概念は、ある特定の領土に異なる文化をもった集団が共存しているということをわたしたちに示している。しかし、それは文化のあいだの関係にはかかわらない。その関係を評価することはない。そして、その評価をしなければ、搾取、差別、人種主義の関係を許容することになるのである。わたしたちは、多文化主義者であり、かつ人種主義者であるということになってしまうかもしれない（Shumelkes 2006:122）。

　シュメルケスは、「多文化主義」の概念が、文化の異なる集団の共存を認めるものの、その異なる集団間の関係には関心をもたないものであるとする。そして、「文化間性」が「まさに、文化のあいだにある関係に言及し、その関係を評価する」概念であると述べる（Shumelkes 2006:123）。それは、少なくともメキシコにおいては、異なる集団間は非対称、不均衡の関係にあるという認識にもとづく。すなわち、多数派であるメスティーソ集団と先住民諸集団とのあいだには、明らかな経済的、政治的、社会的、文化的格差があり、さらにはそこに、搾取や差別の構造が厳然として存在しているということが

意識されているのである。このような歴史的に構築されてきたさまざまな格差や差別の解消を求め、均衡のとれたメキシコ社会へと変革していくための理念として「文化間主義」は導入されたのである。

■ 2.2. 「官製文化間主義」

　メキシコにおいては、20世紀後半から先住民諸集団のもつ文化が積極的に承認されるようになり、1990年代には憲法改定に象徴されるように、同質的な文化による国家統合から複数文化による国家統合へと国家理念が転換していく。21世紀にはいり、そうした傾向にさらに拍車がかかり、複数文化の承認から異文化間に存在するさまざまな格差の解消へと理念のうえでは進んでいく。「二言語文化間教育」は、こうした理念上の変化のなかにあって重要な政策として位置づけられ、制度の整備がなされてきたのである。しかしながら、ここで問題となるのは、1980年代からはじまる先住民集団の権利にかかわる理念上の変化が、先住民の利益につながる改革へと実際に結びついているのかという点である。

　メキシコを複数文化からなる国家であると規定した1992年の憲法改定は、従来の国家観を大きく転換することとなった象徴的な改革であったが、これと同時におこなわれた憲法第27条の改定は、先住民社会にとって生活の基盤を危うくする危険なものと認識された。この第27条は、土地所有にかかわる条項であり、これによって農地改革が規定され、先住民の土地の集団所有が保障されていた。しかしながら、この条項の改定によって株式会社による土地の所有が認められるようになるなど、大規模な土地の私有が可能となる[3]。すなわち、1910年にはじまるメキシコ革命の精神ともいうべき農地改革路線の変更であり、土地を共同で利用してきた先住民社会の解体へと結びつく危険性が生じたのである。また、こうした憲法第27条の改定に反対し、北米自由貿易協定に異議を唱えたサパティスタは、2001年の憲法の再改定にたいしても、先住民の自治や自決の権利などをめぐって政府がサパティスタとのあいだで合意した「サン・アンドレス合意」（1996年）を遵守せずに、先住民集団の自治などにおいて一定の制限を課しているとしてこれに強く反

発した[4]。

　憲法第 27 条の改定やサン・アンドレス合意の政府による不履行は、先住民の言語や文化のもつ価値に配慮した「文化間主義」の理念とは矛盾するかのようにみえる。しかしながら、先住民の権利や価値にかかわる理念上の転換がはじまった 1980 年代は、先に述べたように 1982 年の金融危機を経て、国際金融機関などの支援のもとで新自由主義的政策を積極的に導入しはじめた時代であったという文脈において、この理念上の転換がもつ意味を検討しなければならないだろう。文化人類学者ファーヴル（Henry Favre）は、インディヘニスモを研究する論考において、先住民集団による自治管理政策が 1980 年代初頭から一般化する傾向があったと指摘し、国家はこの時代に、教育や社会福祉の分野から手を引き、さまざまな権限を民間や地方に移管しはじめたと述べる（ファーヴル 1996=2002:19）。財政の逼迫に苦しむ連邦政府は、それまでの国家主導型の経済政策を見直し、市場原理にもとづく新自由主義的な政策を推進することによって財政再建と経済復興をめざした。そうした政策の転換を積極的に進めるなかで、INI を中心におこなわれてきた先住民政策も変更を迫られることになる。先住民のもつ権利やその文化の価値を承認し、先住民による自主管理を容認するという複数文化主義にもとづく政策理念は、政府が教育や福祉政策、対先住民政策への関与を減少させていくことを正当化する格好の口実ともなったのである。

　しかしながら、連邦政府が対先住民教育から完全に撤退したわけではない。これまで述べてきたように、二文化二言語教育から二言語文化間教育へと教育政策が転換し、関連の法律や組織などの制度が整備されていった。そこで問題となるのは、政府主導の二言語文化間教育政策が、政府が推進する新自由主義的政策と結びついていることである。この点について、チアパス州における先住民の教育運動を支援するサルトレーリョ（Stefano Claudio Sartorello）は、政府主導の政策を「文化間性の官製化（la oficialización de la interculturalidad）」（Sartorello 2009:79）として、以下のように指摘する。

　　文化間性の官製化と巧言化は、先住民族にたいする権力のわずかな割り

当てとあらたな―しかし限られた―権利の譲渡とあわさって、新自由主義的政策の産物、すなわち拡大する社会経済的不均衡を不可視化させるために役立つだろう。それゆえに、結果的には、覇権主義的な政治経済モデルにとっては機能的なものとなる（Sartorello 2009:82）。

ここでサルトレーリョは、「文化間性」の理念にもとづく取り組みが政府主導で推進されることの問題点として、政府が先住民政策に積極的に取り組んでいる姿勢を示しているものの、その一方で、拡大する社会経済的格差が不可視のものとなっていることを指摘する。すなわち、国家は先住民の人権に最大限の配慮をしているという姿勢を国内外にアピールしながらも、先住民の要求を巧みに制限しながら国家の覇権を確保しているというのである。

## 3. 日常生活と二言語文化間教育の乖離

### ■ 3.1. 教育現場における実践の困難さ

これまで述べてきたように、メキシコにおける「文化間性」をめぐっては、政府が、先住民族の要求を一部取り込みつつも、みずからの主要な権限を手放すことなく先住民族の要求を統制しようとしているという批判がある。しかしその一方で、少なくとも教育の理念や制度のうえでは CGEIB を中心に、積極的な取り組みを展開してきたといえる。それは、前述したように、憲法をはじめとする法律の改定や関係機関の整備、また、二言語文化間教育にかんするさまざまなガイドブックやマニュアル、さらには研究書の出版 **(図1)**、40 を超える先住民言語による教科書の作成、就学前教育から高等教育、および教員養成にかかわる教育機関の設置などさまざまなところでみることができる。すなわち、20 世紀末から現在にいたる約 20 年間におよぶ対先住民教育政策は、大きな転換をとげてきたのである。しかしながら、こうした二言語文化間教育にみられるようなあらたな政策が、実際の教育現場において具体的な成果をあげているといえるのだろうか。ここで、いくつかの地域にかんする実践報告を参照しながら、政府の積極的な政策の推進と教育現場に

おける実践との乖離をみてみたい。

　二言語文化間教育を実施しているオアハカ州のある学校において調査をおこなったヒメーネス＝ナランホ (Yolanda Jiménez Naranjo) によると、二言語教育の実施にあたってもっとも大きな問題となっていたのが、教員が勤務地の村で使用されている言語を話すことができるとはかならずしも限らないという点であった。メキシコには60を超える先住民言語が存在するとされているが、それはさらに細かく分類される。それゆえに、スペイン語のほかにひとつの先住民言語を話すことができる教員であっても、教員が精通している先住民言語が使用されていない地域では、結局スペイン語による教育となる。しかも、近年ではバイリンガルの子どもも多く、教員は生徒とスペイン語によってコミュニケーションをはかることができる (Jiménez Naranjo 2009:107)。また、教員が自分の出身地の学校に勤務することは言語のうえでは問題ないものの、出身地域内での仕事となるため、過重な負担をおわされたり、域内の権力関係のあいだで難しい立場におかれたりすることもあり、出身地域内の学校に赴任することを望まない教員や、都市での就職を求める教員も少なくないという (Jiménez Naranjo 2009:108-109)。さらに、二言語文化間教育を実施するにあたって、教員が研修を受ける機会がつくられてきたとはいえ、すべての教員が十分な訓練を受けているわけではなく、従来の教育方法を踏襲

図1　メキシコ州文化間大学(Universidad Intercultural de Estado de México)の教員セローテ＝プレシアード(Antonín Celote Preciado)氏が作成した先住民言語のひとつマサウア語の教授マニュアル(左)と、CGEIBが出版し、無償で提供している研究書の一部(右)

する場合もある。

　教材にかんしては、先住民言語による教科書や視聴覚教材などが数多く作成されてはいるが、もともと文字をもたない言語をアルファベットで表記したものであり、多くのバリエーションをもつ多様な言語すべてに対応しているわけではない。そのため、配布される教科書で使用されている言語が、その地域の言語と近いものであったとしても、それがかならずしも当該地域に適切な言語とはなっていないこともあり、教科書が利用されないままになっている学校もある[5]。また、教育内容についても、共同体あるいは家庭において伝授される知識や価値が、学校で教えられる内容と関連していないばかりか対立することがあり、それが混乱を招くこともある（Bermúdez Urbina y Núñez Patiño 2009:90）。すなわち、二言語文化間教育の教育方法についてさまざまな議論がされているものの、教育の受益者たる先住民族の子どもたちの生活にもとづいた教育目標や方法が確立しているとはいいがたい状況にあるといえるだろう。

　こうしたさまざまな問題点を列挙してみると、それらは、メキシコにおいて本格的な農村教育の普及活動が開始された 1920 年代以降、教育現場においてつねに問題とされてきた教員、教材、教育方法、教育内容の不備とまったく同じであることがわかる。1920 年代から 1960 年代にいたる先住民教育政策は、官製インディヘニスモとしてその統合主義的、温情主義的側面が批判された。1970 年代からあらわれた二文化二言語教育に代表される多文化主義的教育政策は、社会的経済的不均衡を温存するものとして、二言語文化間教育にとってかわられた。しかしながら、それもまた「官製文化間主義」として批判の俎上にのせられることになる。こうした先住民の教育にかかわる理念とそれにもとづく政策の転換は、一世紀がたとうとする現在、堂々めぐりをしているように思われる。

■ 3.2.　住民にとっての二言語文化間教育

　教員や教育内容・方法をめぐる問題点に加え、より根本的な問題は、教育を受ける側である先住民が国家主導の教育政策をどのように受け止めている

のかという点である。とりわけ、先住民言語や先住民文化を学ぶということが、現場の教員や子どもたち、あるいは親たちにとってどのような意味があるのかを検討してみたい。

20世紀なかば、メキシコ中央部にある農村学校で勤務した教員は、回想録のなかで、勤務先の学校において、先住民言語であるオトミー語で書かれた冊子を使って教育がおこなわれていたことを記している。そして、そうした教育方法を「無知を助長し、オトミー・インディオを劣った人間とするため」(Hernández Gómez 1987:37) のものであると強く批判し、つぎのように述べた。

> わたしの考えでは、スペイン語を禁止し、唯一オトミー語だけによる教育を導入して押しつけることは大きな間違いであった。基本的なことは、先住民をスペイン語化することであり、同時にスペイン語の読み書きを教えることなのだ（Hernández Gómez 1987:38）。

オトミー先住民であるこの教員は、先住民がスペイン語を話すことができないためにだまされて土地を手放さざるをえなくなったり、農業などの技術の進歩から取り残されてしまったりするなど、スペイン語教育の不備が先住民の不利益につながっていると考えていた。そして、先住民が「無知」から解放されて文化的な「進歩」をとげるために、若者が大学や技術学校に進学して専門職に就くことを願っていた。それゆえに、スペイン語は必須であると考えていたのである。また、オトミー語を使用する教育システムは、親の反対にあって消滅したと回想録に記している（青木 2002:80）。

つぎに、1976年、先住民人口の多いオアハカ州のある村の住民から公教育大臣に提出された請願書をみてみたい。1970年代は、先住民政策を実施するうえで中心的役割を果たしていたINIの出先機関が増設され、先住民居住地域における諸政策の実施がさらに強化された時代であった。また、先住民の全国的な組織化がはかられ、先住民がみずからの権利や利益を求めて声をあげはじめた時代でもあった。こうしたなかで、この請願書を提出した住民は、二言語教育ではなくスペイン語教育を強く要求したのである。

第 2 部　文化的支配のなかで揺れ動くマイノリティの発達文化　121

　繰り返しますが、われわれの村は、95%がミシュテコ語であり、社会文化においては非常に遅れております。われわれの村に滞在する教師もおりませんでした。われわれは、子どもたちがスペイン語を読み書きし、そして話すことを望んでおります。われわれはつねに同じ言語に慣れており、生活はまったくかわりません。子どもたちは、同じ状況のなかで生き続けているのです[6]。

　このように述べて子どもたちにたいするスペイン語教育を求めた村の住民は、二言語教育を実施している INI の管轄する村の学校を公教育省の所属として、子どもたちに一般の教育を授けるよう公教育省へ要請したのである。
　先住民言語に配慮しないスペイン語化教育にたいする批判から二言語教育への関心が高まった 1950 年代、1960 年代以降、その積極的な導入がはかられた 1970 年代にいたっても、先住民言語よりもスペイン語の教育を強く求める住民が存在していた。そして、そうした教育要求は、先住民文化の尊重が当然のこととして世界的に認識され、二言語文化間教育が導入された 21 世紀にはいってもなくなることはなかった。イダルゴ州のオトミー先住民が多く居住する村で 2001 年より調査をおこなった受田によると、村にある学校はスペイン語による授業をおこなう一般の小学校とは異なるカテゴリーにある先住民学校であるにもかかわらず、オトミー語を使用した教育は実質的にはほとんどおこなわれていないという。教員はオトミー語を話すことができるものの、授業はスペイン語でおこなわれ、週に 1 時間程度、オトミー語の授業がおこなわれているにすぎない。さらに、住民や教職員のあいだでは、オトミー語を積極的に利用して教育をおこなうということにたいする関心がきわめて薄い（受田 2007:136-155）。こうした状況について受田は、つぎのように指摘する。

　　「オトミー語を話すか話さないかは個々人の選択の問題である。オトミー語が将来コミュニティーから消えてしまうのは悲しいものの、そうした流れに対して二言語教育にせよ何にせよ共同で行動を起こす気も

おきない」。これが、オトミー住民の間に一般的な態度であろう（受田 2007:152）。

　メキシコにおいて二言語教育が導入されてからほぼ半世紀、現在にいたってもなお一貫してスペイン語教育への強い関心がみてとれる。300年もの長きにわたるスペインによる植民地支配ののち独立してから今日にいたるまで、メキシコにおける共通語としてのスペイン語の優位は揺らぐことはなかった。そして、先住民文化の尊重が世界的に承認されている今日においてもなお、先住民言語を劣位におく視線は完全に克服されたとはいえない。そのため、メキシコにおいて政治的、経済的に優位な地位を得ようとすれば、スペイン語の習得が必須であることは明らかである。こうした状況のなかで、先住民がみずからの生活向上のためにスペイン語教育を要求することは、みずからの言語を保持することと等しく彼／彼女らの権利であるといえるだろう。すなわち、二言語文化間教育の推進は、一歩間違うとかつて批判された官製インディヘニスモと同じく、たんなる国家の一方的な押しつけとなってしまう危険性をはらんでいるのである。
　二言語文化間教育をめぐっては、言語をめぐる点だけではなく、その高等教育への拡大という点においても難しい問題を抱えている。先述のオトミー教員は、先住民の若者が専門職に就くために高等教育を受けることを望んだ。その希望は、半世紀を過ぎた今日、少なくとも制度上はかなえられつつある。先に述べたように、国家主導の二言語文化間教育は、就学前教育および初等教育にとどまることなく、今日では高等教育へと拡大され、「文化間（intercultural）」や「共同体（comunitario）」という形容詞を付した高校や大学が各地に設置されつつある。そして、近年、高い関心がよせられるようになる「持続可能な社会」、「生物多様性」、「エコツーリズム」など先住民社会とかかわりがあるかにみえる領域に関連した授業が高等教育機関において採りいれられている。しかしながら、高等教育を受けた若者が、先のオトミー教員が望んでいるようなかたちで、専門職に就き、そして先住民社会の「発展」に貢献するようになるのかどうか非常に微妙な問題である。

もっとも重要な問題は、二言語文化間教育にもとづく高等教育機関を卒業したものが、どのような職に就くのかということである。筆者は、2011年にベラクルス州ハラーパ市に本部があるベラクルス文化間大学（Universidad Veracruzana Intercultural）の責任者にインタビュー調査をおこなった際に、卒業生の進路について質問した。大学としては、卒業生が出身地において働くことを望んでいるが、実際は、出身地から離れて職に就く場合もあり、就職先の問題が課題のひとつであると責任者は認めている[7]。就職先の限られている農村地域においては、高等教育を受けたものがその知識や技術に適した仕事をみつけることができるのかどうかが問題となる。適切な職がなければ、出身地を離れて都市部に移住せざるをえないであろうし、また、都市部に出たとしても、先住民のための大学を出たものが都市部の大学を卒業した若者と同じ扱いを受けるのかどうかも疑問である。すなわち、二言語文化間教育システムによる教育を高等教育のレベルまで受けることができたとしても、それが若者の望むかたちでの「ひとりだち」にどの程度有効なのかは未知数なのである。

　先住民にたいする教育政策は、その普及が本格的に開始される1920年代以降、時代とともに、より先住民の立場に立ったものへと変化してきたようにみえる。そして、こうした教育政策によって恩恵を受けた人びともいたであろう。とはいえ、国家主導による教育政策は、先住民居住地域の子どもたちの「ひとりだち」にどのように貢献してきたのだろうか。農村教育の全国的な普及活動がはじまって100年が経過しようとする今日、メキシコにおいては、いまだに多くの問題を抱えているとされ、教育政策やその実施方法はつねに批判の対象とされてきた。しかしながら、批判されるべきは教育政策の中身や実施方法なのであろうか。問われるべきは、公教育制度そのものが現在の社会構造のなかで、先住民の子どもの「ひとりだち」をうながす発達文化の構築にとって適切な制度なのかという根本的な問題ではないだろうか。

## おわりに

　これまで、二言語文化間教育のもつ問題点について論じてきたが、かならずしもこうした教育がすべての地域において停滞しているわけではない。オトミー先住民居住地域を調査している受田は、先述した村のほかに、二言語教育がある程度機能しているべつの村の事例を紹介し、「オトミー知識層によるリーダーシップの有無」(受田 2007:160) が両者の村の最大の違いであるとする。教育に限らず先住民の権利や自治を求める先住民主体の社会運動において、地元出身の指導者の役割を重視する研究は多い（黒田 2002、小林 2012 など）。そして、こうした指導者のなかに現職教員や教員経験者が多いことが指摘されている。それゆえに、公教育制度が地域の指導者を育ててきたという点も忘れてはならない。

　しかしながら、その一方で教育を受けることのできる層と受けることのできない層との格差を生み出すことにもなった。公教育制度が選抜機能をもつ以上、これは必然的な結果であろう。さらに、収入を得るための手段が限られている農村地域においては、公務員である教員は安定した収入を得ることができる職業である。そのため、教育を受けて教職に就いたものは、地域の特権層として比較的恵まれた生活を営んでいる場合もある。公教育制度が地域社会の指導者を育てていることは否定できないが、その一方で地域住民の経済的、社会的格差を生み出すということもまた事実であろう。公教育制度が選抜機能をもち住民間の格差を生み出し、そしてそれを再生産するという問題が指摘されて久しいが、メキシコの農村地域も例外ではないのである。

　学校をはじめとする近代制度を批判的に検討してきたイリイチ (Ivan Illich) がメキシコのクエルナバーカでセミナーを開設した 1960 年代は、二言語教育が国家主導により本格的に推進されはじめる時期であった。それから半世紀あまり、先住民教育は変遷をたどりながら「二言語文化間教育」というかたちで制度化が進められてきた。本章においては、100 年近くにもおよぶ先住民教育がつねに同じような問題をかかえてきたことを指摘し、そこから公教育制度の根本的な問い直しが必要ではないかと述べた。とはいえ、メキシ

コの先住民居住区において、子どもの「ひとりだち」にむけた取り組みが公教育制度の枠外でおこなわれてこなかったわけではない。政府が新自由主義的政策を推進するなか国家の介入が弱まる一方で、1994年に武装蜂起したサパティスタをはじめ多くの先住民組織が、メキシコ内外のNGOや研究者などと協力関係を築きながら、さまざまな取り組みをおこなうなかで学びの場を確保するような自前の教育を展開している。むろん、そうした活動には上述したような住民間の格差の問題や内部対立の問題など、さまざまな問題があることは多くの研究が指摘しているところであるが、そうした問題を見据えたうえで先住民集団独自の取り組みについても注目していきたい。

【註】
1. 先住民言語を利用したスペイン語化教育は、1930年代後半から、一部の地域でおこなわれてきたが、政府による本格的な導入は1960年代であった。
2. 「インディヘニスモ」とは、「インディオ」という呼称が差別的であるとして、20世紀はじめから使用されるようになった先住民を意味する「インディヘナ (indígena)」という用語に由来する。先住民の劣等性を否定し、その言語や文化のもつ価値を認めようとする政治的、社会的、文化的潮流をいう。この潮流は、メキシコやペルーなど先住民人口の多い地域において、とくに1920年代に拡大した。
3. この憲法改定以前にも、先住民の共有地の解体は実質的に進んでいたと指摘されるが、この憲法の改定によってそれが法的な根拠を得ることになった。
4. 「サン・アンドレスの合意」の詳細にかんしては、小林操史(2006)「メキシコにおける先住民族の権利と自治をめぐる一考察─サン・アンドレス合意と先住民法案の検討を通して」『立命館国際関係論集』第6号、立命館大学国際関係学会、1-22頁を参照のこと。
5. 2009年11月12日付けのある新聞記事に、先住民族向け教科書にかんする専門家の意見として、つぎのような指摘がなされた。「先住民言語による教材を備えるという善意は称賛すべきであり、承認されるが、この課題は、それを受けとるものの言語的状況にかんする深い研究を必要とするものであり、たんに教材を送るということだけではないのである。」("Libros de texto gratuitos resultan ajenos para comunidades indígenas: expertos", *La Jornada,* 2009.11.12, http://www.jornada.unam.mx/2009/11/12/sociedad/041n1soc)、2014年2月17日閲覧。
6. Archivo Histórico de la Secretaría de Educación Pública, Dirección General de Educación Primaria en los Estados y Territorios, Sección Escuelas Rurales Federales, Oaxaca, caja 10, exp.14/53.
7. 2011年3月2日、インタビュー実施。責任者は、まだ二学年しか卒業生が出ておらず、大学が卒業生すべての就職先を把握しているわけではないとしながらも、出身地を離れて職に就いた学生もいる一方で、出身地において活躍する卒業生もいると述べている。

## 【引用・参考文献】

青木利夫(2002)「メキシコにおける二言語教育と住民の教育要求」『地域文化研究』(広島大学総合科学部紀要Ⅰ)第28巻、71-90頁.

青木利夫(2008)「メキシコにおける多文化主義と教育―1970年代の先住民教育・農村教育を中心に」『文明科学研究』(広島大学大学院総合科学研究科紀要Ⅲ)第3巻、1-16頁.

青木利夫(2009)「メキシコにおける二言語・文化間教育の導入をめぐる一考察」『文明科学研究』(広島大学大学院総合科学研究科紀要Ⅲ)第4巻、1-16頁.

受田宏之(2007)「先住民二言語教育の理想と現実―メキシコのオトミーの事例」米村明夫編『貧困の克服と教育発展―メキシコとブラジルの事例研究』明石書店、125-177頁.

黒田悦子(2002)「先住民運動に参与するまでの遠い道のり―メキシコ、オアハカ州のミへの人々と指導者たち」黒田悦子編『民族の運動と指導者たち―歴史のなかの人びと』山川出版社、231-249頁.

小林致広(2012)「ナシオン・プレペチャの試み―メキシコ・ミチョアンカン州における先住民地域自治の模索と挫折」太田好信編『政治的アイデンティティの人類学―21世紀の権力変容と民主化にむけて』昭和堂、248-278頁.

北條ゆかり(2006)「メキシコにおける先住民族のための開発政策の変遷―INIからCDIへ」『滋賀大学経済学部研究年報』Vol.13、37-58頁.

ファーヴル、アンリ(1996=2002)『インディヘニスモ―ラテンアメリカ先住民擁護運動の歴史』染田秀藤訳、白水社.

米村明夫(1993a)「メキシコのバイリンガル教育―1981年オアハカ州ミッヘ民族地区調査結果の分析(Ⅰ)」『アジア経済』第34巻第4号、アジア経済研究所、2-18頁.

米村明夫(1993b)「メキシコのバイリンガル教育―1981年オアハカ州ミッヘ民族地区調査結果の分析(Ⅱ)」『アジア経済』第34巻第5号、アジア経済研究所、21-36頁.

米村明夫(2006)「メキシコにおける初等教育の完全普及の最終段階―オアハカ州に焦点を当てて」『ラテンアメリカ・レポート』Vol.23, No.1、アジア経済研究所、54-65頁.

米村明夫(2009)「メキシコ貧困地域における教育の普及」『ラテンアメリカ・レポート』Vol.26, No.1、アジア経済研究所、58-64頁.

Antequera Durán, Nelson (2010) *Multiculturalismo e interculturalidad: políticas y prácticas de la educación indígena,* Toluca: UAEM.

Bermúdez Urbina, Flor Marina y Kathia Núñez Patiño (2009) *Socialización y aprendizaje infantil en un contexto intercultural: una etnografía educativa en El Bascán en la región cho'l de Chiapas,* Tuxtla Gutiérrez: UNICACH.

Bertely Busquets, María (2007) *Conflicto intercultural, educación y democracia activa en México: ciudadanía y derechos indígenas en el movimiento pedagógico intercultural bilingüe en Los Altos, la Región Norte y la Selva Lacandona de Chiapas,* México/ Lima: CIESAS/ PUCP.

Dietz, Gunther y Laura Selene Mateos Cortés (2011) *Interculturalidad y educación intercultural en México: un análisis de los discursos nacionales e internacionales en su impacto en los modelos educativos mexicanos,* México: CGEIB.

Hernández Gómez, Felipe (1987) "El maestro rural en las comunidades indígenas", en *Los maestros y la cultura nacional 1920-1952,* Vol.2, México: SEP, pp.19-40.

第 2 部　文化的支配のなかで揺れ動くマイノリティの発達文化　127

Jiménez Naranjo, Yolanda (2009) *Cultura comunitaria y escuela intercultural: más allá de un contenido escolar,* México: CGEIB.

Sartorello, Stefano Claudio (2009) "Una perspectiva crítica sobre interculturalidad y educación intercultural bilingüe: El caso de la Unión de Maestros de la Nueva Educación para México (UNEM) y educadores independientes en Chiapas", *Revista Latinoamericana de Educación Inclusiva,* Vol.3, Núm.2, RINACE, pp.77-90.

Shumelkes, Sylvia (2006) "La interculturalidad en la educación básica", *revista PRELAC,* Núm.3, UNESCO, pp.120-126.

追記）本章は、2012〜2014年度科学研究費（基盤研究(C)）、研究課題「メキシコにおける多文化共生社会構築に向けた教員の役割に関する研究」（研究代表：青木利夫、課題番号：24531067）の助成による研究成果の一部である。

# 第3部

## 日常生活とともにある人間形成機能

## 第 7 章　口頭伝承による人間形成と文字化による影響
──ケニア牧畜民サンブル社会を事例に

ギタウ（藤田）明香

## はじめに

　アフリカには豊かな口頭伝承[1]（以下、口承と略す）の歴史がある。アフリカ北部カメルーン・フルベ民族[2]の口承研究をしてきた江口によれば、あるフルベ民族の語りべは、彼の知っている限りで500以上の昔話をこの世に残した（江口1997:11）。アフリカには約1,000の言語があるといわれる（江口1985:71）が、それぞれに何人かの語りべがいることを考えるとアフリカ全土に蓄積されてきた口承は大変な量になるだろう（江口1997:11）。ケニア共和国北部に居住しているサンブル民族の村でも、夕方になるとおばあさんの話を聞きに子どもたちが集まり、夜は子どもたち同士がなぞなぞをし、若者・子どもたちがおじいさんの伝説に耳を澄ます。外からは、モラン（青年戦士）たちが踊りながら歌う声が聞こえてくる。彼らにとって、それらは社交・娯楽の場であり、また文化伝達の場でもある。

　このような豊富な口承の蓄積を有するにもかかわらず、これらの口承がアフリカにおける人間形成の中で果たしてきた役割はあまり指摘されてこなかった。アフリカにおける人間形成研究は、制度的な学校教育研究中心に行われ、学校教育以外の人間形成に関する研究は軽視され、かつ学校教育の阻害要因ともされてきた。そもそも、アフリカには欧州から学校教育が伝えられる以前、「教育はなかった」[3]と認識され、「教育」のないアフリカに新たに「教育」をもたらすという意味で欧州の宣教師たちにより学校がつくられた。「アフリカに到着した初期の宣教師たちは、アフリカ人の退化は彼らの文化や伝統的な信仰が原因であると信じていた。アフリカ人は救われることができるが、まず彼らの社会システムの中にある悪が取り除かれなければな

らないと考えていた」(Sifuna 1990:51) のである。

　アフリカにおける口承や子どもたちの遊びについては、人類学、言語学、文学研究、幼児教育研究の中で記述されてきた（江口 1985, 1990, 1997, 2003、川田 1978, 2001、秋山 2004、Arewa 1980、NACECE 1999）。しかし、それらの研究では、子どもたちの日常生活、口承の分類化などに焦点が置かれ、口承が子どもたちに社会的価値観や規範を伝えるとはいわれるものの、その価値観や規範とは何なのかといったことまでは追究されてこなかった。つまり、口承そのものに内在する意味には目を向けられてこなかった。また、口承に内在する意味を追究する場合も、子どもの人間形成と結び付けては考えられてこなかった。筆者は、口承には独特のコスモロジー、つまり、「彼らをとりまく世界と、その中に存在している人間を含め動物や植物、あらゆる『いのち』に対する彼らの見方や感じ方、世界観・自然観・死生観」(鵜野 2000:10) が見られ、子どもたちの人間形成に重要な役割を果たしていると考えている。

　現在では、より多くの子どもたちが学校教育を受けるようになってきている[4]が、依然として口承の持つ価値観や規範は大切にされていると考える。本章で事例として取り上げるサンブル社会の中で、学校教育を受けた高学歴の若者たちの中には、学校教育だけではなく、自分たちの文化や教育両方を尊重する姿勢がしばしば見受けられる。その一つの表れが、自分たちの口承を文字化しようとする動きである。たとえば、サンブル・カウンティ (Samburu County) で活動する NGO、Christian Children's Fund Inc. Kenya （以下 CCF と略す）はサンブルの口承を集めた本を作ったが、ある長老（30歳、大学卒業生で、自身の卒業論文もサンブルの物語を分析したものである）は自分の子どもにもその物語本を読ませていた。

　以上の問題関心から、本章では、(1) サンブルの口承の中には、子どもたちの人間形成に関するいかなる要素が含まれているのか、(2) サンブルではしばしば「学校教育」対「文化・伝統」という構図が見られてきたが、「学校教育」を受けた彼らが改めて自分たちの口承を大切に思うのはなぜか、(3) また、なぜ文字化するのか、文字化することで口承自体がどのように変化するのかについて明らかにしていきたい。

以上のような口承による子どもの人間形成の特質を明らかにすることは、学校教育以外による人間形成を示すことであり、本書のテーマの一つでもある「育ちと発達（ひとりだち）を、学校という制度から解放（学校への一極集中から自由になること）」しようとする試みでもある。本章では口承に焦点を当てるが、学校教育は必要ないということを主張するものではない。「学校教育」対「文化・伝統」という二項対立や、研究対象が学校教育一辺倒になっていることが問題であると考える。関が述べるように、「伝統的な文化化が重要というのではなく、また、国際的標準化が『進歩』だから大切だというのでもない。学校教育ばかりでなく、ノンフォーマル教育、インフォーマル文化化が、総体として、人間形成過程に創造的な価値を織り込んでいるところに注目」（関 2012:197-198）することが重要である。

## 1. サンブルの自然・社会とその人間形成

本章では、ケニアの中でも、以上で述べてきたような口承の語りが日常的に見られるサンブル社会を事例として取り上げる。ケニアは大きく分類して約 40 の民族から構成される多民族国家であり、サンブルはケニアの総人口の 1% に満たない少数民族である（Oparanya 2010:35）。サンブルの多くが居住しているサンブル・カウンティは、ケニア共和国北部に位置する (**図 1**)。サンブル・カウンティはケニア全体の中では低地ケニアとして位置づけられるが、カウンティ内は、高地と低地の入り混じった複雑な地勢を保っている。中北部、中部、中南部では、2,000m 級の山岳地帯が形成され、南部には、ロロキ高原（1,500m）、キリシア高原（2,218m）などの高原が広がっている（Fumagalli 1977:45）。

ケニアの「気候生態区分」によれば、サンブル・カウンティはケニアの国土の約 80% を占める ASAL 地域（半乾燥地域）に属し、気候は 1 年の大半が暑く乾燥している。カウンティでは、大雨季と小雨季があるが、その気候・降雨量は、上述した複雑な地勢により、地域ごとに異なっている。高地では、3〜5 月の大雨季と 7〜8 月の小雨季の恵みを受け、年間 500〜

1,250mmの降雨量がある。低地やマルティと呼ばれる中間地域でも、3～5月の大雨季と高地より遅れて11～12月の小雨季に恵まれるが、降雨量は年間250～500mmと極めて少ない（Waweru 1992:43-45, Republic of Kenya :5）。

図1　サンブル・カウンティの位置
出典）Republic of Kenya :3

中央統計局の「農用地区分」によれば、サンブル・カウンティは80%近い土地が農業に適さず、牧畜が主体となる土地である。また、塩分濃度が高い土壌、水分を多く含む芝土タイプの土壌、ソーダ塩を含む白い火山灰の土壌は、家畜の水場や牧草地として非常に重要である。植生についても、芝土タイプの土壌や高原に生える牧草は主に牛や羊に、潅木などの新芽はヤギやラクダなどに好まれる。数種類の植物は、家畜にとって、薬草としても有効である（Lemoosa 1998:21, Republic of Kenya :5）。

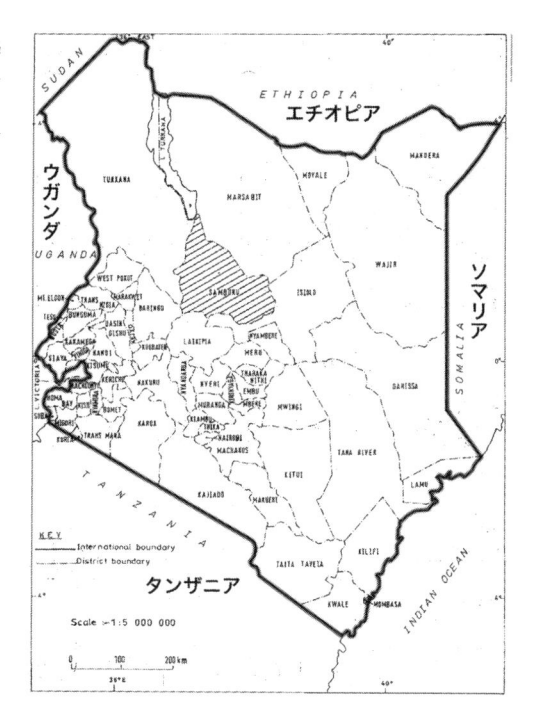

　このような複雑な地形がもたらす地域ごとの気候、降雨量、土壌の多様性は、牧畜に適しており、サンブルの60%以上の世帯が牧畜によって生計を立てている（Arid Lands Resource Management Project:ALRMP 2005:6）。サンブルの主要な家畜は、牛、羊、ヤギである。上述した高地と低地とで異なる雨季の差を利用して、人々は自分の地域が乾季になると、主に青年層が雨季である地域に家畜を連れてキャンプをして放牧する半遊牧生活を送っている。

　サンブル社会では家畜が重要な食料源である。牛は、主にミルクを人々に

与え、乾季でミルクが不足する時や重要な儀式の時にのみ屠殺され、肉が食べられる。ヤギと羊も、主にミルクティーのためのミルクとして好まれるが、牛と比べると売ったり屠殺されたりすることが多い。サンブル社会では、牛は人々に、ミルク、肉、皮、婚資、儀式の供養、家屋を造るための資源など多くのものを与えてくれるので、家畜の中で最も大切にされている。特に、雌牛はミルクを与えてくれるもの、更に、家畜群の増殖につながるものとして雄牛よりも多く飼育されている。

　サンブルでは、大半の人が牧畜によって生計を立てているが、ロロキ高原やキリシア高原などの高地では、農業活動も行われている。また、鍛冶屋として生計を立てているグノノ（Ngunono）と呼ばれる人々もいる。また、サンブル・カウンティの労働年齢（15-59歳）人口64,492人中、定期雇用、臨時雇用も含め約10%が被雇用者である[5]。都市部での夜警の仕事や、軍隊、警察、教員、地方行政官などの公務員、看護師などに従事する者や、モンバサなどの観光地で踊りを披露することで、小額の謝金を得る若者もいる。

　それでは、サンブルの社会構造はどのようになっているのであろうか。サンブルは、父系の8つのクラン（ルマスラ、ルピシキシュ、ルンゲジ、ルニャパライ、ロロクシュ、ロンゲリ、ルクマエ、ロイミシ）に分類され、更にサブクランに下位分類される。それぞれのクランは、司法判決や儀式などを執り行うサンブルの行政単位として機能している。

　男性は彼自身の家畜群を所有し、独立で世帯を形成し牧畜を営むことが究極の理想とされる。よって、世帯は、サンブル社会では、家畜管理や日常生活の最小の社会集団として存在し、子育ての社会集団単位としても重要である。サンブルの集落はマニヤッタ（manyatta）と呼ばれ、1つのマニヤッタ内には、典型的には1から3の単婚、または一夫多妻制の世帯が3から6の家屋を建てて生活している **(図2)**。1つのマニヤッタ内に2世帯以上が共同で居住する場合、それぞれの世帯は、放牧・家事労働の分担、物の貸し借りなど日常生活において協力している。

　以上のような環境のもとで繰り広げられるサンブルの人間形成は、生涯のプロセスである。その過程において、年長者が彼らの知識、技術、習慣、価

第 3 部　日常生活とともにある人間形成機能　135

図2　マニヤッタ（2つの円形）（筆者撮影）

値観を子どもたちに伝える。その内容には、家族の、クランの、サンブル社会の歴史、習慣、価値観、そして家畜の生態、家畜の病気、究極的には牧畜環境すべてが含まれている。子どもたちがサンブルの環境に身をさらすことを通して、また、サンブルの年長者から子どもたちへ伝えられていく知識・価値観のことを「サンブルの教育」とする（詳細な定義づけは藤田 2004:13-16 参照）。

　特に、サンブル社会では、年齢階梯システムを重要視しており、性と年齢階梯ごとに個々人が果たす役割や責任が異なり、呼称も異なっている（**図3**）。年齢階梯は、一人の男性が彼の生涯を同年齢組のメンバーと共に通過していくステージであり、少年階梯から戦士（モラン）階梯へ、戦士階梯から長老階梯へと進んでいく。少年たちがすべての同年齢組のメンバーと共に割礼を受ける儀式が約 12 年ごとに行われ、少年たちは戦士階梯に入会する。少年から社会的に成熟した長老になるためには、いくつかの儀式が執り行われる。モランは結婚して長老になると、家族と家畜群を拡大することに専念することになる。また、政治的・経済的・宗教的な権威は長老に集中しており、重要な決定や、もめごとの解決などはすべて長老会議で決められる。少女は、結婚前に割礼を行い、結婚式をもって少女から既婚女性になる。結婚後、妻は夫の年齢組に所属する。

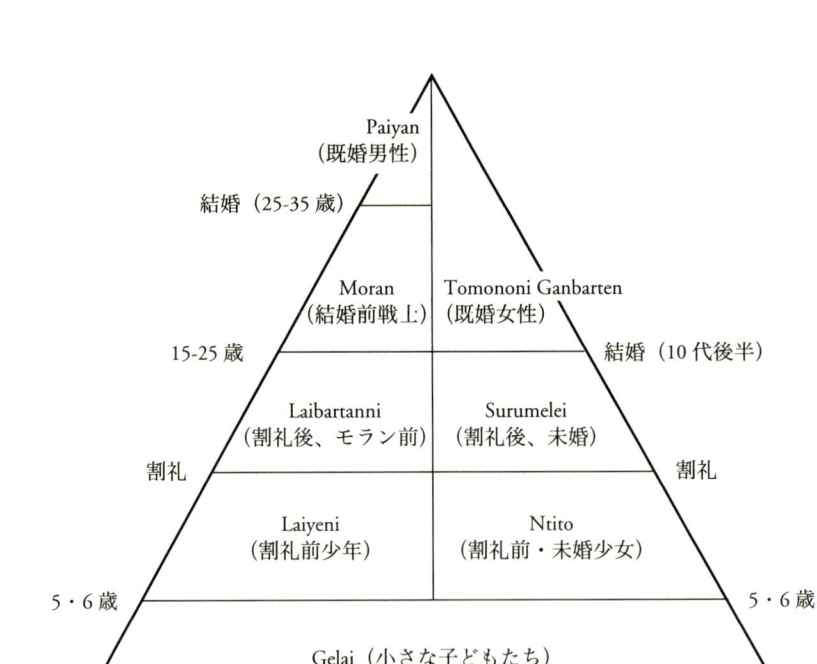

136　第7章　口頭伝承による人間形成と文字化による影響

```
                    Paiyan
                   (既婚男性)
結婚（25-35 歳）
              Moran        Tomononi Ganbarten
            (結婚前戦士)        (既婚女性)
15-25 歳                                    結婚（10代後半）
           Laibartanni      Surumelei
         (割礼後、モラン前)    (割礼後、未婚)
割礼                                              割礼
             Laiyeni           Ntito
           (割礼前少年)      (割礼前・未婚少女)
5・6 歳                                            5・6 歳
                 Gelai（小さな子どもたち）
```

図3　サンプルの生涯プロセス
出典）Spencer 1965:74の図9をもとに、長老へのインタビューから情報を追加、修正して筆者作成。

　サンブルは、厳しい自然環境の中で生活していかなければいけないので、お互いに結びつきを強め助け合う必要がある。特に、彼らの半遊牧生活は、カウンティ全域に散在している家族や姻族や同年齢組集団の助けがなければ成り立たないものである。サンブルの男性は、同年齢組のメンバーと共に、複数の儀式（註8参照）を経、日常生活においても協力、助け合いを行うことで、一つの年齢組に所属する仲間としての結びつきを強めていく。また、この結びつきのもう一つの理由は、他民族の侵入から身を守るためでもある。近隣遊牧民族との家畜略奪闘争は、この地域では依然として頻発している。モランの戦士としての役割は以前と比べると減ってきてはいるものの、依然として敵が攻めてきた際には、サンブル社会を守るための戦士として認識されている。

## 2. サンブルの口承

　以上のような環境に置かれたサンブルの子どもたちに、どのような口承が伝えられているのか、口承の中にはいかなる人間形成の要素が含まれているのかについて見ていきたい。アフリカでの口承というと以下の二つの形態が見られる。一つは、民話、説話、物語、なぞなぞ、ことわざ、歌、詩、子どもたちの言葉遊びなど、日常生活の中での口承であり、もう一つは、王の系譜を伝える叙事詩など、口承を職業とする職業的グリオ（griot）による伝承である。サンブルでは日常生活における口承が中心だが、その語り手は、主に老人、特に祖母であり、また、子どもたち同士が遊びなどを通して伝え合っている。ここでは、先行研究に加え、2002〜2003年に筆者が行った現地調査記録、CCFがNational Centre for Early Childhood Education（NACECE）と協力してサンブルの口承をまとめたシリーズ本を主な資料とする。本シリーズは、サンブル語のアルファベット表記で書かれ、①詩、子守唄、なぞなぞ、②歌、ダンス、ゲーム、③物語、④遊び道具の4冊に分かれる。

### ■ 2.1. 牧畜民としての思考育成——自然界の構成員、サンブル社会の構成員として

　サンブルの子どもたちは誕生後すぐに、牧畜民の生活に適応できるように育て始められる。子どもたちが小さな赤ちゃんをあやすのに使っている子守唄の一つには、次のように牛をテーマにしたものがある。

　　泣きやみなさい、私の赤ちゃん。私たちの牛は今遠くにいるのだよ。
　　でも、雨が降ってきたから、もうすぐ戻ってくるよ。
　　私の赤ちゃん、あなたもミルクを飲むことができるよ。

　この子守唄からは、1節で述べたように、乾季に遠くまで放牧に出かけていた牛が、雨季になると戻ってきてその牛のミルクを飲むことができるという半遊牧生活のサイクルを表している。
　また、シリーズ④の中でも紹介されているが、サンブルの子どもたちの主

138　第 7 章　口頭伝承による人間形成と文字化による影響

な遊びの一つがままごと遊びや模型作りである。たとえば、牛追いは、石を牛に見立てて、手作りで作った囲いの中に石の牛をいれ、放牧するまねをするという、主に少年の遊びである。男の子たちは、石の家畜を囲いから出して放牧に連れて行き、井戸のあるところで、青年たちが「エイ・ホー・ホー…」と歌いながら水を引き上げている様子を意気揚々と歌いながらまねるのである。少女たちは料理や子育てなど母親の仕事を、石や泥や袋を使ってまねをする。泥を使って少年は牛の模型を作り、少女は家の模型を作る（家を造るのはサンブルでは女性の仕事である）。少年たちは父親をまねして遊び、少女たちは母親をまねして遊ぶ。

　2歳から3歳にかけて、子どもたちは、夕食後、おばあさんの小屋に集まり、サンブルに伝わる物語を聞く。サンブルの物語の登場人物は、主に動物と人々である。登場する主な動物は、牛、ヤギ、羊などの家畜と、象、シマウマ、キリン、ダチョウ、うさぎ、ハイエナなどの野生動物である。中でも、愚かな動物の代表としてよく登場するのがハイエナで、ハイエナの前足と後足の長さの違いを説明した次のような物語がある。この物語はシリーズ③の一番目の歌でもあり、表紙の挿絵にも描かれている**(図4)**。

ハイエナと月

　昔々、足の悪いハイエナがいた。ハイエナは月を見た。彼は、仲間のハイエナを呼んだ。ハイエナたちが集まった。彼は、月がとてもおいしそうに見えたのだ。彼は、跳んで、取って月を食べたかった。彼らは、それぞれの肩の上に順々に乗っていった。そうすれ

図4　物語本　出典）NACECE 1999

ば、一番上のハイエナが月に届いて引きおろすことができると思ったのだ。しかし、一番下のハイエナは次第に重さに我慢できなくなった。彼らは崩れ落ちて骨を折った。ハイエナたちは骨折し、順に足を引きずりながら去って行った。その後、彼らの子どもが生まれたが、子どもたちも前後不揃いな足を持っていた（Mcneil 1994:138）。

　ハイエナは「象とウサギ」という物語の中でも最後に登場し、欲を出したために最後ウサギにだまされてしまう。以上のように、ハイエナは嘲笑の対象になっているが、他の野生動物に対しては、家畜と同様の扱いがなされている。サンブル社会には「ハイエナを除くあらゆる動物が家畜であって、それらの家畜が逃げ出して野生動物になった」という神話がある（湖中 2002:90）。野生動物は家畜を基準にして分類され、家畜とよく似た野生動物のみ食用とするなど、「家畜を通して野生動物にもまなざしを向けていた」（湖中 2002:92-93）。サンブルは比喩的思考にたけた人々であるが、「人物の性格も、『ジャッカルのように賢い』『ハイエナのように食い意地が張っている』のように表現される」（湖中 2004:679）。そして、このような動物の性格は、日常生活における会話・経験に加え、子ども時代に聞いた上記のような物語を通しても得られたものだと考えられる。

　また、家畜による形容は、人間への呼びかけにも表れている。たとえば、母親が自分の息子を「私のオス子ヤギ」、娘を「私のメス子ヤギ」と呼ぶことがあり、わが子を家畜の幼い個体に例えた呼びかけが日常的に行われている（湖中 2002:92）。また、放牧のための犬や、ネズミ捕りのための猫までもが飼われており、ペットのようにかわいがるのではなく、共同生活を送る一員としてそれぞれが役割を果たしている。このように、サンブル社会では、主に家畜を通して、自然に対して対等に接する態度が見受けられ、自然界の構成員と共同で生活を送っている。自身が置かれている自然に大きく依存する生活を送っているサンブルの人々にとって、家畜と野生動物が違うとか、人間と家畜を一緒に扱うべきではないとか、人間だけが自然界の中で抜け出て優れた存在であるという考え方は存在しない。

では、人間同士の関係は口承においてどのように描かれているだろうか。祝福の歌の中では、長老、女性、モラン、少年、少女、子どもが登場し、それぞれのグループの性格を示している。それらから見えてくるのは、サンブル社会の中で最も重要視される徳「Nkanyit」である。「Nkanyit」は、年長者のみに敬意を払うというのではなく、すべての人々がお互いに敬意を払うということを意味している。ある 50 代の長老は、次のようにサンブル社会における「Nkanyit」を説明してくれた [6]。「モランは長老に敬意を払い、長老もモランに敬意を払う。また、モランは少女に敬意を払い、少女はモランに敬意を払う。年長者から年少者へは、鞭で打つのではなくアドバイスを与えるようにしなければいけない。」（特に、尊敬される長老は、鞭で打ったりしないことが理想とされているが、実際には鞭で打たれることもあるようだ。）サンブル社会では、性別と年齢組に基づいてはっきりとグループごとに分かれる傾向がある。たとえば、少年、少女、モラン、既婚女性、長老というように分かれ、更に既婚女性と長老はそれぞれの年齢組ごとに更に分かれる。特に、儀礼などの公共の場では、それぞれのグループはグループごとに集まることを好み、あまり混じりたがらない。ある長老（60 代）は、「サンブルのグループはクラブのようなもの。それぞれのストーリーを楽しむ。そして、それぞれのグループがそれぞれの情報をマニヤッタに持ち帰る。」と言っていた [7]。

 同じグループのメンバーの中では、「平等」と「相互扶助」が「Nkanyit」のために強調される。たとえば、モランは一人で食べることはできず、いつでも他のモランと食べ物を分かち合わなければいけない。彼らは「モランの中では、金持ちも貧乏もない」と言う。違ったグループ間では「適切なマナー」が「Nkanyit」のもとで重要視される。たとえば、もし、長老たちが家の中に入れば、子どもたちはそこにいることはできない。他の例では、モランは女性の前ではミルク以外を飲食することはできない。なぜなら、家の食糧は子どもたちや長老たちのための食糧と考えられており、モランは自分たちで食糧を得ることが求められる。また、長老たちは、同年齢組のメンバーの子どもたちと結婚することはできない。なぜなら、彼らは自分の子どもたちのようなものだからである。

### ■ 2.2. 娯楽・祝祭の場での口承

　厳しい自然環境の中で家畜管理に従事するサンブルの1日の生活は忙しく、休日もないが、夜は娯楽の時間になる。サンブルの中では、町を除いては、ランプの明かりで生活している人が多いが、そのランプのもとで、子どもたちはなぞなぞを始め、人々はそれぞれの家を訪れて様々な話を始める。そして、外では、モランが歌い始め、その歌を聞いた女の子たちが集い、夜更けまで一緒にダンスを楽しむ。

　このような娯楽の場を盛り上げるのが、なぞなぞ、物語、歌と踊りなどの口承である。小さな子どもたちにとって、夜の楽しみは子どもたち同士で楽しむなぞなぞや、おばあさん、長老から聞く物語である。おばあさんからは、動物や人々の話、長老からは、サンブルの歴史・社会構造などを聞くことができる。一度、筆者が長老にサンブルのクラン・サブクランの名称、行政・司法システム、子どもから大人への移行、モランの儀式・割礼・リーダー、結婚持参金などについてインタビューしたことがある。インタビューは夜8〜11時まで3時間に及んだが、次々と私の周りには観客が増え、終了時には10人を超える少年少女が私と一緒に長老の話を聞いていた。それらは子どもたちにとっても興味深い事柄だったのであろう。

　また、中村はモランと未婚の少女たちの自由な恋愛関係を描いている。「モランは地域の祝い事の時には必ず集団で踊るが、日常的にも夜になると近隣地域の同クランのメンバー（クラブと呼ばれている）単位で集まって踊る。・・・（省略）・・・ダンスの始まりを告げるモランの歌声が夜の闇をとおして聞こえてくると、すでに眠りにつこうとしていた娘たちもそわそわと起き出して手鏡を見てみだしなみを整え、闇の中を歌声のほうへと消えていく」（中村 2004:416）。モランは長髪をしならせビーズを装飾し化粧もする。一方少女たちは恋人のモランから贈られた大量のビーズを首につけ、15〜20歳前後で父親の決める相手と結婚するまでの短い間、モランとの恋愛を楽しむのである。

　サンブルでは、子どもの誕生、命名、割礼、結婚などその度ごとに同じ地域のクランの人々が集い、一緒に歌い、踊り、食事を楽しみ、祝福する。更に、

男性がモラン階級に属する間、彼は同年齢組のメンバーと一緒に Lmuget と呼ばれる一連の儀式を行う[8]。子どもたちの人間形成過程における様々な儀式における所作、歌、踊りは、それぞれ子どもが次のステージに進むための象徴的な意味を持つが、更に、そこには祝祭ゆえの特徴が見出せる。

　先ほどあげたモランと少女たちの恋愛関係、中村が呼ぶ「ビーズの恋人」には悲しい結末があり、モランと少女たちは歌うことでその悲しみを乗り越え、次のステージへと進んでいく。サンブルのクランはルマスラを除くすべてのクランで外婚制をとっている[9]。そして、「ビーズの恋人」は、同じクランに所属する娘の中から選ぶことが望ましいとされている。つまり、モランは娘にビーズを与える前から娘が結婚によって自分のもとから去っていくことを知っている。娘の結婚式は、モランと少女たちの別れの式でもあり、その結婚式の前日、モランがするべき役割は、娘が全身に身につける真っ赤な染料を用意し、娘本人と同じクラブの娘たちに化粧をしてやることである。モランは「ンティラ（Ntirra）」という歌を歌いながら、赤い染料を丹念に塗るが、モランは興奮のために震え、発作を起こして倒れこんでしまう。娘も大声で泣き喚く。「ンティラ」は娘が他の人と結婚してしまうことは悲しいことだがどうしようもないという気持ちが歌われ、その歌詞には娘の結婚相手や彼が所属するクランを誹謗する表現がしばしば含まれている（中村 2004:424-427）。

　　ンティラ
　　われわれのコロブス（娘）よ、この短いあいだだけ泣いておくれ
　　そして自分たちにこの赤を塗らせておくれ
　　あの悪臭がする役立たずの男ども（相手のクランのモラン）に
　　きみがハナタレ小僧と一緒に踊っていたといわせないために
　　モランの時代は短く、はかなく甘い
　　・・・（省略）・・・（中村 2004:428-429）

　その夜、たいていは満月間近のとても明るい夜に、真っ赤に化粧した娘たち

とモランは、夜更けまでダンスをする。翌朝未明、モランはそっと娘の小屋を出て、娘は母親の小屋へ行って割礼を受け、結婚する（中村 2004:426）。

　以上のような娯楽や祝祭の場での口承は、ンティラを歌うモランのように、場を盛り上げると共に、サンブルの人々による自己表現でもある。モランは日常的には女性の前で食事を取ることができないなど、社会の中から排斥された存在であるが、あらゆる祝祭の場では花形であり、人々はモランの踊りを観覧し、または、モランの周りに集まって一緒に踊る。儀礼など公共の場でも、サンブルは食事をするときなどはグループごとに集まることを好むが、歌と踊りは人々を集わせる。一緒に祝福するということで、サンブルとしての、またそのクランのわれわれ意識が形成され、集合性が形成される。また、歌と踊りの中でも、グループごとのパートは決まっているので、歌や踊りは、サンブルの性・年齢階梯ごとのグループ間の役割を再認識する場でもある。更に、ンティラでモランが他のクランを誹謗したように、祝祭という場で、歌や踊りの力を借りて、モランたちによるサンブルの社会構造への抵抗心を表現することが許されている。フマガリ（Carl Tarcisio Fumagalli）は、「サンブル社会には、2本の柱、長老（自己統制、従順、意見の一致を特徴とする）とモラン（意見の不一致、逸脱、緊張、衝突を特徴とする）があり、まさにそれがサンブル社会に変動性、活力、柔軟性を与えている」（Fumagalli 1977:118-119）と述べている。歌や踊りを通して、普段は社会から排斥されているモランによる自己表現が可能になっている。

　娯楽論を展開した権田保之助が言うように、「泣いたり笑ったり寝たりして楽に見たり聞いたりした事柄は日常茶飯事の際には或は何らの効果も表しては来ない」が、これらを通して「頭の中に概念的に解釈して行く」のではなく、「知らず識らずの間に彼らの血に溶け込んで」いる（坂内 2005:20）。更に、娯楽や祝祭の場で起こっている様々な出来事の一つとして口承があり、口承だけ取り出して説明することはできない。それらの事柄は、サンブルの実生活と切り離して考えることはできないのである。

## 3. 口承の文字化

　以上で述べてきたような口承が、特に高等教育を受けたサンブルによって文字化されるという傾向がある。サンブルでは、しばしば「学校教育」対「文化・伝統」という構図が見られてきたが、「学校教育」を受けた彼らが改めて自分たちの口承を大切に思うのはなぜだろうか、また、文字化することで口承自体がどのように変化するのかについて検討していきたい。

■3.1. エリートによる学校教育の重要視とサンブルとしてのアイデンティティ

　ホルスティン（Melbourne Edward Holsteen）は、小学校7・8年生の生徒たちの考え方が高校3・4年生の生徒たちと比較してより伝統的な価値観に拒否感を示すことに関して、「学校での文化変容の影響が彼らに結論を急がせている。そして、しばらく内省が行われた後（高校3・4年生に起こりうる）、伝統的な思考に多少戻る」と示唆している（Holsteen 1982:351-353）。筆者が小学生、高校生、大学生へ行ったインタビューからも、ホルスティンの示唆したところを確認することができる。筆者の「『サンブルの教育』は重要だと思いますか」という質問に対する答えの分布は以下の通りである（重要である：ある、重要でない（好きではない）：ない、で記す）。小学生（男－ある：2人、ない：0人、女－ある：4人（内1人は卒業生）、ない：2人）、高校生（男－ある：3人（内1人は卒業生）、ない：1人、女－ある：2人、ない：1人）、大学・専門学校生（男－ある：3人、ない：0人、女－ある：2人、ない：0人）。

　「サンブルの教育」への強い拒否感は、特に女子学生からよく聞かれるとされる。以下は女子小学生が読んだ詩の一部である。

　　強制的な結婚
　　ある日の朝早く、私は起きあがった／ベルが鳴っている／本来なら私は学校にいるはず／だけど行けなかった／強制的な結婚のせいで／マザールイスと共に／強制的な結婚はすぐ終わりなくなる
　　・・・（省略）・・・

今私は言う／かっこいい男の人はもはや流行ではない／少女の美しさはすぐ終わる／友達も他の人もすべて一緒に行きましょう／そして、幸せな道へ進みましょう

教育、教育、一番重要です／子どもがいようといまいと／マザールイスと共に／強制的な結婚はすぐ終わりなくなる（Nzomo 2000:34）

　しかし、筆者のインタビューから、小学生の女子の中で「サンブルの教育」に対しても寛容な姿勢を示している少女たちがいることも見受けられた。そのような少女たちがその理由として挙げていることは、「私たちの歴史について知ることができる」、「すべての両親を尊敬し、より良く人生を送ることができる」、「私はずっとこのコミュニティに属してきたから」などである。

　また、小学校・高校の少年たちが「サンブルの教育」をいいと考える理由としては「尊敬が得られるから」「過去の歴史を知ることができるから」などが多かった。これらの傾向は、大学生・専門学校生に顕著に見受けられる。彼らは、（「サンブルの教育は重要か」という）筆者の質問に対し、全員「重要視する」と答えた。その理由としては、「尊敬することを知ることができる」「両親から規律を教えられる」「自分たちの歴史や文化について知ることができる」「私たちは自分たちの文化を失っていない」などが挙げられた。このように「サンブルの教育」における長所を指摘するのと同時に、彼らは、「その中でいくつか悪い実践があるからそれはやめるべきである」という一致した意見を持っている。その実践としては、「女子割礼」「結婚前のモランと少女の関係」などが中心に挙げられた。大学生・専門学校生になると、サンブル・カウンティ外での生活も経てきているので、「サンブルの教育」に対し、より相対化できる時間を得ることができたのではないかと考えられる。また、インタビューを行ったすべての大学生、専門学校生は、サンブル・カウンティ外で通学中か、またはサンブル内でも町に住んでいるので、いわゆるマニヤッタでの生活を送っておらず、マニヤッタの生活とは少し距離を保っている。また、自分が学んできた知識で、自分の立場をある程度守ることができる。一方、小学生はマニヤッタの中にいるので、そこでの生活により抵抗的な態

度を示すのではないだろうか。このことは、マニヤッタで生活する小学校や高校を卒業した既婚女性にも共通する傾向が見られる。しかし、これらの生徒たちが共通して感じていることは、「サンブルの教育」だけでは、現在の社会の変化についていくことができないということである。

次に示す長老の発言からも、以上で述べたサンブルの生徒たちの変容過程や学校教育と「サンブルの教育」に対する考え方がうかがえる。ある長老（30歳で大学卒業生）は、筆者の「子どもたちにはどのレベルまで学校に行って欲しいと思うか」という質問に対し、「彼らができると思う最も高いレベルまで。なぜなら、小学校では、自分はサンブルのある部分を嫌い、高校・大学とレベルが高くなるに連れて好きになっていったので。結婚によってより好きになった」と自己変容の過程を語ってくれた。インタビューの中で、彼は、学校教育の長所と短所、「サンブルの教育」の長所と短所を挙げた上で、「学校教育からの選択的な借用が必要。私たちは、すべてを借りるのではなく、いい要素のみを借りるべきである。」「世界は動いていて、変化しているので、よりフォーマルな教育を強調して欲しい。しかし、サンブルの文化を忘れて欲しくはない」と述べていた[10]。

■ 3.2. 文字化とその影響

それでは、エリートたちはなぜ口承を文字化しようとしたのだろうか。就学生徒数の増加に伴い、子どもたちが学校にいる時間が増え、親や祖父母と接する機会は減ってきている。また、サンブルの文化は学校では教えられず、サンブルの文化はやがて無くなってしまうのではないかと感じ、博物館、野生果実の栽培、口承を集めた教科書作りなどを通じてサンブル固有のものを保存、記録し、再評価しているのである。更に、上でも述べたように、口承は、あくまでサンブルの実生活に根ざしたものであることから、小学校から高校・大学までサンブルの牧畜を中心とした生活を経験しなかった者にとっては、体系的には得られなかった知識である。また、エリートたちは、マニヤッタではなく中心街に生活することが多いことから、彼らの子どもたちが口承を伝え聞くことができる場も限られている。もし、彼らが自身の子ども

たちに伝えていくことを考えると、文字化された教科書を渡すほか方法は無かったのである。

　それでは、そのように文字化された口承は、従来の口承とはどのような違いがあるのだろうか。川田順造は、モシ族が王の系譜を太鼓を打つことで表す「太鼓ことば」を「音のエクリチュール」と表象した。エクリチュール、つまり「意味を表すべく、しるされたもの」として、「時間的にも世代を経て伝えられる『しるし』となるのである」(川田 1978:316, 333)。つまり、口承においては、ことばに加えて、語り手が発する音が重要視される。サンブルにおける口承には、更に踊りという要素が加わり、言葉と音と踊りという3つの要素が複雑に絡み合い、独自のコミュニケーションを形成してきた。文字化されることにより、3つの要素のうち、音と踊りが欠如し、口承はもはや本来の姿とはかなり違う。サンブルのある幼稚園で、「家族のメンバー」について授業が行われていた時に、子どもたちが一番盛り上がったのは、先生が子どもたちを前に連れてきて、モランのように跳躍をさせたときである。跳躍をした子どもたちも、教室にいた他の子どもたちも、モランのように歌いだしたのである。子どもたちにとっても、歌と踊りがそろって、やっと自分たちにとって身近な存在となったのではないだろうか。また、権田が「娯楽は『現に生きつつある動きつつある現実』であるゆえに、その追究は実際に『其の場に飛び込み、その内の空気を吸って』みなければ何もはじまらないと述べた」(坂内 2005:22) ように、文字化された口承を読むだけでは、内在する意味や構造を理解できるとは限らない。

　しばしば、このような口承は、子どもたちを学校側に呼び込むために活用されることもある。サンブル・カウンティでは、CCFがナイトゥブル (Naituburo) と呼ばれる保育園を始めたが、そこでは、口承の語り手であるおばあさんが先生として雇われ、子どもたちに伝える試みが行われていた。同時に、CCFスタッフや幼稚園教員は学校への順応を容易にするという付随効果を見出し、学校教育経験のある先生を迎え、ケニアの国語スワヒリ語を歌で教えているプログラムもあった。ナイトゥブルは自文化により近いプログラムとしてサンブルの人々に受け入れられてきたが、もしそれが学校教

育への接続機関として性格が変容していくと、そこで再現されようとしていたサンブルのマニヤッタでの子育てからはより離れたものにならざるをえないだろう。

## おわりに

　本章では、牧畜民サンブル社会に伝えられる口承とその文字化の過程について述べてきた。

　詩・子守唄・なぞなぞ、歌、ダンス、ゲーム、物語など様々な形の口承では、サンブルが置かれている厳しい自然環境の中で、家畜や野生動物の性格などについて学びつつ、自然界の一構成員として、他の動物と共同で生活を送ることが重要視されている。また、サンブルの構成員として、それぞれのグループごとの役割を理解し、グループ間の徳である「Nkanyit」を大切にする姿勢が見出せる。また、娯楽・祝祭の場では、知らず識らずの間に、サンブル・クランとしての一体感や、それぞれのグループごとの役割などが伝えられていた。祝祭という場で、歌や踊りの力を借りて、集合性が形成され、かつモランたちがサンブル社会への抵抗を表現できる場となっていた。以上のように、サンブルの子どもたちは、口承など「サンブルの教育」を通して、自分たちの家族、家畜、サンブル社会について学び、サンブルの環境の中で生存する術を得ている。学校教育とは明らかに内容も形式も異なるサンブル社会独自の確かな人間形成の場が存在している。

　サンブルのエリートたちは、以上のような口承に関心を寄せていた。女子小学生は、サンブルの文化に対して強い反抗心を持つものの、高等教育を受けるにつれて、自身の歴史や文化を持つということについて、一部の実践を除き、また学校教育とも両立するという前提で、選択的に肯定感を持つことがわかった。しかし、あくまで文字化された口承は音や踊りなどを欠いたものであり、かつ口承が生じたその場から離れたものであるという限界もある。また、サンブルの中で、口承を伝えるということを目的として始まった保育園のプログラムで、結局、口承は子どもたちを学校教育側に呼び込むための

手段として活用されるという現象も生じてきている。

　しかし、このような葛藤はありつつも、学校教育を受けたエリートたちが口承など「サンブルの教育」に関心を持ち、学校教育でも取り入れようとする動きは見逃せない。選択的であっても肯定できる自文化を保持するということは、国家の中で少数民族として位置づけられているサンブルにとって、マジョリティの価値秩序に完全には回収されない新たなアイデンティティ形成を可能にしているのである。


【註】
1. 「口頭伝承」と同様の内容を表す用語として「口承文芸」という用語がある。「口承文芸」という用語を用いている江口は、口承文芸はoral-literatureから由来しており、「文字のない、口承の文字を集めたもの」という奇怪な用語であると示唆している(江口 1985:71)。また、オングも「口承文学」と言うのはおかしな言い方であり、口頭伝承、声の文化などという表現を用いている(オング1991:30-40)。本稿でもオングにならい「口頭伝承」とする。
2. 本章では血縁的集団を「民族」という言葉で表す。「部族」と「民族」の使い分けの詳細については藤田 2004: 33を参照。
3. 「教育がない」ということは、「学校教育がない」ということに限定されていたわけではなかった。「人間(欧州で考えられているような人間)形成がない」という意味であった。
4. ケニアの学校教育は、幼稚園、小学校8年、高校4年、大学・専門学校など4年(または2年)というシステムになっている。2002年のサンブル・カウンティ教育庁統計によれば、幼稚園の粗就学率は49.6%、小学校の粗就学率は52.95%、高校の粗就学率は12%である。上記幼稚園の粗就学率は、0〜5歳人口に占める割合で、高校の粗就学率に関しては14〜18歳人口に占める割合で計算されていたので、実際の粗就学率はもう少し高いと考えられる。
5. 詳細は、藤田 2004: 72を参照。
6. 2002年9月28日に行ったインタビューより。
7. 2002年9月28日に行ったインタビューより。
8. 割礼から約2ヵ月後、Longwenという儀式を経てモランになる。Lengamaという儀式は、モランの死が頻発するなど災害が起こった場合のみ執り行われ、必須ではない。Laraigoniという儀式で結婚することができ、Lemogwoで長老になることができる。
9. ルマスラは、多くの外部者と結婚してきたこと、人数が多いことなどの理由から、クラン内での結婚が認められている。
10. 2003年2月15日に行ったインタビューより。

【引用・参考文献】
秋山裕之(2004)「定住地における子どもの民族誌」田中二郎／佐藤俊／菅原和孝／太田至編『遊動民—アフリカの原野に生きる』昭和堂、206-227頁。

鵜野祐介(2000)『生き生きごんぼ―わらべうたの教育学』日本児童文化史叢書。
江口一久(1985)「アフリカの口承文芸」『アフリカ研究』No.27, 71-90頁。
江口一久(1997)「人からひとへ―アフリカの口承文芸」『国際協力(12月号)』国際協力事業団、10-11頁。
江口一久(2003)『北部カメルーン・フルベ族の民間説話集―アーダマーワ地方とベヌエ地方の話』国立民族博物館。
江口一久編(1990)『ことば遊びの民族誌』大修館書店。
オング、ウォルター・J.(1991)『声の文化と文字の文化』桜井直文／林正寛／糟屋啓介訳、藤原書店。
藤田明香(2004)「牧畜民サンブル社会における学校教育と「サンブルの教育」間の葛藤を越える模索」博士学位論文(一橋大学)。
川田順造(1978)「武満徹＝川田順造　往復書簡　音・ことば・人間(第7回)―音のエクリチュール」『世界』396号、岩波書店、317-337頁。
川田順造(2001)「無文字社会の歴史―西アフリカ・モシ族の事例を中心に』岩波現代文庫。
湖中真哉(2002)「ケニア牧畜民サンブルの家畜と結びついた社会[後編]家畜をみる眼差しで自然と人間をみる―太古、あらゆる動物は家畜だった」『季刊リラティオ』緑風房、90-95頁。
湖中真哉(2004)「牧畜民による市場の利用方法―ケニア中北部サンブルの家畜市の事例」田中二郎／佐藤俊／菅原和孝／太田至編『遊動民―アフリカの原野を生きる』昭和堂、650-686頁。
中村香子(2004)「『産まない性』―サンブルの未婚の青年層によるビーズの授受を介した恋人関係」田中二郎／佐藤俊／菅原和孝／太田至編『遊動民―アフリカの原野を生きる』昭和堂、412-438頁。
坂内夏子(2005)「社会教育と民衆教育―権田保之助の問題定義」『学術研究(教育・生涯教育学編)』第53号、早稲田大学教育学部、15-28頁。
関啓子(2012)『コーカサスと中央アジアの人間形成―発達文化の比較教育研究』明石書店。
Arewa, Erastus Ojo (1980) *A classification of the folktales of the northern East African cattle area by types,* New York : Armo Press.
Arid Lands Resource Management Project (ALRMP) (2005) *Samburu District Vision and Strategy: 2005-2015.*
Fumagalli, Carl Tarcisio (1977) *A Diachronic Study of Change and Socio-Culture Process among the Pastoral Nomadic Samburu of J Kenya 1900-1975,* Ph.D Thesis, State University of New York.
Holsteen, Melbourne Edward (1982) *Continuity and Change in Samburu Education,* Ph.D dissertation, University of Florida.
Lemoosa, Peter Letotin (1998) *A Historical Study of the Economic Transformation of the Samburu of North-Central Kenya 1909-1963,* M.A Thesis, Kenyatta University.
McNeil, Heather (1994) *Hyena and the moon : stories to tell from Kenya,* Englewood, Colorado: Libraries Unlimited, Inc.
National Centre for Early Childhood Education (NACECE), Kenya Institute of Education, Christian Children's Fund Inc. Kenya, *Samburu Community Based ECD Project Book Series* (1999).
　*Nkaitinin Ang'-Mbuku e uni Samburu*

*Rrepeta, Nkilenyat o Oyieteni -Mbuku e aare Samburu*
*Nkitanyayukot o Masaa Naiguranie Nkera -Mbuku e oong'wan Samburu*
*Sunkoliotin, Ranyat o Nkiguratin Ang' –Mbuku e kwe Samburu*
Nzomo, Juliana, Dr. Nancy Yildiz, and Ekundayo J.D. Julius Manyange (eds.) (2000) *Non-Formal Education-Alternative Approach to Basic Education in Kenya: Report of Stakeholders Forum on NFE-AABE,* NFE-AABE Partners.
Oparanya, Hon. Wycliffe Ambetsa, Minister of State for Planning, *National Development and Vision 2030, 2010, 2009 Population & Housing Census Results.*
Republic of Kenya, *Samburu District Development Plan 1997-2001,* Government Press.
Sifuna, N. Daniel (1990) *Development of Education in Africa –The Kenyan Experience,* Nairobi: Initiatives Publishers.
Spencer, Paul (1965) *The Samburu -A Study of Gerontocracy in a Nomadic Tribe-,* London: Routledge & Kegan Paul.
Waweru, Peter (1992) *Ecology Control and the Development of Pastoralism among the Samburu of North-central Kenya: 1750-1909,* M.A Thesis, Kenyatta University.

# 第 8 章　風景と道具の人間形成作用
―― スウェーデンの近代化過程におけるミュージアム・ペダゴジー

太田美幸

## はじめに

　本章では、近代教育を再考するという課題に、人づくりの近代化過程を解明するための新たな枠組みを検討することによって迫りたい。ここでいう人づくりの近代化とは、近代国家が国民教育制度としての学校を整備してきた過程を含むものではあるが、それだけではなく、近代社会の諸要求を受けて教育制度の外で進行してきたノンフォーマル教育の組織化や、日常生活環境の近代化にともなうインフォーマルな人間形成の変容を含んでいる。

　中内敏夫によれば、「教育」とは「市民社会もしくは市民社会化されつつある社会に特有の人間形成行為」（中内 2003:5）であり、すなわち近代に特有の概念である。そして、近代における「教育」のシステムは、それ以前にもあった学校を近代的につくりかえた「近代学校」を中心に確立された。古くから学問伝授の場所として存在してきた学校が「教育」の歴史と交叉したことを、中内は学校の「教育」化過程とみなしている（中内 1988:223-224）。国民教育制度として整備された近代学校は、先進工業国においては 19 世紀後半から 20 世紀前半にかけて、社会に深く浸透するに至った。20 世紀後半以降は、第二次世界大戦後に独立した旧植民地の多くの国でもその完全普及が目指され、国際機関の強力な後押しを受けて現在も努力が続けられている。これらの文脈において語られてきた「教育」は、すべての子どもに学校教育を提供することとほぼ同義である。

　その一方で、近代社会における教育要求のなかには学校教育に回収できないものも存在し、それらにこたえるために、学校教育とは異なる「教育」も様々な形でつくりだされてきた[1]。そのなかには、古くから民族や地域に伝

わる人づくりの技にもとづいて組織化されたものもあれば、国民教育制度を通じて進行する「価値の制度化」（イリッチ 1971=1977）に対抗しうる、変革的で解放的な民衆教育としての特質をもつものも見られる。

　こうした学校化されていない「教育」もまた近代の産物であり、「市民社会もしくは市民社会化しつつある社会に特有の人間形成行為」としての近代教育の一部をなしているといえるが、それらが近代教育と名指されることはほとんどない。教育学はその「出自自体が国民国家の形成と結びついて」（鈴木 2004:190）おり、国民教育制度としての近代学校を主たる検討対象としてきた。こうした状況は、「教育」をめぐるヘゲモニー構造を端的にあらわしている。つまり、教育研究が近代学校とそこでの学力の獲得ばかりに目を向けることによって、「ヨーロッパ的な教育学のカテゴリーを審問することもなく正当化し、スコアによる生徒の序列化も正当化し、教育制度化の中央を歩むミドルクラスの教育意志を浮上させる」（関 2012:28）ことになり、そうした研究がもたらすのは「西洋圏のミドルクラスの成功（階層の再生産）物語の正当化であり、その場合、『共に生きる』や『ケア』といった価値は無視されることになる」（関 2012:29）のである。

　いうまでもなく、近代社会における人づくりは学校だけが担ってきたわけではない。にもかかわらず、教育が近代学校を中心に語られ続ける現状では、学校化されていない教育は近代学校を補完するものとしかみなされず、そこで伝達されてきた価値や文化が重視されることもない。無視されてきた価値を浮上させ、近代学校の陰で進行してきた教育の営みを近代教育研究の俎上に載せるには、近代学校と強く結びついてしまった近代教育の概念を一旦保留し、「近代社会における人づくり」の総体を捉えるための枠組みを構築することが不可欠である。それは、近代社会における文化化・社会化の構造（人間形成の全体）を捉えるという課題と重なりながらも、必ずしも同じものではない。人間形成の全体像のなかでも、意図的・計画的におこなわれる人づくりの営みとしての教育の、とりわけ学校以外の様々な形態に焦点を当て、その実態を明らかにするとともに、近代社会におけるそれらの相互作用を探るという試みである。

それにはいくつかのアプローチが考えられる。江淵一公（1994）や関啓子（2012）が注目するノンフォーマル教育（準定型的文化化）は、近代的な学校教育に反映されない社会集団ごとの文化とその伝達のありよう、そこに含まれる人間形成の理念と様式を探るうえできわめて重要な分析対象である[2]。また、同じく関（2012）は、インフォーマルな日常生活経験を人間形成の観点から考察することを提起し、その際の分析装置としてベルク（Augustin Berque）の「風景の知」の概念に注目している。本章ではこの提起を受けて、近代において風景や道具といった日常生活の物的環境（日常物質文化）を通じておこなわれる意図的・計画的な人づくりの様相を「近代社会における人づくり」の一部とみなし、それを読み解くための枠組みを検討する。

## 1. 風景と道具の人間形成作用

### ■ 1.1. 風景的空間と感性

ベルクのいう「風景の知」とは、風景についての知、すなわち風景を表象し風景について考える「風景を対象とする知」ではなく、美しい風景をつくるための知恵を指している。そうした「風景の知」が古くから存在したということは、過去の人々が「確かな趣味をもって風景を整え」てきたことに示されている（ベルク 2011:7）。「風景の知」は、美しい風景を生み出す日常的実践なのである。関はこれについて、「その知の表現は、人間が自己の場所と自己の歴史をどのように生きるか、生きたかという形成的な意味をも発信する。風景は、アイデンティティ構築の資源であり、人間形成の基盤なのである」（関 2012:149）と指摘する。「人間の生活環境のおもむき」としての風景は、「歴史性と風土性と一体化した生き方を確認させ、あるいは刷新させる」（関 2012:150）ものとして、人間形成の過程に関与する。では、その関与のありようとはいかなるものか。それは、意図的・計画的におこなわれる人づくりの営みとしての「教育」にいかにして接続しうるだろうか。

このことを考えるために、まずは風景がいかにして人間形成に作用するのかを、哲学者の桑子敏雄による感性論を手がかりに整理してみたい。桑子は、

空間や環境をめぐる諸問題に関わる人間の能力を「感性」という言葉で表現している。ここでいう感性とは、西洋思想において古くから言及されてきたような、単に外界からの情報を知性に伝えるもの、人間の欲望に近く、知性や理性によって支配されるべきものとしての感性ではなく、「環境と身体的自己の関係を捉える能力」（桑子 2001:17）、「自己と世界との相関を捉える能力」（桑子 2001:47）を指している。

桑子は、自己は身体的存在がある空間に配置され、そこでそれぞれが履歴を積むことで形成されると考える。空間もまた固有の履歴をもっている。「人間が身体的存在として、空間とともにある以上、空間とどのような関係をもって生きるかということは、そのひとの人間形成と不可分な関係にある。これは環境が人間の精神に影響を与えるかどうかということよりもはるかに根源的な事態である」（桑子 2001:46-47）、つまり、ある配置のもとで履歴を蓄積することが人間形成である。したがって、風景の人間形成作用とは、風景的空間がもつ履歴が感性を介して人に把握され、その人の履歴となっていくことを指す。

一方で、「環境と身体的自己の関係を捉える能力」としての感性は、空間のなかで育まれるものでもある。桑子が言及している日本建築の空間を例として見てみよう。戦後の高度経済成長の時代まで、日本の多くの家庭には、障子とふすまによって仕切られ、床の間をもつ伝統的な空間があった。西洋的なプライバシーの思想からいえば、障子とふすまの空間ではプライバシーが保てず落ち着くことができないように思われる。だが、このような空間だったからこそ、そのなかのプライベートな出来事は聞かないことにし、見ないことにするという高度な抑制が可能となっていた。つまり、こうした空間は、他者と自分との距離の測り方を教えてくれる高度な文化的装置だったのである。また、床の間は、直接的な役には立たない小さな空間ではあるが、そこに軸が掛けられ花が活けられることによって、個人住宅における私設美術館のような役割を果たし、芸術と自然への愛好を演出した（桑子 2001:14-15）。

日常生活環境としての空間のありかたが変われば、周りの環境と自己との関係の捉え方が変わり、身体的な抑制やふるまい方、芸術や自然に対する感

受性も変わる。障子とふすまの空間がなくなるということは、他者に対する抑制的なふるまいを訓練するための装置を失うことを意味する。自己形成にかかわる感性がどのように育まれるかは、どのような空間に身を置くかによって異なってくるのである。

■ 1.2. 道具の知覚と使用

　上に見たような桑子の感性論は、伝承されてきた文化の産物としてのモノの意味を読み取る能力とその育成に注目するパーモンティエ（Michael Parmentier）の議論と共鳴する。パーモンティエが提唱する「ミュージアム・ペダゴジー（Museumspädagogik）」は、博物館・美術館における教育・陶冶のプロセスに焦点を当てるもので、文化が人間形成に及ぼす作用を考察するドイツの陶冶論（Bildungstheorie）[3]に根差している。

　パーモンティエは、人間は自身に影響を与える環境条件を変えることによって自身の陶冶に自ら関与するというペスタロッチの見解、および、「外的なものを内的に、内的なものを外的にする」ことを人間の教育の課題とするフレーベルの見解をふまえながら、「たえず起こる外界の改変とそれと同時的な主体の陶冶」がバランスよく成就されるために、以下の二つが必要であるとする。一つは、「成長過程にある主体が『その生まれもった能力を強化し高める』、すなわち『自己形成 sich bilen』できるための、知的・物質的対象であるところの文化的素材」であり、もう一つは「世界の目の前にある素材から『可能な限り多くのものを把握しようとし、できうる限り密に自分と結びつけること』を試みながら外的文化を形成していく活動的自我」である（パーモンティエ 2012:233）。彼は特に前者に焦点を当て、「陶冶を促進するモノとの関係」を適切に保証する空間としてミュージアムの意義を強調し、それを自らの提唱するミュージアム・ペダゴジーの基礎としている。

　パーモンティエの考えによれば、ミュージアムにおける陶冶過程においては文字の読み書きではなく「モノ記号」あるいは「モノの存在の文法」の読解能力が鍛えられ、それによって自己を刷新していくことが可能となる。彼がいうところの「文化的産物、日常品、教材、遊具の陶冶的意義」（パーモンティ

エ 2012:236)、すなわちモノの人間形成作用は、対象（モノ）を知覚したり使用したり解釈したりすることによってもたらされる人間の変化を指す。ここでは、対象となるモノの感性的現象形式（形態、色彩、重さ、大きさ、材質、製作法、デザインなど）が知覚に及ぼす作用と、それによって導かれるその対象への意味付与や解釈のありようが問題となるが、その際、「モノは記号であり、その知覚はつねにその解釈を含んでいる」こと、そのモノは「その形、その材質、その処理方法、その装飾で、生産や使用に関連した事柄について」「それが生まれた文化、時代、生活世界について」なにがしかを物語るということが重視される（パーモンティエ 2012:246）。人間はモノに接するなかで、そのモノを取り巻く社会状況や文化（価値観、理念）を無意識的、瞬間的に知覚し解釈する。「ミュージアムは、先祖や同時代人の書物だけでなく、伝承され目の前にある文化の産物をも、意味を持つ記号として読む能力を人に与える」（パーモンティエ 2012:173）のである。

　また、ある活動において道具としてモノが使用される場合、そのモノはそこでの人間の行動や思考を制限する。「私がどんな人間でありどんな人間になりうるかという問題は、まさに私が毎日それを使って活動しているところの道具に依存しています。万年筆、鉋、ベルトコンベアなどは、それを使う人間をその道具に応じた人間にします」（パーモンティエ 2012:250）。道具がどのようにして人間形成に関与するのかを記述するのはきわめて難しいが、道具としてのモノの現象形式が、その道具の使用目的だけでなく、その道具を生産した人のもつ技術や、材質・デザインについての好み、生産動機などに応じて決められていることをふまえると、それらが総じてそのモノの記号としての意味を形成するとともに、そのモノを使用する人の活動を規定し、ひいては感性のありように影響を与えると考えられるのである。

　パーモンティエはミュージアムを、「教育学からないがしろにされてはいるものの、近代の陶冶施設として学校を補完してきた」（パーモンティエ 2012:25）とみなしている。だが、展示物（＝モノ）を何らかの意味内容を表す記号とみなし、言語を介した直接的教育ではなく、記号としてのモノを介した間接的教育の作用に注目するのがミュージアム・ペダゴジーの特徴であ

るとするならば、その射程はミュージアムの展示物に限定されるものではなく、日常生活を取り巻く物質文化全般に広がっているはずである。また、それは必ずしも学校を補完するだけのものではない。

　感性と身体がどのように形づくられるかは、日常生活においてどのような空間に身を置くか、どのようなモノに接するかによって異なっている。そうであればこそ、次節で見るように、空間をつくりかえたり身の回りのモノを選んだりすることによって、自己の、あるいは他者の感性や身体をある方向へ水路づけようとする意図が様々に生じてきたのである。

　ある社会構想のもとで「人間の生活環境のおもむき」を「再生産あるいは変容させる」（関 2012:151）こと、すなわち人々が日常的に目にする風景、街路や建築、住居のしつらえ、日用品などといった文化化のシンボルをある理念のもとで再配置することは、人間形成への意図的・計画的な働きかけであり、その近代的なありようは「近代社会における人づくり」としての「教育」にほかならない。こうした枠組みで捉える近代教育は、日常生活環境を近代のコンセプトでつくりあげ、そのなかで人々の身体やふるまい方を近代に適合するよう水路づけていくという方法での人づくりを含むものとなる。では、そうした方法での人づくりは具体的にはどのような形で実践されてきたのか。

## 2.　「生活環境のおもむき」の再生産と変容

### ■ 2.1.　公共空間の演出

　ある風景を保護しようとする取り組みの背景には、その風景とそこで暮らす人々の生活のありようを価値あるものとする思想がある。逆に、風景を一変させるような大規模建築や宅地開発、道路建設などは、それらがつくられることによって実現する新しい生活環境に価値を置く。生活環境が変わることによってそこで暮らす人々の生活様式も変わるわけだから、新しい環境への価値づけは、それに適合するように方向づけられた人間形成を価値づけていくことでもある。つまり、アイデンティティ構築の資源であり人間形成の

基盤である風景は、「生き方のありようをめぐる『ヘゲモニー装置』となりうる」（関 2012:149）。ある風景を保護するか、あるいはつくりかえるかをめぐる攻防は「風景の解釈と評価基準をめぐる闘い」（関 2012:149）でもあり、それに勝利すれば、その解釈や評価基準と結びついた生き方が目指されるようになる。人づくりの近代化に即していえば、近代化の過程では、近代国民国家の確立という目的に沿った解釈や評価基準が勝利をおさめてきたといえるだろう。

　シュリーヴァー（Jurgen Schriewer）は、国家が大衆を国民として形成していくためにおこなった「国民教育」、すなわち「政治・道徳的な行動様式の伝達」が、「文字の文化とそれにもとづいた反省によってではなく、公共空間の演出によって」（シュリーヴァー 2012:3）実践されてきたことを示している。ここでいう公共空間の演出とは、国民的祝祭や競技会、国旗、国歌、国民の祝日、時間・時刻・暦の変更、国民的英雄、記念碑、銅像、壁画、都市空間の設計、メディア、展覧会、磁器などの日用品のデザイン等々を指しており、シュリーヴァーはこれらを総じて「儀式による教育（Zeremonielle Pädagogik）」と呼ぶ。「儀式による教育」は、新しい社会の実現に向けて国民意識の形成を喫緊の課題とした場面で、公教育としての近代学校とともに国民形成の手段として実践されてきた。シュリーヴァーによれば、これはフランス革命の頃から顕著であり、彼が比較検討の事例として用いたロシア革命、明治初期の日本、革命期メキシコでも共通して観察されるという。

■ 2.2. ミュージアムの機能

　一方、19 世紀から 20 世紀前半にかけては、産業化がもたらした日常物質文化の変容が著しかった。都市部を中心にインフラが整備されるとともに、機能性や合理性を重視するモダニズム建築が国を超えた運動として展開され、都市の景観は少しずつ刷新されていった。相次いで開催された万国博覧会や各種展覧会は、特に労働者層に向けて近代的な新しい住居や日用品の魅力を見せつけ、各地で生活合理化運動（新生活運動）が繰り広げられた。20 世紀初めにピークを迎えたモダニズムの運動も、人々を近代的個人へと形成

していこうという意図を含むものであった。

　ただし、そうした動きに抗い、消えようとしている昔ながらの暮らしをなんとか維持しようと試みる人々も少なからず存在した。原風景としての古い街並みや自然景観、昔ながらの住居や日用品が生活から姿を消していくことへの危機感を募らせた人々が、景観保存運動や民俗資料の収集をおこない、昔ながらの日常生活環境の価値を訴える活動を開始したのは、それが自己形成の方向性を揺るがす事態として受け止められたからでもあるだろう。こうした人々のなかから、自ら博物館を設立し、郷土の民俗文化の保存に力を尽くす者もあらわれた。

　そして、19世紀以降の国民国家もまた、国民意識の形成の手段として学校教育とともに博物館や美術館を利用してきた。溝上智恵子が指摘するように、博物館や美術館、そして初期の博覧会は「ナショナリズムの装置としての文化施設」であり、自民族意識の形成と、他者イメージの形成の両方の機能を果たしてきたのである（溝上 1998:76）。

　民族的伝統を拠りどころにして国民意識を形成しようとするナショナリズムをベースとして、伝統から脱却し機能的で合理的な近代的個人を形成しようとするモダニズムと、伝統的生活へのこだわりを強くするロマンティシズムが、それぞれの理念を掲げて博物館を設立したり博覧会を開催したりしてきたことをふまえれば、近代における各種ミュージアムの設立の過程に、風景的空間や日用品を通じて人々の感性を水路づけようとする試みの具体的様相を見ることができると考えられる。とりわけ、19世紀末に登場した野外民俗博物館は、風景と日用品の両方を視野に入れたミュージアムとして興味深い事例であるといえよう。先に挙げた桑子は、あるコンセプトのもとで新たにつくりあげられた空間を「コンセプト空間」とみなし、その中で人間の身体がコンセプトに適合するように調整されていくことを指摘しているが（桑子 2001:50-53）、野外民俗博物館はまさしく「伝統」をコンセプトとしてつくられた空間であり、風景と道具による人間形成作用を意図した「近代の陶冶施設」（パーモンティエ）であったといえる。

　世界最初の野外民俗博物館は、1891年にスウェーデンの首都ストックホ

ルムに開設された「スカンセン（Skansen）」である。スカンセン型の野外博物館はまもなく北欧諸国に伝播し、やがてヨーロッパ全域に広がった。アメリカ大陸やアジア諸国の野外博物館にもスカンセンの影響が見られる（アレクサンダー 1983=2002:74-78）。後述するように、スカンセンは、伝統的な農村の景観や民家、日常生活で用いられた道具を保存あるいは再現して展示するのみならず、その空間のなかでかつての労働や娯楽活動などをも再現することによって、ナショナルな帰属意識と伝統的な農村生活へのロマンティシズムを喚起することを目指してつくられた。そこで次節では、当時のスウェーデン社会の情勢とスカンセンの設立経緯を概観するとともに、さらにその後の日常物質文化の変遷をたどることで、「人づくりの近代化」の一つの様相を把握するという作業を試みたい。

## 3. ナショナルな原風景とモダン・デザイン
―― スウェーデンの近代化過程における国民形成

### ■ 3.1. 産業化と生活文化保存運動

19世紀後半のスウェーデンは急速な産業化のただなかにあり、都市部では多くの労働者家族が工場からの排煙や騒音、劣悪で不衛生な住宅、治安の悪化に苦しみながら暮らしていた。農村においても、ヘムスロイド（hemslöjd: 手工芸による日用品の製作）[4]が工場で大量生産される安価な製品に取って代わられ、代々受け継がれてきた生活文化の「趣味」が破壊されようとしていた。

当時のこうした社会状況に対して、生活環境を美化することによる社会改良を主張した社会批評家の一人に、エレン・ケイ（Ellen Key 1849-1926）がいる。彼女は10代後半から教育に深い関心を寄せ、20代の頃には特に民衆教育に情熱を傾けていたが、1890年代に入ると、美的感覚を育成することの重要性と、それが社会形成に及ぼす多大な影響について論じるようになった[5]。ジョン・ラスキン（John Ruskin 1819-1900）やウィリアム・モリス（William Morris 1834-1896）の著作に学んだケイは、工場での労働が創造の楽しみと切り離されていることを憂い、劣悪な住環境や安直な娯楽によって社会道徳が堕落していくことを恐れた。人は調和のとれた美しい環境に身を置くことで、「社

会の醜いもの」を憎み、よりよい社会の実現に向けて行動するようになる。人びとが美の喜びを分かちあうことのほかに平和を実現する道はないと彼女は考え、自然の中で美しい草花や鳥の声を楽しむこと、住まいを美しく整えることを重視したのである。

　ケイの考える「美」とは、伝統的な民衆の生活、すなわち農村で継承されてきた昔ながらの生活の中に見出されるものであった。彼女はその理想を、農村での自らの暮らしを描いた画家カール・ラーション（Carl Larsson 1853-1919）の作品に見出し、これを称賛した。晩年に自身が暮らした「ストランド荘」においては、シンプルで機能的な住宅建築や内装、家具・調度品、ファブリックの具体例を示して実践した。子どもを対象とする学校教育においても環境美化の重要性を訴え、「学校を美術品で装飾する協会」の設立に寄与するなど影響力を発揮した。やがて、「社会美」の喚起が民衆教育の最も重要な任務であると認識するに至り、民衆への芸術教育や手工芸の実践、景観保護などへの支援に一層力を入れるようになる。

　こうした問題意識は、当時のスウェーデンにおいてケイのみが抱いていたものではない。後述するように、伝統的な農村文化が産業化によって衰退していくことに危機感をもったアルトゥール・ハセリウス（Artur Hazerius 1833-1901）が民俗衣装や庶民の日用品の大規模な収集を開始し、1873年にストックホルムに「北欧博物館（Nordiska museet）」[6]を開館した。ハセリウスは1891年に世界初の野外博物館「スカンセン」を開設し、その翌年にはルンドにも野外博物館「クルチューレン（Kulturen）」がつくられている。

　ハセリウスの活動に触発されるかのように各地で起こった「景観保存運動（hembygdsrörelsen）」は、農村の景観とローカルな伝統文化を保護しようとするもので、地域ごとに受け継がれてきたフォークダンスや民俗衣装の維持、夏至祭などの伝統的な祭り、郷土史研究や系譜学（先祖さがし）のサークルなどが活発化した。また、同じ頃、工業主義と闘うために伝統的な美的価値を守ろうとした農村女性たちの切実な問題意識のもとで、ヘムスロイドの復興を目指す「ヘムスロイド運動（hemslöjdsrörelsen）」[7]も展開された。スカンセンの開設後、各地の農村では、郷土博物館や「郷土庭園（hembygdsgård）」

を設立しようとする動きも活発化した。

　これらの運動は、民衆に国民としての教養を身につけさせることを目指してこの時期に幅広く展開されていた民衆教育運動（folkbildningsrörelse）の一部とみなされている。ハセリウスがのちに「民衆教育家（folkbildare）」と称されるようになった（Bergman 1999:5）ことにも示されているように、この時期に始まった伝統文化の保護・収集や野外民俗博物館の開設は、国民意識の形成を目指した教育活動にほかならなかった。

■ 3.2.「ナショナルな原風景」としての野外博物館

　ベリィマン（Ingrid Bergman）によれば、ハセリウスの民俗博物館へのこだわりは、スモーランド地方の農村で過ごした少年期の経験、およびウップサラ大学での学生時代に北欧諸民族の連帯を主張するスカンディナヴィア主義に傾倒したことに起因する（Bergman 1999:5-19）。父親の教育方針により、8歳からの5年間、ストックホルムで暮らす家族と離れて農村の牧師館に預けられたハセリウスは、「まさしくスウェーデン的な自然に触れ」（Bergman 1999:9）ながら、農家の一員としてひととおりの農作業にも参加した。昔ながらの農村の暮らしに魅せられた彼は、その後、全国各地の農村を訪ね歩くようになる。彼が特に心を惹かれたのは、スウェーデン中部に位置するダーラナ地方の素朴な自然と生活慣習であった。一方、学生運動に参加するなかで、デンマークから伝来したグルントヴィ（Nikolaj Frederik Severin Grundtvig 1783-1872）のフォルケホイスコーレ構想[8]にも触れ、都市の貴族やエリートと労働者、農村民衆とが分かたれることなく民俗文化を共有し、ナショナル・アイデンティティを育んでいくことを重要な課題として認識するようにもなった。

　ハセリウスは1860年に文献学の博士号を取得したのちストックホルムで教師の職に就き、1864年には高等師範学校の校長に任命された。だが教員生活は性に合わず、1870年には職を辞してフリーの出版者となり、人生の目的を探すかのように考古学や文化史の勉強を始める。1872年の夏に再びダーラナ地方を旅したハセリウスは、昔ながらの農村社会が急速に変容して

いくなかで、伝統的な住居や日用品、民俗衣装などが見下され廃れていくさまを目の当たりにして衝撃を受けた。そして、そうした品々を研究のために提供してもらえないかと農村たちに依頼したのが、北欧博物館およびスカンセンの始まりとなった。

　当時、ストックホルムでは1873年のウィーン万博に出展する民俗衣装のコレクションが公開され、人々の関心を集めていた。ハセリウスはここに目をつけ、伝統的な衣装や道具を収集し展示することで、民俗文化の固有の価値を人々に知らしめること、かねてより心に抱いていた民衆教育の理念を実践に移すことを決意し、大規模な収集に着手したのである。1880年には北欧博物館を運営するための財団を設立し、これによってハセリウスのコレクションは彼の所有を離れ、スウェーデン国民全員の財産とされた。このときに作成された規約には、北欧博物館はスウェーデンの民衆生活に根差した思い出の故郷となるべきこと、すべての階級を包摂すべきこと、人々に知識を与えるとともに、国への愛情を喚起し育むべきことが明記された（Bergman 1999:24）。

　さらにハセリウスは、館内展示の限界を乗り越えるべく、野外に民俗博物館をつくることを考案した。広大な公園に、各地方の建築物を自然景観とともに移設・再現してスウェーデンのミニチュアをつくり、北欧の動物や樹木、植物をも集めて、文化と自然の歴史を体感できるようにするという構想である。彼は資金集めに奔走し、1891年にスカンセンを開園させた。園内では民俗衣装を着たスタッフが伝統的な建物で昔ながらの仕事を実演し、来園者はタイムスリップしたかのような感覚を味わうことができる**（図1、図2）**。スカンセンは、そこに身を置くことによってナショナルなアイデンティティが育まれることを意図して、スウェーデン人の原風景として構築されたコンセプト空間であったといえる。

　ハセリウスは、祖国への愛情を高めるためには祝祭が効果的であることをも認識しており、1893年から各地の祭りをスカンセンのイベントとして組み入れることを始めた。4月30日の夜にかがり火をたいて歌を歌う「ワルプルギスの夜（valborgsmässoafton）」はウップサラ大学の学生たちの慣習だっ

第 3 部　日常生活とともにある人間形成機能　165

図1　スカンセンのほぼ中央に位置するボルネス広場。古い小屋を利用したオープン・カフェの先に、スウェーデン南西部で1730年頃に建てられた木造のセグロラ教会がある。(2014年8月筆者撮影)

図2　スウェーデン北部から移築された農家の庭先で、古い衣装を着たスタッフが昔ながらの手法で亜麻の繊維を採り、亜麻糸を作っている。(2014年8月筆者撮影)

たが、1894年にスカンセンのイベントとして採用され、やがて全国の大学町で実施されるようになった。現在はナショナル・デーとして祝日となっている6月6日は、もとはスカンセンで始まったグスタフ1世（Gustav I, 1495-1560）を称える祝祭が公的な休日となったものである。12月13日のルシア祭も、スカンセンで採用されたスウェーデン西部のスタイルが全国に広

がった（Bergman 1999:31-33）。

　スカンセンは「スウェーデン人の心のふるさと」と形容されるまでになり、テレビ中継もされる各種イベントは、現在もなお多くの国民を惹きつけている。ナショナル・アイデンティティの育成を目指したハセリウスの企図は、見事に成功したといえるだろう。ヒルストレーム（Magdalena Hillström）が指摘するように、「ハセリウスの活動はスウェーデンの国家形成に大きく貢献した」（Hillström 2011:33）のである。

### ■ 3.3. モダン・デザインと感性の近代化

　この時代の北欧には、社会の民主化・近代化を目指すと同時に、自国の伝統と固有の風土を重視する「ナショナル・ロマンティシズム」が広がっていたといわれる。北欧の近代建築を研究する川島洋一は、スウェーデンにおけるナショナル・ロマンティシズムについて、ヨーロッパの中心に位置する国々の「近代性」を自国流に翻訳して吸収することにより、自らの「後進性」を克服し、かつ独自の文化的価値を確立する方法を模索するものであったと指摘している（川島 1997、2000）。

　ただし、それは一枚岩ではなかった。政治的には、強国時代の記憶を拠りどころとして君主制を支持する保守主義と、旧来の体制を批判して新たな社会秩序の形成を目指す自由主義の対立構造があり、「戦争ナショナリズム」と呼びうる姿勢をとる前者に対して、後者は農村に伝わる「スウェーデンらしさ」を前面に押し出す「文化ナショナリズム」を掲げ、戦略的に民俗文化の保護を支援する動きをみせていた。他方、一般民衆の多くは自らの生活様式を近代化したいと願い、外国から伝来した目新しい生活用品が人気を博していた。そのなかで、工業主義によってもたらされた退廃的な娯楽を牽制するために、知識人や民衆運動家たちが民俗文化を称揚していたことも指摘されている（Edquist 2009）。

　ケイの「社会美」構想や景観保存運動、ヘムスロイド運動、そしてハセリウスによる北欧博物館とスカンセンの設立、それに続いて各地で開設された類似の野外博物館や郷土博物館などは、上記のような政治的対立にも巻き込

まれながら、工業主義に抗して「スウェーデンらしさ」を浮上させ、それを守ろうとする実践であったといえよう。そのなかでハセリウスらの試みは比較的首尾よく進んだといえるが、当時のこうした複雑な状況に振り回され、試行錯誤を繰り返した組織もあった。1845 年に設立されたスウェーデン・スロイド協会（Svenska Slöjdföreningen）である。

　設立当初のスロイド協会は、伝統的な手工芸の技を保存し、それを近代の要請に向けて改善していくことを目指して活動していたが、その目的は、急速な産業化と都市化による外圧、それと連動した 19 世紀後半の自由主義勢力の台頭を受けて、新たな都市生活の規範をつくりあげることへと徐々にシフトしていった。伝統文化を維持しようとするイデオロギーと、経済成長の実現という目的との間に折り合いをつける方法を模索するなかで、1870 年代には、ヘムスロイドの支援に力を注ぎつつ工業製品の芸術的クオリティの改善にも乗り出しはじめ、やがて、「趣味」の涵養という教育的目的よりも、工場で大量生産される製品の芸術性をいかに高めるかという課題が活動の中心に据えられるようになっていく（Wickman red. 1995）。これは、人々に直接働きかけるのではなく、芸術性の高い製品を流通させることによって、間接的に「趣味」を涵養しようという方針への転換であったといえる。ヘムスロイドを保護しスウェーデンらしさを堅持するという目的と、産業界の要請にこたえて経済成長に貢献するという目的とが同時に目指されるなかで、やがてスウェーデン国民の感性は、スウェーデン的な文化を反映させた大量生産商品を通じて近代化されていくこととなった。

■ 3.4.　スウェディッシュ・モダンと「国民の家」構想

　20 世紀に入ると、スロイド協会は、工場で大量生産される日用品に芸術的なデザインを取り入れるべく、「芸術家を産業へ」をスローガンに掲げ、芸術家と製造業とを仲介する活動を開始した。のちにスロイド協会会長をつとめることになる美術批評家グレゴール・パウルソン（Gregor Paulsson 1889-1977）は、1919 年に『より美しい日用品（*Vackrare Vardagsvara*）』を著し、美は芸術に固有のものではなく、生活の中に見出されるものであるという考

えを述べ、誰もが使う日用品こそ美しいものでなければならないと主張した。彼はのちに機能主義を提唱するようになり、芸術デザインを人々のニーズに即した社会的価値体系の形象化の産物とみなす解釈を示して、優美性と機能性を兼ね備えたデザインを追求する潮流に思想的な基盤を提供するに至る（パウルソン／パウルソン 1957=1961）。こうした思想に強く影響されながら発展したスウェーデンの近代産業デザインは、1930 年に開催されたストックホルム博覧会を契機として、「人間味のある」近代デザインとして国際的に高い評価を得るようになった。

　こうした動きの背景に、量産された近代デザインは民主主義を実現するというモダニズム的発想（菅 2001、2005）があったことは疑いないが、ここで評価された「人間味」がナショナル・ロマンティシズムの反映であったであろうことにも注目しておきたい。伝統的な手工芸とシンプルな機能主義とが融合した結果として「人間味のある」スウェディッシュ・モダンが形成されたことを考慮すると、19 世紀にみられたナショナル・ロマンティシズムの思潮を、当時の芸術・デザイン領域に見られた動向としてだけではなく、20 世紀におけるスウェーデンの社会形成に多大な影響を与えた思想として、モダニズムとともに検討してみる必要があるのではないかと思われる。この課題は本章の射程を超えるので稿を改めて論じたいと思うが、これまでの議論に関わる点のみ、以下に簡単に指摘しておきたい。

　スウェーデンでは、1920 年代に初めて政権に就いた社会民主労働者党が福祉国家建設に乗り出し、当時のハンソン首相は 1928 年に「国民の家（folkhemmet）」というスローガンを掲げた。「国民の家」とは、「労働者階級を中心とした国民が安定した生活を享受できる環境」（宮本 1999:69）を「良い家」に喩えて表現した言葉である。その骨格をなす普遍主義的な社会保障制度は 1940 年代から 60 年代にかけて次々と実現していったが、この時期、スウェーデンのデザイン界では「『国民の家』のデザイナー」（Eklund 2009）と称されるヴィルヘルム・コーゲ（Wilhelm Kåge 1889-1960）が活躍していた。

　コーゲらが労働者家庭向けにデザインした食器シリーズは工場で大量生産され、全国を巡回する移動展示販売車によって各地方の農村に行きわたり、

大いに人気を博した。当時、インテリアや日用品を美しく整えることは新しい社会を担う子どもたちの教育にとっても重要であると考えられており、社民党もまた、近代的で調和のとれた住環境は近代的な人間を育てるという考え方を支持していた（Robach 2003:117）。労働者家庭向けに安価で販売された食器シリーズは、多くの家庭のキッチンのしつらえを近代化するのに一役買ったと同時に、シンプルで機能的ながらもどこか懐かしさを感じさせる素朴なデザインを全国に行き渡らせ、それによってある種の美的感覚を人々の心に育んでいったと考えられる。

　コーゲの仕事場であった陶磁器メーカーのグスタフスベリ社は、その後もスティグ・リンドベリ（Stig Lindberg 1916-1982）、リサ・ラーソン（Lisa Larson 1931-）といった世界的に著名なデザイナーを輩出し、同じく老舗陶磁器メーカーであるロールストランド社、テキスタイルメーカーのアルメダールス社などとともに、スウェディッシュ・モダンの拠点の一つとなった。彼／彼女らのデザインがスウェーデン国内にあまねく知れ渡り、実際に多くの人に愛用されているという現象は、それらがスウェーデン国民に共有された美的感覚の一部であることを意味する。そして、その国民的な美的感覚には、先にスロイド協会の事例で確認したようなナショナリズムの性格をめぐる葛藤の歴史も内包されている。

　国民の高負担を前提とする福祉国家においては、国民が国家への帰属意識をもっていることがきわめて重要であるが、いうまでもなく、そうした意識は制度化された学校教育でのみ育まれるわけではない。ナショナル・アイデンティティや共通の美的感覚は、国民の原風景として幼い頃から親しんできたスカンセンや地元の庭園に折々に足を運ぶこと、そうした場所で季節ごとにみんなで歌を歌うこと、伝統と近代性が織り込まれた日用品の造形に日々接することによっても育成される。その資源となる風景や日用品デザインの一部は、ナショナリズムを背景に意図的に構成されてきたという点において、「国民の家」の人づくりの一環をなしているといいうる。

　他方、各地で受け継がれてきた民俗衣装やヘムスロイドの独自性を保護しようとする景観保存運動、郷土博物館などの活動は、人々の心に生まれ育っ

た土地への愛情を育み、ローカルな価値を伝達する役割を果たしてきた。ヴァルテション（Kent Waltersson）は、農村における民衆教育運動において育まれたローカル・アイデンティティには、伝統的な農村の暮らしに対する愛着と、新しい社会の建設に関わろうとする意欲の双方が反映されていたことを指摘し、こうしたローカル・アイデンティティと国家的福祉政策との相互作用によってスウェーデンの民主主義は安定化し、農村の周辺化も回避されてきたと結論づけている（Waltersson 2005:56-57, 180）。こうした点にも、スウェーデン社会の近代化、および近代的人づくりの特徴を見ることができる。

## おわりに

　本章では、生活環境への意図的な働きかけを通じて実践されるインフォーマルな人づくりに注目して、風景と道具の人間形成作用とその意図的な利用に焦点化した議論を試み、具体的事例としてスウェーデンの近代化過程に言及した。本章後半で見てきたとおり、スウェーデンにおけるナショナル・アイデンティティは、フォーマルな学校教育および多様なノンフォーマル教育とともに、シュリーヴァーのいう「儀式による教育」、あるいはパーモンティエのいう「ミュージアム・ペダゴジー」を通じて進行した国民形成の結果であると考えられる。この意味で、インフォーマルな人づくりを「インフォーマル教育」と言い換えることも可能であろう。そこに込められた人間形成的な意図は、それぞれの社会の歴史のなかで形成されてきた文化に深く根ざしている。そしてそこでは、フォーマルな学校教育において追求されている教育的価値とは異なる価値が重視されている場合もある。本章の目的の一つは、そうした価値を浮上させるような教育研究の可能性を探ることにあった。

　冒頭で述べたとおり、「市民社会もしくは市民社会化しつつある社会に特有の人間形成行為」としての近代教育は、国民教育制度としての学校教育とイコールではない。近代教育には「フォーマル教育」「ノンフォーマル教育」「インフォーマル教育」の3つのモードがあり、これらは互いに影響を与えあっている。近代教育を、3つのモードによる複合的な「社会の近代化に向けた

人間形成プロジェクト」と捉えることによって、別様の教育研究が立ちあがる可能性が見えてくるのではないだろうか。

【註】
1. 宮原誠一は、社会教育が「学校教育に相対するもの」として近代社会に生まれ発展したことに注目している(宮原1950=1977)。
2. ノンフォーマル教育を教育学の分析対象として積極的に位置づけることの意義については、丸山英樹／太田美幸編(2013)にて包括的な議論を試みた。
3. ドイツ語のBildungは、「教育」「人間形成」「自己形成」「陶冶」「教養」など多様な訳語をあてられる概念である。パーモンティエの著作を翻訳した眞壁宏幹は、自己の確立に向けて主体的に文化と関わっていくプロセスを強調する文脈においては「人間形成」「自己形成」と、そのプロセスの結果として達した(知的道徳的)状態を強調する文脈であれば「教養」と訳すのが適切だとしながらも、Bildungが語義的には「像へ形成する」ことを意味することを考慮して、教育作用によって人間性を育成するというニュアンスをもつ「陶冶」を訳語として採用したと説明している(パーモンティエ 2012: v-vi、眞壁による訳者解説)。本章では、Bildung概念をめぐる多様な議論の蓄積をふまえたうえで、訳語としてはひとまず眞壁に倣い「陶冶」を採用する。
4. ヘムスロイドとは、本来は農村の日常生活で使用する日用品や農具を手づくりすること、あるいはその作品を指す言葉だが、手工芸全般を指す用語としても用いられる。
5. 1891年の論文「日常の美(Vardagsskönhet)」、1897年の論文「家庭における美(Skönhet i hemmen)」、1899年に出版した論文集『美をすべての人に(Skönhet för alla)』、1906年の『民衆教育事業─特に美的感覚の育成を顧慮して(Folkbildningsarbetet : Särskildt med hänsyn till skönhetssinnets odling)』、および1903年から1906年にかけて書かれた『生命線(Livslinjer)』三部作の第Ⅲ部「幸福と美(Lyckan och skönheten)」などから、当時の彼女の美に対する考えと、美的感覚の育成を通じた社会変革の構想を読み取ることができる。美的感覚をめぐるケイの思想は、レングボルン(1977=1982)、Lengborn (2002)で詳しく検討されている。
6. 開館当初の名称は、「スカンディナヴィア民俗コレクション(Skandinavisk-etnografiska samlingen)」。
7. この運動で主張された伝統的な手工芸品を使うことの価値は以後のスウェーデン社会に深く根付き、現在でも余暇時間に手工芸サークルに通い手仕事に打ち込む人びとの姿が多く見られる。ヘムスロイドのサークルに参加する成人の数が目立って多いことは、スウェーデン国内の成人教育・民衆教育研究においても注目されてきた。近年の研究としては、ヘムスロイドに情熱を傾ける人々の学習活動を分析したLaginder(2012)がある。
8. デンマークの思想家で牧師でもあったグルントヴィは、貧しい農村の民衆が劣等感をもち黙り込んだままでは民主主義は実現しないと考え、民衆が自らの文化や民族性に自信をもち、自らの言葉で発言することを可能にするような教育を目指して、寄宿制の学校で共同生活を通じて学ぶ「フォルケホイスコーレ」を構想した。当時のデンマークでは、都市に住む支配層がドイツ語やドイツ文化を称揚しデンマークの伝統的農民文化を蔑んでいたことによって、都市と農村の対立が深刻化していた。

## 【引用・参考文献】

アレクサンダー、エドワード＝P.(1983=2002)「アーサー・ハゼリウスとスカンセン野外博物館」矢島國雄／本間与之訳、『明治大学学芸員養成課程紀要』第14号、59-80頁。
イリッチ、イヴァン(1971=1977)『脱学校の社会』東洋／小澤周三訳、東京創元社。
江淵一公(1994)『異文化間教育学序説―移民・在留民の比較教育民族誌的分析』九州大学出版会。
川島洋一(1997)「アスプルンドの初期の活動について―グンナー・アスプルンドの建築に関する研究その1」『日本建築学会計画系論文集』第499号、207-214頁。
川島洋一(2000)「スウェーデンの画家カール・ラーションとナショナル・ロマンティシズム」『福井工業大学研究紀要』第30号、21-30頁。
桑子敏雄(2001)『感性の哲学』日本放送出版協会。
シュリーヴァー、ユルゲン(2012)「儀式による教育―革命(後)社会における公共空間での演出と感性論的な意識形成」木下江美訳、『〈教育と社会〉研究』第22号、1-18頁。
菅靖子(2001)「戦後スウェーデンにおけるスタジオ・クラフト運動と文化政策」『文化経済学』第2巻第4号、文化経済学会、15-26頁。
菅靖子(2005)『イギリスの社会とデザイン―モリスとモダニズムの政治学』彩流社。
鈴木慎一(2004)「ボディ・エデュケーショナルという概念へ」田中智志編『教育の共生体へ―ボディ・エデュケーショナルの思想圏』東信堂、181-212頁。
関啓子(2012)『コーカサスと中央アジアの人間形成―発達文化の比較教育研究』明石書店。
中内敏夫(1988)『教育学第一歩』岩波書店。
中内敏夫(2003)「インタビュー 〈教育〉の理論とは何か―フォーク・ペダゴジーとメタ・ペダゴジー」『〈教育と社会〉研究』第13号、1-17頁。
パーモンティエ、ミヒャエル(2012)『ミュージアム・エデュケーション―感性と知性を拓く想起空間』眞壁宏幹訳、慶應義塾大学出版会。
パウルソン、グレゴール／パウルソン・ニルス(1957=1961)『生活とデザイン―物の形と効用』鈴木正明訳、美術出版社。
ベルク、オギュスタン(2008=2011)『風景という知―近代のパラダイムを超えて』木岡伸夫訳、世界思想社。
丸山英樹／太田美幸編(2013)『ノンフォーマル教育の可能性―リアルな生活に根ざす教育へ』新評論。
溝上智恵子(1998)「ナショナリズムの装置としての文化施設」『文化経済学』第1巻第2号、文化経済学会、75-79頁。
宮原誠一(1950=1977)「社会教育の本質」『宮原誠一教育論集第2巻　社会教育論』国土社。
宮本太郎(1999)『福祉国家という戦略―スウェーデンモデルの政治経済学』法律文化社。
レングボルン、トルビョルン(1977=1982)『エレン・ケイ教育学の研究―「児童の世紀」を出発点として』小野寺信／小野寺百合子訳、玉川大学出版部。
Bergman, Ingrid (1999) *Artur Hazelius: Nordiska museets och Skansens skapare*, Stockholm: Nordiska museet.
Edquist, Sammuel (2009) *En Folklig Historia: Historieskrivningen i studieförbund och hembygdsrörelse*, Umeå: Boréa.

第3部　日常生活とともにある人間形成機能　173

Eklund, Petter (2009) *Wilhelm Kåge: formgivare i folkhemmet,* Gustavsberg: Gustavsbergs porslinsmuseum.

Hillström, Magdalena (2011) "Nordiska museet and Skansen: Displays of Floating Nationalities", in Dominique Poulot, Felicity Bodenstein and José María Lanzarote Guiral (eds.) *EuNaMus Report* No 4, Linköping University Electronic Press, pp.33-48.

Laginder, Ann-Marie (2012) *Längtan att skapa med händerna―att lära konsthantverk i studiecirkel,* Linköping: Bildningsförbundet Östergötland.

Lengborn, Thorbjörn (2002) *Ellen Key och skönheten: estetiska och konstpedagogiska utvecklingslinjer i Ellen Keys författarskap 1891-1906,* Hedemora: Gidlund.

Robach, Cilla (2003) "Gustavsbergsbussen kommer", i Linder, Karin red. *Gustavsberg―porslin för folket: En konstbok från Nationalmuseum,* Stockholm: Nationalmuseum, s.113-150.

Waltersson, Kent (2005) *Bildning för livet: Framtidsstrategier och bildningssträvanden i Tengene JUF 1930-1960,* Linköping: Linköpings universitet.

Wickman, Kerstin red. (1995) *Formens rörelse. Svensk form genom 150 år,* Stockholm: Carlssons.

# 第9章　ヨーロッパにおけるモスクの発展とノンフォーマルな学びの多様性

見原礼子

## はじめに

　本書の課題に接近するための視角として、本章ではヨーロッパのモスクという場に着目する。EU 諸国では、第二次世界大戦後の高度経済成長期に旧植民地や地中海沿岸諸国から多くの移民や難民を受け入れた結果、ムスリム人口が急増した。現在、EU 圏内におけるムスリム人口は約 1,600 万人とも言われている（Halman et al. 2012:64）。とりわけブリュッセル、パリ、バーミンガム、ロンドン、アムステルダム、ロッテルダムなど多くの EU 諸国の都市部においては、ムスリムの割合が人口の 10% を超えており、そのうち特定の地区によっては半数近くがムスリム住民であるところも少なくない。

　ムスリムが信仰を実践するために欠かすことができないのが、祈りの場であるモスクである。モスクはムスリム人口の増加に比例してヨーロッパ各地でニーズが高まり、1970 年代以降、その数は実際に増大していく。これまで設置されてきたモスクやそこに併設された施設の多くは、それぞれの国や地域の文脈のなかで、移民や難民など複雑で多様な背景を有するムスリムたちの信仰を維持し発展させるための役割を担ってきた。

　とりわけ重要なのが、モスクにおいて展開されている学びの活動である。元来イスラーム圏において、礼拝の場としてのモスクは同時に、イスラームを学ぶための「最も古くて身近な場」（Kadi 2007:7）、すなわち学びの空間としても機能してきた。近代教育制度が西欧によってもたらされ、学校教育制度が導入されるにともなって、モスクの学びの空間としての役割も変容を遂げてきたが、学校教育との決定的な違いは、モスクにおける学びのノンフォーマル性である。関によれば、モスクにおけるこのような準定型的な文化化の

プロセスにおいては、「学校での定型的教育の追求する数値化される価値（学力）とは異なる価値が習得される」（関 2012:144）。学力とは異なる価値の重きがどこに置かれるかは、各地域やコミュニティの伝統や要請によって多少の違いが見られるが、原則的にはイスラームの信仰実践やイスラームに基づく価値や規範の伝達と獲得が中心となる。

　これまでの先行研究において、ヨーロッパにおけるモスクでの学びは、主に第二世代以降のムスリムの子どもたちが公的教育機関で十分あるいは全く受けることのできないイスラーム教育の役割を担う、いわば補完的なモラル教育の場として、あるいはアラビア語や移民の母語教育の場として分析の対象となってきた（Daun and Arjmand 2005）。近年のヨーロッパの学校においては、OECD の学習到達度比較調査などの結果により、移民第二・第三世代の学力レベルの向上が急務の課題として認識され、そのための取り組みが展開されている最中にある。そうしたなか、国によって程度の差はあれ、一般的に学校内での移民や難民の文化や信仰に基づく教育要求が重視される傾向にあるとは言いがたい状況がある。モスクにおける学びの場が、ムスリムの教育要求の重要な受け皿となっていることは確かである。

　その一方で、モスクでの学びの場における主たるアクターはむろん子どもたちだけではない。性別や年代を問わず、それぞれの学びの活動の趣旨に応じてあらゆる人々が主体的に参画して構成される場、そうした空間が作られつつある。だが、現代のヨーロッパにおいて子ども以外のアクターがどのようにモスクでの学びに参画しているのかという点は、必ずしも光が当てられてきたとはいえない。

　そこで本章では、モスクで展開されている学びのアクターの多様性に着目することで、すべての世代や性別を対象としたノンフォーマル教育の場としてのモスクの機能を抽出することを目的とする。分析においては、とりわけ、ムスリムの成人女性に焦点を当てる。というのも、ヨーロッパ在住のムスリム成人女性たちは、母親として子どもの教育へ参画する存在として描かれることはあるものの、彼女たち自身の学びへのアクセスについては、これまであまり着目されてこなかったためである。丸山（2013:10）も述べるように、

このようなムスリム女性たちの主体的な社会参加を研究で扱うことの意味は少なくないといえる。

特にモスクはイスラームの信仰を実践する場として象徴的な存在であり、それゆえにイスラームにおけるジェンダーのありようをめぐって、様々な（しばしば否定的な）ステレオタイプや言説が展開されてきた場でもある[1]。そうしたステレオタイプや言説は、モスクの建設や運営の賛否をめぐってヨーロッパの各地域で繰り広げられてきた論争において、少なからぬ影響を与えてきた。ムスリム女性たちによる主体的な学びの活動の一端を捉えることは、ヨーロッパにおけるモスクの機能を別の視角から捉える試みでもあるのである。

## 1. ヨーロッパにおけるモスクの発展と論争

### ■ 1.1. モスクの組織化

第二次世界大戦後、モスクはムスリム人口の増加に比例して各地で設置されていくこととなるが、当初は労働移民の住まいや職場といった建物の一角あるいは一室に小さな礼拝のための場が設けられるというのが一般的であった (Allievi 2009:20)。1970年代以降、労働移民が家族を呼び寄せ、生活圏が拡大・多様化するなかで、モスクの規模と数も次第に増大していくこととなる。しかし、ミナレット（塔）をともなったモスクが矢継ぎ早に建設されたわけではない。多くの場合、モスクはムスリム移民の草の根的な運動により設置されたため、資金も十分でなかった。そのため、倉庫や閉店した商店など、比較的多数の信者を収容できる広めの建物を借り受けて使用するようになったのである (Allievi 2009:18)。したがって外部からは一見モスクと認識することができないところも多い。

他方で、モスクの規模や数が増大する過程においては、民族・言語・宗派の同一性、あるいはどのようなイスラーム運動・母国政府の影響を受けているかなどによって分化・組織化する傾向も見られた (Maréchal 2003:82)。とりわけ、規模の拡大のなかで、モスク設置を目的としたより適当な場を確保す

るための資金や、金曜日の集団礼拝を行うためのイマームが必要となったことで、特定の運動体との結びつきが強まる傾向が見られたのである。

最も広範なヨーロッパ地域に居住するトルコ系移民の場合、まず1970年代からトルコ本国政府とは直接の関係を持たない複数の非政府系イスラーム組織が、トルコ本国から移植されたり、あるいは移民自身の手によって創出されるなどして、ヨーロッパに拠点を築いていった（内藤 1996:192-203）。これらの非政府系イスラーム組織のイデオロギーはきわめて多様であるが、同様の多様性は他の国あるいは地域の運動体にも見られるものであり、後述するように、全体的な潮流としては五つにまとめることができる[2]。

ヨーロッパに拠点を置いた非政府系イスラーム組織のなかには、トルコ本国が採る共和制あるいはそれを支える政府に対して批判的な態度を示すものもあった。こうした態度がトルコへの反政府運動へとつながることを恐れた当時のトルコ政府は、イスラームに関する宗務を管理する宗務庁の在外組織として宗務庁トルコ・イスラーム連盟（DİTİB）を形成し、1980年代半ばからヨーロッパ各地に展開していった（内藤 1996:204）。

モロッコ、アルジェリア、チュニジアといったマグレブ地域についても、ホスト国の領事館との結びつきを有するアミカル（Amicales）が政府系の組織としてDİTİBと同様の役割を果たしていった。だが、その影響力はトルコ政府系のDİTİBほど強くはなかった（Maréchal 2003:109-110）。

母国政府の影響を受けたイスラーム組織に加えて、様々なイデオロギーを持つ非政府系の運動体もヨーロッパ各地に浸透していった。マレシャル（Brigitte Maréchal）は、ヨーロッパで展開されたイスラーム運動のイデオロギーや潮流を五つのカテゴリーに分類して説明した（Maréchal 2003:116-143）(**表1参照**)。

まず、スーフィズムに関連する諸派によるもので、内面的な修行を重視した神秘主義的な教団がいくつか存在する。第二に改革運動と伝道を行うグループで、特定の集団との関係を重視しながらも、すべてのムスリムに対して広くクルアーンのメッセージを発する点に特徴がある。第三のグループは、伝道・宣教活動により重きを置くもので、イスラームの活性化と拡大を主た

表1 ヨーロッパに展開した主なイスラーム運動体

| カテゴリー | 運動体の名称 | 運動体に属するムスリムの主な出身国・地域 | 主な展開先 |
|---|---|---|---|
| ① スーフィズム関連諸派 | ナクシュバンディー教団[3] (Naqshbandis) | トルコ、アフガニスタン、イラク | ドイツ、ベルギー、オランダ、フランス、スウェーデン、イタリア |
| | バレールヴィー派[4] (Barelvi) | 南アジア、スリナム | イギリス、オランダ |
| | ムリーディー教団[5] (Murids) | セネガル及びアフリカ地域 | フランス（特にマルセイユ、パリ、リヨン）、イタリア、スペイン、ベルギー |
| ② 改革運動と伝道を行うグループ | デーオバンド派[6] (Deobandis) | 南アジア | イギリス |
| | ヌルジュ[7] (Nursis) | トルコ | ドイツ、オランダ、ベルギー、スイス |
| ③ 伝道・宣教活動を重視するグループ | ジャマーア・アッ=タブリーグ[8] (Jama' at al-Tabligh) | 南アジア、マグレブ地域、ヨーロッパ（改宗者） | イギリス、フランス、ベルギー、スペイン、イタリア、オランダ、スウェーデン、デンマーク |
| | スレイマンジュ[9] (Süleymancı) | トルコ | ドイツ、オランダ、ベルギー、スウェーデン、スイス、フランス、オーストリア、ノルウェー |
| ④ 政治的・宗教的意識の向上を目指すグループ | ミッリー・ギョルシュ (Millî Görüş) | トルコ、マグレブ地域、中央アジア | ドイツ、オーストリア、フランス、オランダ、ベルギー、スイス、デンマーク、スウェーデン、イギリス、イタリア、フィンランド |
| | ムスリム同胞団のイデオロギーに近い諸組織 | エジプト、シリア、ヨルダン、その他の中東地域、ヨーロッパ（改宗者） | スイス、フランス、ドイツ、オランダ、ベルギー、イギリス、イタリア、スペイン |
| ⑤ イスラーム国家建設を所望するグループ | ジャマーアテ・イスラーミー[10] (Jama' at-i-Islami) | 南アジア | イギリス |
| | イスラーム解放党[11] (Hizb al-Tahrir) | チュニジア、エジプト、南アジア | ドイツ、イギリス、フランス、デンマーク |
| | カプランジュ[12] (Kaplan group) | トルコ | ドイツ、オランダ |

出典）Maréchal 2003: 116-143及びAllievi 2010:63を参照のうえ、筆者が作成。ただし、左記の文献中に出てくるすべての運動体を網羅したものではない。

る目標としている。

　そして第四のグループは政治的・宗教的意識の向上を目指すものである。トルコ系のミッリー・ギョルシュ（Millî Görüş）やムスリム同胞団系のイスラーム組織がこのグループに属する。これらの影響を受けたモスクの活動の一端については後に紹介するためここでは深く触れないが、このグループに属する運動体は、現代世界において最も活動的であり、また影響力も大きい。ヨーロッパにおいても、積極的にマイノリティ問題に取り組む姿勢を掲げて活動しており、その思想は多くのムスリム移民にとって重要な参照点となってきた。

　最後はイスラーム国家建設あるいはカリフ制再興を所望するラディカルなグループであるが、ヨーロッパにおいて、数のうえではマージナルな存在であり続けている。

　このようなイスラーム組織が、草の根的な運動によって設置されてきた多くのヨーロッパのモスクとのつながりを持ち、組織化を進めていった。アリエヴィ（Felice Allievi）らの調査によれば、現在ではヨーロッパ15カ国[13]において約8,800のモスクが存在しているとされている。対象15カ国のうち、モスク数が最も多いのがドイツで約2,600カ所、次いでフランスが約2,100カ所のモスクを有している（Allievi 2010:20-21）。

　だが、イスラーム組織とモスクとの関係を捉えるときに留意すべき点もいくつかある。第一に、モスクは必ずしも日常の運営や活動においてイスラーム組織の監視下にあるのではなく、あくまでも基本的な自治権はローカルなモスクが有している。したがって、同じイスラーム組織の影響下にあるモスクでも、国や地域によってその特徴には大きな違いが見られる場合がある。第二に、イスラーム組織の組織的・イデオロギー的枠組み自体も決して不変的であるわけではなく、むしろ異なる時代や地域的文脈によって大いに可変的でありえる。例えば時代に関しては、第二・第三世代へと世代が下るにしたがって、出身国や民族の違いがもたらす影響は小さくなるため、出身国や民族を超えた、いわば「グローバル」な関係が強まる傾向が見られつつある。そして第三に、異なるイスラーム組織間の関係である。イデオロギーの違い

により対立や緊張関係が生じる場合も当然あるが、実際には過激な一部のグループを除いて、現状ではむしろ組織同士の協力や交流のほうが目立っているとされる（Maréchal 2003:144-145）。

このように、イスラーム組織やモスクの特徴を静的にではなく動的に捉える必要性を理解したうえで、本章との関連で強調しておくべきことは、とりわけ積極的な教育・文化的活動を展開してきたのが、表1で示したグループのうち、③及び④のイスラーム組織とその影響を受けたモスクであったという点である[14]。2節以降で述べるのは主にこれらのモスクの組織と活動についてであるが、とりわけヨーロッパ各地の広範な地域で活動してきた④の影響を受けたモスクに着目する。

### ■ 1.2. モスク建設・運営をめぐる論争

2節に入る前に、ここではモスクの建設や運営をめぐってヨーロッパで展開されてきた論争について触れておきたい。論争はモスクの近隣住民による反対など直接的なものからメディアなどによる間接的なものまで、様々なレベルで巻き起こってきた。

反対意見は、土地の資産価値の低下、信徒がモスクに通うことによる渋滞の増加や駐車場の不足、犯罪や暴力の増加、「イスラーム原理主義」的事件の発生、礼拝時に公共スペースを占領される恐れなど「現実的」な問題や不安に由来するものが一方であった。他方で、女性の権利をはじめとしたイスラームの価値観と西欧の価値観の不一致など、「文化的」差異を根拠とした不安に由来するものもあった。それらが複雑に絡み合ったかたちで、モスクをめぐる論争は繰り広げられたのである（Allievi 2010:26-27）。

1980年代後半からヨーロッパ各地で支持を広げてきたポピュリスト政党や反イスラーム政党がこうした不安をすくい上げ、政治の舞台でも、モスクの建設や運営をめぐる賛否はしばしば議論されてきた。モスクは、ヨーロッパにおけるイスラームとの共存をめぐる最大の争点の一つとされてきたのである。だがそれでも、ムスリム移民たちが中心となって建物を借り受けるための資金がイスラーム組織などから集められ、近隣住民や自治体政府との間

で地道な交渉がなされるなかで、モスクの数や規模はヨーロッパ各地で拡大していったのである。

## 2. モスクのノンフォーマル教育的機能

### ■ 2.1. すべての世代が集う場としてのモスク

　当初は労働移民の礼拝の場としての機能が主であったモスクは、上述のような過程で組織化が進み、移民第二世代のムスリムがヨーロッパで生まれ成長するなど移民たちの状況も変化するなかで、その役割も多様化していった。モスクはマイノリティとしてのムスリムたちが抱えてきた社会的・文化的なニーズを満たす場として期待され、その期待に応じるための様々な手立てが講じられていく。それはすなわち、モスクがムスリム移民たちの生活に対して様々な社会的・文化的関与を増していくプロセスであった（Amir-Moazami and Salvatore 2003:71）。

　まず、男性の労働移民自身の相互扶助的な場として、モスクは機能するようになる。とりわけ、1970年代前半のオイルショック以降、ヨーロッパ経済も急速に悪化していくなか、多くの労働移民たちが失業に追い込まれたことから、モスクは仕事の情報を得る場として、また失業手当の申請など、様々な行政書類の書き方を習得する場としての役割を担うことになった（Dassetto 1996:176）。

　そして、移民の子どもを対象とする活動として、学校教育ではカバーできない領域、すなわちアラビア語やクルアーンを教える場として、またイスラームに関連する書籍を維持管理する図書室としての機能もモスクは果たすようになる。クルアーンやアラビア語の授業は平日の下校後あるいは週末に行われ、多くの子どもたちが通った。

　例えばオランダで65カ所のモスクを対象に行われた1988年の研究調査によれば、5～14歳の子どもの約4分の1がモスクでのイスラーム教育に参加していたとされている（Landman 1992:59）。またベルギーのブリュッセル及びフランドル地域で学齢期の子どもを持つ408人のトルコ系移民女性

と356人のモロッコ系移民女性に対して1991〜1993年に行われたアンケート調査によれば、トルコ系移民女性の64%、モロッコ系移民女性の34%が子どもをクルアーン教室に通わせていると回答していた（Lesthaeghe et Surkin 1997:36）。

　教育活動以外にも、移民第二世代の成長にともない、モスクに集うムスリムたちのニーズに応じた活動が次々に展開されるようになる。その一例として、トルコ系の非政府系イスラーム組織のうち、近年にいたるまで最も大きな影響力を持ちえたミッリー・ギョルシュ系のモスク（表1中④のグループに該当）の組織と活動を概観してみたい[15]。

　ミッリー・ギョルシュは1970年代にドイツで誕生し、その後、多くのヨーロッパ諸国に拡大していった。ミッリー・ギョルシュ系モスクの特徴は、上述のようなモスク内での活動に加えて、モスクが所在する建物内あるいはモスクに隣接する土地において、ハラール食品の製造・販売、食堂、またスカーフやコートなどのムスリム女性向け衣料品の製造・販売、さらには大巡礼ツアーや葬儀・遺体搬送の手配など、ムスリムの生活のすべてに及ぶ活動を展開していったという点である（Allievi 2009:19、内藤1996:220）。このような多岐にわたる経済活動が、高い失業率に苦しむ移民たちにとって、重要な就業機会を提供していたことも重要である（内藤1996:221）。

　こうしてミッリー・ギョルシュは、すべての世代のムスリムが集う場としてのモスクとそれを取り巻くコミュニティを作り上げていった。かれらのニーズをくみ取った活動の展開によって急速に支持を広げたミッリー・ギョルシュは、2000年の時点で11カ国30地域に拠点を有し、これらの国や地域で791カ所のモスクならびに71カ所のローカルなムスリム団体との関係を持っていたとされる（Maréchal 2003:132）。

■ 2.2. モスクにおけるジェンダー

　では、女性たちはどのようにモスクの活動に参画してきたのだろうか。モスクにおける女性の参画に関してヨーロッパで展開されてきた議論を整理したうえで、この点を具体的な事例に基づき検討していきたい。

モスクでの活動は、基本的に男女別の空間で展開されることが多い。ただし思春期以前の子どもはその限りではない。このことは、同性のみの空間を担保することで特に性的欲望の対象となる女性たちにとって安全で居心地のよい空間を提供するという本来の意味がある一方、ヨーロッパにおける平等主義の原則やフェミニズムの観点からは、しばしば「ジェンダーの不平等性」としても捉えられてきた（Predelli 2008:249-251）。「ジェンダーの不平等性」を体現する場としてモスクを解釈する見方は、先に見たヨーロッパにおけるモスクをめぐる論争において、設立や運営に反対する根拠の一つともなってきた。

だがそもそも、広範なイスラーム世界において、モスクへの女性の参画のしかたには国や地域によって違いが見られる。ヨーロッパへ渡った女性たちはとりわけ都市部ではなく地方の農村出身者が多かった。プレデリー（Line N. Predelli）がノルウェーにおけるモロッコ系・パキスタン系移民一世の女性たちに対して行ったインタビュー調査からは、彼女らの母国において、都市部の女性がモスクでの礼拝に参加することはあっても、地方の農村に住む女性がモスクでの礼拝に参加する光景はそれほど一般的でなかったことが明らかにされている（Predelli 2008:253）。というのも地方の農村地域においては、広い家に住んでいたり大家族に囲まれて暮らしているケースが多く、その場合、女性たちの礼拝や学びの活動は自宅あるいは近所での集まりのような形態（ここではきわめてインフォーマルな学習に近くなる）で行われることが多く、モスクに行くという習慣が必ずしもないためである。

地方の農村出身の女性たちは、こうした母国での環境からヨーロッパに移り住み、多くの場合、都市部あるいはその近郊において、より限られた住居空間のなかで核家族に近いかたちでの生活を営むようになった。家庭に閉じこもりがちになり孤立する女性も多くなり、次第に家の外でのコミュニケーションや学習の場所が求められることになる。そこで、ムスリム女性たちは次第にモスクでの関与を高めていくのであるが、多くの場合、主婦として暮らしている移民一世の女性たちが必要とするニーズは男性のそれとは同じではない。男女の間で異なる活動が異なる場で展開されている背景には、上述

のように同性のみの空間を担保する目的に加えて、このことも大きく作用している。

　もちろん、それまで男性中心的に運営される傾向にあったヨーロッパのモスクに女性の空間を確保していくことは容易ではなかった。女性たちはまず礼拝の場所を確保すべく男性の運営者らと交渉を進め、礼拝の場所を獲得すると次に様々な活動の場を確保するために再度交渉を進める、といった具合で一歩ずつモスクでの空間を確保していったのである（Torrekens 2009:49）。それでも、女性の祈りの場が確保されているモスクは今でも多数派とはいえない。例えばイギリスにおいては、女性用の礼拝の場が確保されているモスクは全体のうち約40%とのデータがある（Brown 2008:474）。

　そうしたなかでも、先述したミッリー・ギョルシュでは比較的早い時期から女性を対象とした活動を支える組織の必要性が唱えられてきた（Dassetto 1996:215）。その結果、ヨーロッパ各地のミッリー・ギョルシュの支部において次々に女性部門が設置され、男性とは独立した活動が展開されていった。そこで最も重要な位置を占めてきたのが、家庭に閉じこもりがちな移民一世の女性たちを組織化する運動であったという（内藤 1996:218）。

## 3. 女性たちの学びへの参画

■ 3.1. モランビーク地区におけるムスリムコミュニティ

　本節では、ムスリム女性たちがモスクでの学びの場に参画する具体的な事例として、ベルギーのブリュッセル首都圏地域（la Région de Bruxelles-Capitale：以下、「ブリュッセル」と表記）における19の基礎自治体の一つであるモランビーク（Molenbeek）地区[16]のモスクの活動を取り上げる。そのモスクとは、同地区で長年にわたり、中心的なムスリム・コミュニティセンターとしての役割を担ってきたモスク・アル＝カリル（Al-Khalil）である。ブリュッセルで最大の規模を有するモスクの一つとして知られている。

　モランビーク地区は市の中心部よりわずかに北西に入ったところに位置しており、観光地として有名なグラン・パレスから20分も歩くと同地区に

到着する。2012年時点での人口は約93,400人であり（L' Institut Bruxellois de Statistique/d' Analyse 2013）、ブリュッセルの平均的規模の地区の一つである。歴史的にベルギーの産業革命を支える町として機能してきたこの地区は、19世紀を通じてベルギーの地方やフランスなどからの労働者や南ヨーロッパなどからの移民を受け入れてきた。しかし産業の衰退により、この地区の経済・社会活動も著しく衰退し、コミュニティの再生が長らく課題として存在していた。こうしたなか、第二次世界大戦後にベルギー政府が受け入れを開始したイスラーム圏からの労働移民も、不動産が比較的安価なこの地区に多く住み着いた。

多様な国や地域からの移民を受け入れてきたモランビーク地区は、現在にいたっても厳しい経済・社会状況から抜け出せてはいない。2010年の同地区の年間平均所得は15,349ユーロで、ブリュッセル全体の平均17,228ユーロと比較して2,000ユーロもの開きがある。また、2012年の同地区における男性の失業率は26.6%、女性の失業率は30.6%で、いずれもブリュッセル全体の失業率（男性は19.9%、女性は21.1%）と比較して高くなっており、とりわけ女性の失業率の高さが目立つ（L' Institut Bruxellois de Statistique/d' Analyse 2013）。

2003年のデータによれば、ブリュッセルにおける19の基礎自治体のうち、ブリュッセルに居住するムスリム全人口の75%近くが5つの基礎自治体に集住していた。モランビーク地区はその5つの基礎自治体の一つで、約9,700人のムスリム人口が居住していたとされ、これは当時の同地区における全人口の約12.7%にあたる（Torrekens 2007:3）。とりわけモロッコ系の移民とその家族が多く居住している。だがこの数はベルギー国籍を取得したムスリムの数を考慮に入れていないため、実際にはさらに多くの割合のムスリム人口が同地区に居住していることが想定される（Torrekens 2009:17）。また、ブリュッセルで2007年に誕生した子のうち、「ムハンマド」などのイスラーム系の名前が付けられた子の割合は全体の32%に上るとのデータがあり、今後、同地区を含めたブリュッセルにおけるムスリム人口の割合はさらに増加することが予想される（Allievi 2010:57）。

## ■ 3.2. モスク・アル＝カリルの多様な活動

現在、モランビーク地区内では 15 施設以上のモスク及びムスリムのアソシエーションが存在している（Torrekens 2009:16）。そのうちの一つであるモスク・アル＝カリルは、1960 年代からブリュッセル自由大学で活動していたシリア系のムスリム同胞団グループの一派によって 1985 年に設立された（Maréchal 2008a:73, Torrekens 2009:9）[17]。モスクと同時に、イスラーム相互扶助同盟（Ligue d' Entraide Islamique: LEI）という名称の団体も創設され、ベルギーの非営利団体として認定を受けた。

1990 年代から同モスクで活動しているモロッコ出身のイマームであるムハメド・トゥジャニ（Mohammed Toujgani 生年不明）の説教は、その迫力やパフォーマンスで大きな影響力を有し、このモスクで行われる金曜日の集団礼拝には、ベルギー全国から多数のムスリムが参加している。彼の演説には、世界各地（とりわけパレスチナ、イラク、アフガニスタンなど）のムスリムの同胞の「闘い」に敏感なムスリム同胞団の伝統が見られるという（Maréchal 2008a:73）。また、飢餓で苦しむソマリアなど、困難な国や地域における人道支援活動にも積極的に参加している。

LEI の事務所には講演会場があり、そこで様々な講演会も開催されている。例えば 2011 年にはモランビーク区長などを招いてイスラームフォビアに関する講演会が開催されたり、2012 年にはイスラーム学者のターリク・ラマダン（Tariq Ramadan 1962-）を招いてアラブの春のその後に関する講演会が開催されている。

モランビーク地区における交流も積極的に行っている。年に一度はモスクのオープンデーを開催し、モスクの活動や後述する教育活動について、地区の住民（とりわけ非ムスリム）や自治体政府に広報している。オープンデーの参加者に対してアンケートを実施し、企画の適切さ、雰囲気、交流のありかたなどについての意見を聴取することで、将来に向けてよりよいイベント作りをしようとする姿勢も見られる。

モスク・アル＝カリルの特徴はこのような政治的・社会的側面だけではない。ベルギーのなかでも最も学びの活動を重視してきたモスクの一つでもあ

る。まずモスク設立と同時に開校されたのが、アル゠カリル・アラビア語学校（Ecole Arabe Al-Khalil）である。休日に開講されているこの学校は、語学以外にも様々な活動を展開している。ラマダーンや犠牲祭の月にお祝いの行事を行ったり、スポーツ活動を行ったりするほか、長期休暇中に子どもたちにイスラームの歴史や遺産を教えるためにスペインのアンダルシア地方やトルコのイスタンブルへのツアーも企画・実施している[18]。

さらに LEI 及びモスク・アル゠カリルに特徴的なのが、公教育の領域にも進出しているという点である。2007 年に設立されたのが、アヴィセンヌ学校（Ecole Avicenne）である。ここは様々な理由で正規の中等教育レベル（日本の中学校・高等学校に相当）で卒業資格が得られないまま不登校になったり退学したりしたムスリムの生徒たちを対象として、中央審査試験（日本の高等学校卒業程度認定試験に相当）を受け、同レベルの中等教育修了資格を取得するための準備を行う学校である。正規の学校としての位置づけではないが、公的な財政補助を部分的に受けているため、学生が支払う学費は低額に抑えられているという[19]。2011 年の時点で 57 名の生徒が在籍していた[20]。

加えて、2011 年には初等教育レベルのラ・プルーム学校（Ecole La Plume）も開校した。アヴィセンヌ学校と異なり、ラ・プルーム学校は正規の学校として政府から認可を受けているため、十分な公的な財政補助も受けている。2011 年の時点で 153 名の生徒が在籍していた[21]。

いずれの学校も、設立の背景にはムスリムの保護者たちによる子どもたちの教育に対する強い思い入れがある。そうした思いがモスク及び LEI 運営者たちのイニシアティブとして実際に展開され学校として実現するにいたったのは、このモスクが普段から教育問題に対して真摯な取り組みを行ってきたことが大きく影響している。このようなモスクの姿勢は、男性たちだけでなく、女性たちも積極的にモスクの活動に参画しうる組織が形成されているという点にもつながる。そこで以下では、モスク・アル゠カリルの組織における女性の位置づけとそこでの取り組みを検討する。

■ 3.3. モスク・アル＝カリルにおける女性たちの学び

　先に検討したミッリー・ギョルシュ系のモスクの例と同じく、モスク・アル＝カリルにおいても、モスク内に様々な下部組織が設けられている。具体的にはユース部門(Le Comité Jeunesse)、文化部門(Le Comité Culturel)、福祉部門(Le Comité Social)、そして女性部門（Le Comité des Femmes）の4つが存在する。このうち福祉部門では、毎週1回、貧困家庭に対して食事の提供を行っており、その数は200食以上に及ぶ。ラマダーン月では300食以上に及ぶという[22]。信徒らの相互扶助に基づくこうした活動は、モランビーク地区における厳しい経済状況を勘案するとき、とりわけ大きな重要性を帯びる。

　女性部門は10数年前に発足した。女性たちを対象とした学習会や講演会などを企画し、男性の企画チームとも協力しあいながらカリキュラムや日程など具体的な調整を行う役割を果たしている。関心が高いテーマの一つは、やはり子育てや家族に関するものである。2013年に開催されたセミナーでは、精神療法医でイスラーム教育の教員でもある講師を招き、「親と子」、「思春期の子どもを育てる」、「家族の住まい、夫婦の住まい」などをテーマにセミナーが開催された[23]。

　一年のうちで最も活発な活動が展開されるのが、ラマダーン月である。例えば2012年のラマダーン中、女性部門では一ヶ月にわたって午前中から夕方まで、礼拝の時間の合間に、子どもから年配のすべてのムスリム女性を対象とした様々なプログラムが組まれていた (図1)。筆者は数日間にわたり、同プログラムの参与観察を行った。

　まず図1中、右の列が思春期の女性を対象としたラウンドテーブルであり、2日に一度程度、午後4時頃から開催されていた。主に中等教育レベルの女性たちが参加するこの学習会では、クルアーンを読み進めながら、彼女たちの年齢層が特に抱える固有の問題や悩みを互いに共有し、イスラーム的な解決の方法が模索されていた。

　次に図1中、左の列が思春期以前の子ども（男女合同）を対象とした学習のスケジュールである。クルアーンやアラビア語学習の時間に充てられており、メッカのモスクの模型を作ったり、アラビア語の歌を歌ったりと、普段

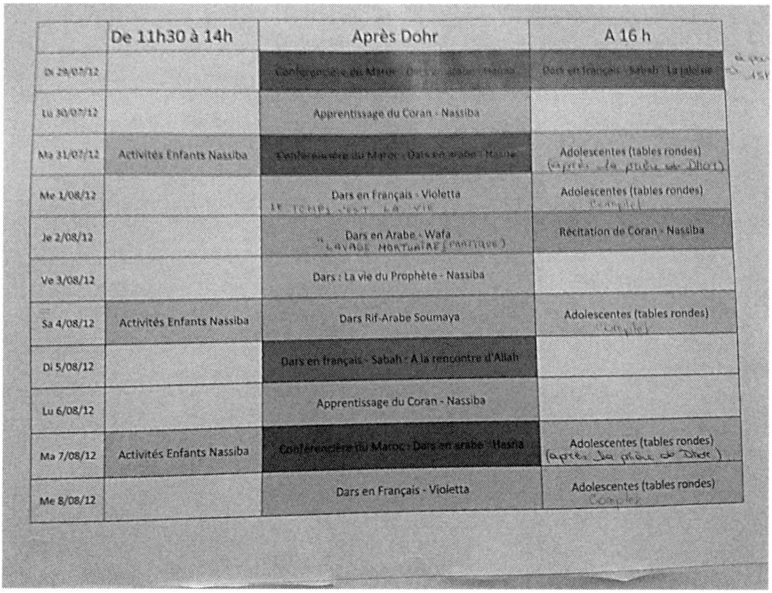

図1　モスク・アル＝カリルの女性部門の企画により2012年のラマダーン中に開催された各種勉強会・セミナーのリスト（一部）
（2012年8月1日にモスク・アル＝カリル内にて筆者撮影）

のアラビア語学校の延長線上のカリキュラムが組まれていた。

そして図1中、真ん中の列は、すべての世代のムスリム女性を対象としたプログラムであり、毎日午後2時頃から開催されていた（図2）。イマームなどがクルアーンにおける重要な概念を解説する講演が中心ではあるが、特筆すべきなのが遺体のイスラーム式清拭の方法をデモンストレーション形式により実践を交えた講習を受けるというものである。

第一世代のムスリム移民が老いを迎えている現在、どのように自身の死や家族・親戚の死と向き合うかという点は大きな関心事となっているが、比較的若くしてヨーロッパに移り住んだ第一世代のムスリム女性たちにとって、家族や親戚の死にともなう儀式は必ずしも身近なものではないことが多い。また、イスラームにおいては、遺体の清拭は同性の近親者が行うものとされている。したがって、清拭の方法は男女とも習得しておく必要がある。この

ような背景もあって、同年8月2日に開催されたこのデモンストレーションは広い関心を集め、第一世代を中心とした400人以上のムスリム女性が講習を受けに集まった[24]。

図2　ラマダーン中のプログラム終了後の風景
(2012年8月2日にモスク・アル＝カリル内にて筆者撮影)

　以上のように、モスク・アル＝カリルにおいて女性を対象に展開されている活動には、幼児期から老年期にいたるまで、あらゆる世代のムスリムが集い学んでいた。そこで顕著に見られる特徴として、以下の2点を挙げておきたい。

　第一に、モスクにおける学びにおいては、特に思春期以降のプログラムにおいて、生と死に直接向き合うあらゆる機会を得ることになる。そのため、人間の持つさまざまな感情、とりわけ喜びや悲しみが覆い隠されることなく溢れ返り、そうした個々の感情もまた共有される。一例として、上述した遺体清拭の学びで起こったことを示したい。そのデモンストレーションはリアリティに満ちており、自らの死を間近に感じた老年の女性が突然泣き崩れ、周囲の女性たちと共に悲しみを共有する姿が見られた。他方、デモンストレーションの最中に繰り返されるクルアーンの朗読の荘厳性は、多くの女性たちを生の喜びと神への感謝からもたらされる涙へと導いた。

第二に、教える側と学ぶ側の境界の緩やかさがある。例えば子どもを対象にした学習会の指導を担当していたムスリム女性は、思春期女性を対象にした学習会では学習者の一人として参加していた。また、ちょうど思春期になった頃の年齢の女の子が、おそらく一年前までは自身も参加していた子ども対象の学習会に、今度は指導の補佐役として、少しはにかみながら運営を手伝っていた。そして、集団礼拝の時間になると、そうした世代や立場の違いは一切取り払われ、神の前にただただ平等に、水平的な広がりのなかで祈りをささげる。このような個々の関係性の緩やかさ、さらには関係性の超越のなかで展開される祈りと学びが同じ空間に共に在るということが、モスクにおけるノンフォーマル教育を特徴づけているのである。

## おわりに

本章では、ムスリム女性たちが集い学ぶ場としてのヨーロッパにおけるモスクの活動の一端を明らかにしてきた。様々なイスラーム組織の影響を受けたモスクがヨーロッパ各地に所在するなかで、本章が事例として取り上げたのは、その一部に限定されている。また、どの程度モスクが女性たちの空間を確保しているかについても違いがある。そのため、本章で見てきた活動を現時点で一般化することはできないが、今後モスクへの女性の参画はますます増加していくことが予想される。その意味で、本章で検討してきた活動の様子は、将来のヨーロッパでより頻繁に見られるようになるモスクの姿の先駆け的な存在ともいえるのかもしれない。

もちろん、環境が整えられたとしても、ヨーロッパに住むすべてのムスリム女性がモスクに集い学びたいという意欲を示すわけでもない。行政が中心となって提供されている教育や生涯学習の機会、高等教育機関への参加機会なども存在しているし、ムスリム女性たちがモスクとは直接の関係を持たず自主的に組織している学習活動もある。重要なのは、それらにプライオリティをつけることではなく、多様なノンフォーマル教育の形態の一つに、本章で見たような信仰実践に最も近い学習の場も確保されているということであろ

う。そのなかでどこにアクセスしていくかが個々のムスリム女性によって選択されたり、あるいは必要に応じて複数選択されたりすることによって、彼女たち各々のアイデンティティも個性的かつ複層的に形成され補強されていくのである。

【註】
1. 典型的なステレオタイプとしては、モスクにおける祈りの場所が男女別になっていたり、同一空間である場合もしばしば女性専用の場所が後方や2階に置かれていることを根拠として、イスラームにおける男女差別を唱える主張などが挙げられる。
2. なお、西ヨーロッパで影響力を持ちえた主要なイスラーム運動のほとんどはスンナ派である(Maréchal 2003:113)。
3. 1200年頃、中央アジアに興った教団。現在ではバルカン半島、カフカース、中東、南アジア、東南アジア、東アジアまで幅広い地域に広がる。(東長[大塚ほか] 2002:698-699)。
4. 19世紀に現在のインド北部で興った。南アジアで有力なスンナ派ウラマーの系統のひとつ(小牧[大塚ほか] 2002:795)。
5. セネガルにおいて、ウォロフ民族を主な基盤として19世紀に創設された教団(小川[大塚ほか] 2002: 989-990)。フランスの植民地下で、落花生の栽培を主とする労働共同体として発展した(Maréchal 2003:122)。
6. 19世紀後半に北インドに設立されたデーオバンド学院を本拠地として、南アジアにおけるイスラーム改革運動を先導してきた(小牧[大塚ほか] 2002:653)。
7. 20世紀半ばにサイド・ヌルスィ(Said Nursî 1873・1876-1960)が執筆した『ヌール(光明)の書』を信仰の指針とする集団。ナクシュバンディー教団に源流を持つ(内藤 1996:66)。1960年の同氏の死後は多数のグループに分裂したが、そのなかで1990年代以降に急速に支持を集めてきたのがフェトフッラー・ギュレン(Fethullah Gülen 1941-)のグループで(粕谷[大塚ほか] 2002:729-730)、ヨーロッパにも多数の寄宿舎型私立学校を建設したりアソシエーションを形成しつつある。
8. 1920年代にインドで始まったイスラーム改革復興運動とその布教組織(私市、大石[大塚ほか] 2002: 463, 613)。
9. ナクシュバンディー教団の流れを汲むスュレイマン・ヒルミ・トゥナハン(Süleyman Hilmi Tunahan 1888-1959)を師と仰ぎ、彼の宗教教育活動を受け継ぐ運動。トルコ本国では1960年代半ば以降、学生寮やクルアーン教室の建設・運営を積極的に行ってきた(澤江[大塚ほか] 2002:548)。
10. パキスタンの非ウラマー系イスラーム団体・政党。20世紀半ばに創立された。教育研究・出版・布教活動も活発であり、欧米・日本に支部がある(浜口[大塚ほか] 2002:463)。
11. イスラーム国家の樹立とエルサレムの解放を主な目的として、1949年にヨルダンで結成されたイスラーム政党。アラブ世界のスンナ派イスラーム主義武装闘争派に大きな思想的影響を与えている(中田[大塚ほか] 2002:127)。

第 3 部　日常生活とともにある人間形成機能　193

12. 1970年代の末まで宗務庁の高官を務めていたジェマレッディン・カプラン（Cemalettin Kaplan 1926-1995）を指導者として結成された組織。トルコでのイスラーム国家樹立を目指したが、カプランの死後、組織の勢力は弱まっている（澤江［大塚ほか］2002: 283）。
13. ここでの15カ国とは、ドイツ、フランス、イギリス、イタリア、スペイン、オランダ、ギリシャ、ポルトガル、ベルギー、スウェーデン、オーストリア、スイス、デンマーク、フィンランド、ノルウェーを指す。
14. ただし近年においては、表1のイスラーム組織のうち②のヌルジュ運動の影響を受けたフェトゥッラー・ギュレンによる社会・文化活動が世界各地で勢いを増している。註7を参照。
15. ミッリー・ギョルシュはトルコ本国政府との直接的な関係は有さなかったものの、トルコ人の政治家ネジュメッティン・エルバカン（Necmettin Erbakan 1926-2011）の強い影響下で誕生した。エルバカンは、当時、世俗主義のトルコ本国でイスラーム主義政党を立ち上げ、勢力の拡大を目指していた人物であり、その後のトルコ政治の変革にも大きな影響を及ぼした。なお、エルバカンが創設したイスラーム主義政党である福祉党ならびにその後継政党である美徳党を前身とする公正発展党が2002年の総選挙で勝利し、現在にいたるまで政権を維持しており、ミッリー・ギョルシュとの緊密な関係も保っている。
16. 正式にはモランビーク＝サン＝ジャン（Molenbeek-Saint-Jean）と呼ばれるが、モランビークと略されることも多いため、本論ではこのように明記する。
17. 現在、ベルギー全土でムスリム同胞団系のモスクや礼拝所は10〜20ヶ所存在しているとされる。
18. 2011年11月12日に開催されたモスク・アル＝カリルのオープンデーの配布資料《Dynamisme et synergie... 》より。
19. 2012年8月3日に同校の校長に対して行ったインタビューより。
20. 2011年11月12日に開催されたモスク・アル＝カリルのオープンデーの配布資料《Dynamisme et synergie... 》より。
21. 同上。
22. 同上。
23. モスク・アル＝カリル公式ウェブサイト（http://www.alkhalil.be/）より。（2014年1月31日最終アクセス）
24. 筆者が2012年8月2日に開催された講習に同席した際に確認したおおよその人数。

【引用・参考文献】
丸山英樹（2013）『ノンフォーマル教育による社会参加とエンパワメント—ベルリン在住トルコ女性移民の社会福祉事業を事例として』博士学位論文（上智大学）。
内藤正典（1996）『アッラーのヨーロッパ—移民とイスラム復興』東京大学出版会。
大塚和夫ほか編（2002）『岩波イスラーム辞典』岩波書店。
関啓子（2012）『コーカサスと中央アジアの人間形成—発達文化の比較教育研究』明石書店。
Allievi, Stefano (2009) *Conflicts over Mosques in Europe: Policy Issues and Trends*, London: Alliance Publishing Trust.
Allievi, Stefano (ed.) (2010) *Mosques in Europe: Why a Solution Has Become a Problem*, London: Alliance Publishing Trust.

Amir-Moazami, Schirin and Armando Salvatore (2003) "Gender, Generation, and the Reform of Tradition", in Allievi, Stefano and Jørgen S. Nielsen (eds.), *Muslim Networks and Transnational Communities in and across Europe*, Leiden/Boston: Brill.

Brown, Katherine (2008) "The Promise and Perils of Women's Participation in UK Mosques: The Impact of Securitisation Agendas on Identity, Gender and Community", *The British Journal of Politics & International Relations*, Volume 10, Issue 3, pp.472-491.

Dassetto, Felice (1996) *La construction de l'islam européen: approche socio-anthropologique*, Paris/ Motréal: L'Harmattan.

Daun, Holger and Reza Arjmand (2005) "Education in Europe and Muslim Demands for Competitive and Moral Education", *International Review of Education*, Volume 51, Issue 5-6, pp.403-426.

Halman, Loek, et al. (2012) *Atlas of European Values: Trends and Traditions at the Turn of the Century*, Leiden: Brill.

Kadi, Wadad and Victor Billeh (2007) *Islam and Education: Myths and Truths*, Chicago: The University of Chicago Press.

Landman, Nico (1992) *Van mat tot minaret. De institutionalisering van de islam in Nederland*, Amsterdam: VU Uitgeverij.

Lesthaeghe, Ron, et Johan Surkin (1997) « Pratiques et appartenances. Données descriptives. Résultat d'une enquête », in Dassetto, Felice (ed.) *Facettes de l'Islam belge*, Louvain-la-Neuve: Bruylant-Academia, pp.35-46.

L'Institut Bruxellois de Statistique et d'Analyse, « Chiffres-clés par commune : Molenbeek St-Jean » (http://www.ibsa.irisnet.be/chiffres/chiffres-cles-par-commune/molenbeek-st-jean?set_language=fr) accessed on 25 September 2013.

Maréchal, Brigitte, et al. (eds.) (2003) *Muslims in the Enlarged Europe: Religion and Society*, Leiden/ Boston: Brill.

Maréchal, Brigitte (2008a) *The Muslim Brothers in Europe: Roots and Discourse*, Leiden/ Boston: Brill.

Maréchal, Brigitte (2008b) « Courants Fondamentalistes en Belgique », *Journal d'étude des relations internationals au Moyen-Orient*, Vol.3, No.1, pp.65-76.

Predelli, Line Nyhagen (2008) "Religion, Citizenship, and Participation: A Case Study of Immigrant Muslim Women in Norwegian Mosques", *European Journal of Women's Studies*, Vol. 15, pp.241-260.

Torrekens, Corinne (2007) « Concentration des populations musulmanes et structuration de l' associatif musulman à Bruxelles », *Brussels Studies*, Numéro 4, pp.1-16.

Torrekens, Corinne (2009) *L'islam à Bruxelles*, Bruxelles: Editions de l'Université de Bruxelles.

# 第4部

〈育てる・育つ〉をめぐる人間関係の構築

# 第10章　学びと創造の場としての吹奏楽部

高尾　隆

## はじめに——自分の実践をよりよくするための研究

　なぜ研究をするのか。この問いに対して、すべての研究者にあてはまるひとつの答えを見いだすことは難しい。研究者それぞれが、自分の答えを探し求めている。そして、私自身、この問いに対する自分の答えをずっと探している。

　自分の実践をよりよくするために。これがこの問いに対する私の暫定的な答えだ。私はこれまで、インプロ（即興演劇）の実践を20年近くつづけている。学校、企業、地域といったさまざまな現場でワークショップのファシリテーション（進行）をしている。また、俳優として舞台でパフォーマンスもおこなっている。その中でつねに思いつづけてきたことがある。うまくワークショップができるようになりたい、うまくパフォーマンスができるようになりたいということだ。そのためには、ただ思いつきでやることには限界があると感じてきた。自分の実践とかかわりがありそうなものを、どんな学問領域のものであろうと、あるいは学問と呼ばれないものであっても、手当たり次第に学んできた。そして、そのことからあらたな触発を得たり、自分が感覚的にやってきたことを裏付けようとしてきた。また自分の実践を守ったり、さらに広げていくためには、実践の場にはいない多くの人たちに自分の考えを伝えたいと思った。研究という形で表現することは、そのためにとても役立った[1]。

　私は昨年の春から自らの実践の場を広げた。縁あって、とある公立中学校の吹奏楽部の指導にかかわらせてもらうようになったのである。創部して数年。部員は20数名と少人数である。楽器や練習場所などが十分に整ってい

るわけではない。しかしそこには、音楽をやりたいと集まり、活動している生徒たちがいる。ここでの指導を、部活動担当教諭と、私の所属する大学の学生、卒業生たちとの協働ですることになった。このあたらしい現場での実践のため、私はあらたに学び、研究することが必要になった。

　吹奏楽部の指導をはじめるにあたり、まず必要なこと。それは、指導の際の指針となる考え方を構築することだ。それをただの思いつきではなく、理論によって触発され、理論によって裏付けながらおこないたい。そう思った。

　その指針を考える上で、私は直接間接に知る、昔、吹奏楽部にいた人たちのことを思い浮かべていた。吹奏楽部であんなに吹奏楽に取り組んでいたのに、卒業と同時にまったく吹奏楽に触れなくなる人たち。吹奏楽だけならまだしも、音楽にもまったく触れなくなる人たち。

　私が育てたいのは、楽器の演奏がうまい生徒ではない。音楽が好きな生徒。一生音楽を愛する生徒。人生の窮地において音楽にはげまされてもう少しなんとかやっていこうと思ってくれる生徒。そういった生徒たちを育てたい。私はそう考えていた。

　そのために、こうしたくないということが私には二つあった。一つ目は、コンクールでいい賞を取ることだけにとらわれた部活動にしたくないということだ。多くの中学、高校の吹奏楽部は、毎年コンクールに出場する。そのために多くの練習を積む。そして、その結果に、あるいは喜び、あるいは悲しむ。コンクールに参加すること自体には問題があるわけではない。しかし、吹奏楽部の活動の目的がこのコンクールでいい賞を取ることのみになってしまうのは問題だと感じていた。二つ目は、指導者が生徒たちを「軍隊的に」指導するやり方を取りたくないということだ[2]。指導者が生徒たちに一方向的に命令のような指示をだす。生徒たちがそれを「はい！」と大声で返事をして受け入れる。ときに指導者が怒りなどネガティブな感情を生徒たちにぶつける。生徒たちは指導者を恐れるようになる。そして怒られないようがんばって練習する。恐怖政治の独裁者のような指揮者のイメージ。それと重なるような指導はしたくなかった。これらの一部は私自身が生徒だったころに経験したことでもあった。

そうしないためにどうしたらいいのか。吹奏楽部を生徒たちの〈学びと創造の場〉にすること。これをすべての中心にしたいと私は考えた。

ひとりで、頭をつかって、静かに、辛い思いをして、正しい答えを、受け身で、何かのために、計画的にすることから、みんなで、全身をつかって、にぎやかに、楽しく、失敗もしつつ、行動や表現をしながら、それ自体のため、即興的にすることへ。

学びのあり方が、学校における子どもの学びにおいても、組織や社会における大人の学びにおいても、このような転換をむかえている。また、創造のあり方も、企業や組織のイノヴェーションにおいても、芸術活動においても、このような転換がおこっている。そして、この学びの転換、創造の転換を支えているもの。それは、近年になってさらに発展してきている、さまざまな学習論、組織論である。

吹奏楽部は、学校での課外活動という面から教育的な意味を持つものである[3]。また、芸術活動という面から創造的な意味を持つものである。音楽を創造し、その過程でさまざまなことを学ぶ。学ぶことでよりよい音楽を創造する。そんな学びと創造が循環する吹奏楽部をつくりたいと私は考えた。幸い、実践をともにする教諭も、学生、卒業生たちもその考え方に賛同してくれた。

本章では、その基礎作業として、吹奏楽部の学びと創造と、これらの近年発展してきている学習論、組織論とを、丁寧に縫い合わせていくことをこころみたい。そして、吹奏楽部の学びと創造のあらたな可能性を展望してみたい[4]。

ここからは、近年の学びと創造の転換を支えている学習論、組織論を概観する。そして、それらを吹奏楽部の学び、創造につなげたときに、どのような吹奏楽部における学び、創造のイメージが描けるかをためしていく。

## 1. 社会構成主義

〈社会構成主義〉は社会学者のバーガー（Peter L. Berger）とルックマン（Thomas

Luckmann）が1960年代に発展させた考え方である。

　社会構成主義では、真実や事実ははじめからひとつに決まって存在しているものではなく、すべて人々のあいだのコミュニケーションによって社会的につくられていく、と考える。言葉という道具をつかって、個々人が生きているそれぞれことなる世界の間に橋を架け、コミュニケーションをとる。そして、何が事実か、何が真実かを決めていく。そうすることで、人々は安定した世界をつくろうとしていく。物事をどのように見るか、どのように考えるかもコミュニケーションをとりながらつくっていく。それは、人々が自分たちで事実や真実をつくりかえていける世界であるとも言える。

　社会構成主義以前には、真実や事実はすでにひとつに決まっているものであった。そして、そのひとつの正しい答えを知ることが学びであった。そうすると学校教育においては、教師が知っているその正しい答えを生徒たちに効率よく伝えること、それによって学習者たちが多くの正しい答えを知ることができるのがいい教育となる。また、音楽創造においては、ひとつの答えを知っている指揮者がいて、それを演奏者たち全員に効率よく伝えられるのがよいリハーサルであり、それがきちんと実行できている演奏がいい演奏と考えられる。

　しかし、社会構成主義の見方をとれば、教師や指揮者が唯一の正しい答えを持っているわけではなくなる。答えの可能性は無数にある。また、場面場面によって適切な答えは変わっていく。教師が生徒と一緒にその答えを探しだすことが教育であり、他の人とかかわりながら自分の答えをみつけることができることが学びと位置づけられる。また指揮者が演奏者たちと一緒に答えをみつけ、それを観客に向けて発信できているものがいい演奏となる。

　吹奏楽部で言えば、ひとつの正しい音楽はない中で、自分たちがどのような音楽をするのかを決めていくことになる。その音楽の正しさは、場によって変わる。この時間、この場所で、目の前の人々に届けるべきものは何かを探究していく。演奏することは、観客とのコミュニケーション行為としてとらえられる。それを探究する営みが学びとなる。そして、それを発信するコミュニケーション行為が創造となる。

## 2. 状況的学習論

　〈状況的学習論〉とは、1980年代に発展してきた学習のとらえ方である。状況的学習論は、学習を道具、環境、他者、関係という視点から読み解こうとする。状況的学習論では、学習を教師から学習者への正しい知識の一方向的な伝達と考えない。道具を媒介にした環境や他者との対話的相互行為によって、学習者が変わることと考える。

　状況的学習論が取り入れられることによって、教師と学習者の関係性、特に権力関係が変わる。状況的学習論以前には、〈知識を持つ教師〉と〈知識を持たない学習者〉のあいだには強い権力関係が存在していた。しかし、状況的学習論の見方をとれば、〈教師〉〈学習者〉〈知識〉は三角形の関係になる（佐伯 1995:111-112）。教師も知識を持っているわけではない。学習者も知識を持ってはいない。ともに知識を求める存在となる。教師の仕事は自分の持っている知識を学習者にあたえることではない。知識へと向かっていくための媒介物や環境、関係を準備することになる。

　プロフェッショナルの音楽創造の現場でも、指揮者と演奏者の権力関係が変わってきている。〈正しい音楽を知る指揮者〉〈正しい音楽を知らない演奏者〉といったそれまでに存在していた強い権力関係はなくなってきている。指揮者も演奏者も正しい音楽を知っているわけではない。ともにそれを求める存在である。指揮者の仕事は自分の正しい音楽を演奏者に与えることではない。コミュニケーションをとおして、演奏者が正しい音楽を探究するための環境を準備し、刺激を与えることである。指揮者と演奏者は協働する。

　また、状況的学習論によって、結果とプロセスのとらえ方が変わる。状況的学習論以前には、学習者が正確な知識をどれだけ多く獲得することができたかという結果がもっとも大事なものであった。しかし、状況的学習論の見方をとれば、学習者が道具を媒介にして環境や他者とかかわるそのコミュニケーション行為自体が学びととらえられる。したがって、学習プロセスがどのようなものであるのかが非常に重要になる。

　これと同様の動きは、芸術創作の現場でもおこっている。作品の公開、上演、

上映をつうじて、芸術が芸術家から観客へ一方向的に伝達されるという受動型観客モデル。それを越える形で、創作のプロセスからすでに観客と対話的にかかわったり、参加してもらったりする参加型観客モデルが生まれてきている。たとえば、〈ワークショップ〉[5]では、創作の現場（作業場、けいこ場、アトリエ＝ワークショップ）を一般の人々に開放し、人々に見てもらって意見をもらったり、人々とともに試行的な共同製作をこころみる。〈ワークインプログレス〉[6]では、作品が完成する前に、その途中のものを観客に見せ、対話をし、そこから創作の次のプロセスへ進んでいこうとする。〈プロジェクト〉[7]では、芸術の創作それ自体をねらったものだけでなく、それによってもたらされる社会への影響、社会的問題の解決をも射程に入れた応用芸術的なものをねらう。そこでは、どのような作品ができたかだけが重要なのではない。その創作プロセスで、社会の理解がどれだけ深まったのか。どれだけの対話的実践が生まれたのか。それによってどれだけ社会にポジティブな影響が与えられたのか。それらが重要視される。いずれも、創作プロセスを一般の人々に公開し、共有していこうというこころみである。それによって芸術家と観客とのあいだに作品や作品づくりを媒介とした対話的な実践を生みだすことをねらっている。

　また、ここでは〈学び〉が非常に重要視されている。何かが創造されるときには、その背後でつねに学びが起きている。〈学び〉と〈創造〉はコインの裏表であり、つねに相互触発的におこっていくという考え方である。

　吹奏楽部で言うならば、最終的にコンサートホールで演奏される音楽がすばらしければ、その創作プロセスはどのようなものであってもいいとは考えない。むしろ、その創作プロセスをよりよいものにしていくために努力する。そのことによって、結果としての音楽作品をより質の高いものにすることもねらうことができる。そのうえ、そのプロセスにおいて、社会的な影響を与えたり、学びをもたらしたりすることもねらえるのである。

## 3. リーダーシップ論

　状況的学習論を採用すると、学びや創造のプロセスにおける関係性、特に権力的な関係性が見直しを迫られる。これまで権力を持つ側であった指揮者／指導者の権力のあり方、権力の行使の仕方が見直されることになる。それによって、指揮者／指導者のあらたなリーダーシップ像が描かれる必要が出てくる。

　リーダーシップ論でも近年、いくつかのあたらしいリーダーシップのモデルが生み出されてきている。権力的な関係性の見直しという点から、もっとも注目されているモデルのひとつが、〈サーバント・リーダーシップ〉である。

　サーバント・リーダーシップとは、アメリカの経営実践者・研究者のグリーンリーフ（Robart K. Greenleaf）が提唱したものである。このリーダーシップモデルは、支配型リーダーシップの対極として考えられている（Greenleaf 2002）。彼は、リーダーを「相手に奉仕し、相手を導くものである」と定義した。そして、奉仕や支援をつうじて、成員の信頼を得て、成員に主体的に協力してもらえる状況をつくりだすリーダーシップのあり方を構想した。ここでは、成員は、リーダーの顔色をうかがいながら、リーダーの言うことを、義務的に実行する存在ではなくなる。成員は、問題状況を自ら見て考え、自らのやりたいという気持ちをもとに、誰かに言われることなく、自ら工夫し、周囲と協同してやっていく存在となる。そして、リーダーはそれを支援する存在となる。

　これは現在のところ、学校よりも、企業などの社会組織で広くこころみられているリーダーシップのあり方である。しかし、状況的学習論の視点からリーダーシップのあり方の再考の必要が出てくる学校でも、検討されるべきリーダーシップのあり方になってくると思われる[8]。また、このリーダーシップ論は、〈ケアの教育〉（Noddings 2005）、〈ヘルピング〉（Shein 2009）などにも接続していける可能性がある。

　プロのオーケストラにおいては、権力性をなくすさらにラディカルなこころみがある。オルフェウス室内管弦楽団（Orpheus Chamber Orchestra）のここ

ろみである。オルフェウス室内管弦楽団は 1972 年に創設された、アメリカ合衆国ニューヨーク州を拠点として活動する小編成のオーケストラである。このオーケストラは、指揮者を置かない。曲ごとに演奏者の中でリーダー役を替える。リハーサルにおいては、それぞれの演奏者が意見を言い合い、その対話の中で音楽をつくっていく。そのような独特のやり方を採用している。その結果、演奏家の能力が引き出され、高い合奏力がつくられてきた。そして現在においても、高い水準のオーケストラと評価されつづけている。さらに、そのリーダーシップのあり方は、芸術創造だけでなく、広く組織において参照されるようになっている（Seifter and Economy 2001）。これは、リーダーシップを成員で共有することにより、成員個々の成長と学びを促進させると同時に、集団で創作するものの質を高めるこころみである。

　吹奏楽部で考えると、〈教師＝指揮者〉と〈生徒＝演奏者〉の関係が、特に権力という視点から解体されていく。教師の言うことに生徒がきちんとしたがえば質の高いものがつくれるという考え方ではない。生徒が自発的に工夫をし実行していく。それを教師が触発し、調整し、支援する。そのような考え方になる。そうすると、教師は生徒を〈指導の対象〉としてあつかうのではなくなる。ひとりひとりを〈芸術家〉としてあつかうことになる。

　そこでは、たとえば、教師の意図が生徒に伝わっていないのは、生徒が指揮をちゃんと見ていない、指示をちゃんと聞いていないという問題ではなくなる。それは、教師と生徒のコミュニケーションの問題となるのである。

## 4. 組織開発

　〈組織開発（organization development）〉とは、組織やコミュニティを健全で有効なものに変革するために、行動科学の知見をもとにしながら組織に介入するアプローチのことである。組織それ自体を中心に考えるのではない。組織に属する成員ひとりひとりを中心として考える。そして、成員ひとりひとりが能力を育み、発揮させることができる、また成員同士が協同して働き学ぶことができる組織風土づくりを目指していく。

それまでのマネジメントの手法は、人を資源と考えた。最小人数で最大の働きをする人員配置を見いだし、知識や技術が必要ならばそれをトレーニングで注入すれば、組織はうまく回っていくと考えた。しかし、そのような組織変革は、成員の動機づけや成長を阻害した。そして、結果として、意図とはうらはらに組織をより衰退させることにもなってしまった。組織開発は、その反省から発展してきた。そのため、成員が、同じ方向を目指しながら、主体的に働き、学び、かかわる組織をつくることにより重きをおいている。

組織開発では、組織における成員の学びが積極的に評価されるようになっている。センゲ（Peter M. Senge）は、〈学習する組織（learning organization）〉という概念を提示する。そして、個々の成員、また集団が学んでいくことが、組織を持続的に変革していくための鍵となることを示す（Senge 2006）。

組織開発においては学びを、成員それぞれの知識の増大としてはとらえない。したがって考えるのは、個人にどう知識を注入するのかではない。どうしたら個人が自ら主体的に学びはじめるかである。そして、その環境をととのえようとする。それだけでない。どうしたら組織自体が主体的に学びはじめるかを考える。そのために、他の組織と成員を交換すること、あるいは組織と組織を出会わせることによって組織の学びを触発することもこころみる（中村 2007）。

吹奏楽部で言えば、たとえば、人材の効率的な活用のために、素質のある人に目立つ楽器、難しい楽器を担当させる。あるいは、連絡系統の効率化のために、上学年、各楽器ごとのリーダー（パートリーダー）を中心とした組織システムを構築したりする。そういったことだけを考えない。誰がどの楽器を担当し、誰がどの役割をになうと、生徒たちのやる気や学びを引き出せるのか。生徒たちが自発的に学び、かかわるようになるのか。そういった視点で組織をつくっていくことが必要になる。また、関係が膠着しているところには、どのようにすればふたたび学びが促進されるのかという視点で積極的に介入していくことが必要になる。また、個人の能力や技術を訓練させることによってあげていくのでなく、どのようにしたら生徒たちが能力や技術を高めたいと主体的に動くようになるのかを考える。そして、そのための環

境や関係を準備していくことになる。

## 5. 学習の転移から、文脈に埋め込まれた学習へ

　学習は、長い間、心理学をベースにして構築されてきた。そこで大きな影響力を持っていたのは、〈学習の転移モデル〉である。これは、一般的で抽象的な知識を身につけていれば、それと同じ構造を持つ具体的なものに対しては応用してつかっていくことができるという考え方である。この場合、身につける知識は、特定の文脈に依存していないことが重要となる。

　吹奏楽部の音楽創造にこの考え方をもちいるなら、抽象度の高い系統的な訓練教材をつかって基礎練習を反復しておこなう。そして、美しいサウンド、正しい音程、広い音域、速いパッセージ（音列）も演奏できる技術などといった、どのような曲にもあてはめられるものを身につける。そしてそののち、それをさまざまな曲に一律にあてはめていく。そういったやり方になる。

　しかし、この学習の転移モデルには限界がある。一つ目に、一般的で抽象的な知識は、学習者が自ら関心を持って学んだり、具体的な必要性を感じながら学んだりすることが難しいことがある。したがって教師は、生徒が特に必要と感じていない知識を、一方向的に教え込むことになる。そのような状況では、学習者は学ぶことの意義を感じにくい。それを解決するために教師は、知識を学ぶ動機づけを、報賞や評価などの外的なものであたえようとしてしまう。すると学習者は、何か別の目的のために知識をただ受け取る受動的な存在になってしまう。これでは学習をそれ自体の喜びのためにすることがなくなってしまう。二つ目に、このようにして得た知識は、はたして将来、実際に応用できるのかということがある。将来がある程度予測可能な社会においては、その応用の仕方も一緒に教えておけば、応用はできるかもしれない。しかし、将来が誰にとっても予測不可能な状況においては、このようにして身につけられた知識が将来まったく応用されないかもしれない。

　そこで近年では、具体的な文脈に〈埋め込まれた学習〉（situated learning）の重要性が言われるようになってきている。文脈とは、人が今まさに関心や

興味を持っていることだったり、解決しなければならないある直面している問題だったりする。そのような具体的な関心や興味、あるいは直面している問題のために、主体的に知識を集め、技術を習得し、考えを深める[9]。その活動の総体が埋め込まれた学習である。

　吹奏楽部で言えば、ある曲について、あるいはある曲中の一部分について、こんな音にしたい、こんなふうに演奏したいと生徒たちが考える。そしてそこから、そのための音や技術を探っていく。そのような順番での音楽づくりとなる。

## 6. 文化的実践

　この文脈に埋め込まれた学習という考え方をさらに発展させると、〈文化的実践〉という考え方が出てくる。文化的実践とは、学習を、人がある社会の中で、その社会の文化を取り入れながら成長すること、またはそのコミュニティに参加していくプロセスとしてとらえるアプローチのことである（佐伯 2003）。学習が埋め込まれている文脈は、学習者が存在する文化の中にさらに埋め込まれている。学習者は、文脈に埋め込まれた学習をとおして、文化的実践にかかわっているのである。

　私たちが生まれてきたコミュニティにはすでに文化が存在し、そこでは芸術が大事にされている。過去の伝統の中で重要であるとされてきた芸術が継承され、実践されている。私たちはその文化に一成員として少しずつ参加していく。そして、そこでの物の見方や考え方を吸収して自分のものにしていく。やがて私たちは、そのコミュニティの十全な成員となる。そのとき私たちは、その文化を体現する存在となる。そして、それらを次の世代へ継承していく[10]。このようにして私たちは芸術を学び、芸術を享受し、芸術の創作をおこなうのである。

　ただし、この文化的実践のアプローチを取れば、教師は学習者に何も教えなくてもよくなるわけではない。知識を教えることも重要となる。ただ、そこで教えられる知識は、学習者と関係のない一般的で抽象的なものではなく、

学習者の今まさに直面していることにかかわる個別的で具体的なものが中心となる。

　芸術について考えても、特に現代アートは、ただ作品を見たり聴いたりすれば理解できるというものではなくなってきている。まったく知識のない状態で、印象だけで、学習者が芸術作品を理解しようとするのは苦しい。今、目の前にある作品にかかわる具体的な知識があってはじめて、芸術作品の見えてなかったものが見えてきて、聴こえなかったものが聴こえてきて、おもしろみを感じることができるのである[11]。具体的な知識を持つことで、学習者は芸術に対して関心を持つことができる。そして、芸術コミュニティにアクセスすることができる。その意味で、教師が学習者に具体的な知識を教えることは、芸術のおもしろさを理解し、芸術にふれるきっかけをつくるためにも必要なのである。

　具体的な知識は学習者が芸術の創造者になるときにも生きてくる。芸術を創造するためには、既存の芸術を分析的にとらえる必要がある。そして、既存の芸術のある部分は継承し、ある部分は批判的に乗り越えながら、自らの作品を創造する。もし、既存の芸術を分析的にとらえるすべもなく、思うがままに自由に創造しろと言われたら、それは苦しい。

　吹奏楽部においても教師が生徒に教えるということは必要だろう。それは今、取り組んでいる音楽にかかわる具体的な知識である。その知識を得ることで、生徒はその音楽を分析的にとらえることができるようになる。もちろんそのプロセスは強制的なものでない。生徒がそのことに魅力や楽しみを感じられるようにする必要がある。そしてそこから「私たちはどんな音楽をつくろうか」という教師と生徒の対話がはじまる。そののちに、それを実現させたいと生徒たちの練習がさらに活発になる。このように、教えることから、対話的実践に発展させ、やがて主体的な学びと創造につなげていくことも構想できる。

　では、そこで教師が教えることは何なのか？まず、その音楽の持つ固有の構造や特徴である。クラシック音楽を考えても、絶対音楽と表題音楽、モノフォニーとポリフォニーなどの構造の違いがある。また、バロック、古典派、

ロマン派、近現代と、時代ごとに音楽的な特徴の違いがある。当然、演奏する際には、それによって取るアプローチを考えなくてはいけない。さらに、ジャズやポップスとなれば、さらに固有の構造や奏法の特徴がある。それがわかると、目の前の楽譜がなぜこのようになっているのかがわかる。さらに、作曲家がいままでの構造や特徴のうち、何を継承し、何を乗り越えようとしているのか、何に挑戦しているのかがわかる。

　そして、音楽の構造や特徴についての知識とつなげる形で、なぜこのような構造や特徴になってきたのかという歴史的文化的背景の知識を教える。音楽は、単なる音の羅列ではない。何かを表象するものである。作曲家が、何かを表現し伝えようという意図を持って、音楽中にさまざまなものを織り込んでいることもある。これらのものの中には、音楽の構造、理論を知り、歴史的文化的背景を知ることではじめて見つけられるものがある。もし作曲家の隠されたメッセージがわかると、その音楽のおもしろさを感じることができるようになる。謎解きのおもしろさである。

　そうすると、音楽は、背後に存在しているその時代、その場所の文化、歴史を学ぶ手段ともなる[12]。音楽をとおして文化を理解する際には、言葉を介しての頭での知識的理解だけでなく、心での感情的理解、身体での感覚的理解など、総合的で全身的な理解が可能となる。自分の住むところからずっと離れた、いままで触れたことのない音楽に触れる。そのことで、その文化に近づく。過去のある時代のことをより深く理解する。作曲者の思いや考えを知る。これは、抽象的なものを具体的なものに応用する方向ではない。具体的なものからそれにつながるさまざまなことへ理解を広げていく方向である。

## 7. 学びと楽しさ

　学びにおける〈楽しさ〉の意味も、もう少し深めておきたい。楽しさがある方が、楽しさがない方にくらべて、より多くのことをより深く学べるのだろうか？　より質の高いものを創造できるのだろうか？　それは楽しさの質に

よって変わるのだろうか？

　いままでの学習研究において、あるいはイノベーション研究や創造性研究において、楽しさは研究の対象とはなっていなかった。しかし、近年、ポジティブ心理学[13]の発展などから、楽しさが研究の対象になるようになってきた。

　その中でも、学び／創造と楽しさについて大きな影響をあたえた理論のひとつは、チクセントミハイ（Mihaly Csikszentmihalyi）のフロー理論である（Csikszentmihalyi 1991）。自らの能力よりもほんの少し高い難易度の課題が設定される。すると、人は、その課題に没入し、楽しさや満足感を感じる（フロー状態）。そして、内発的動機づけ、集中力が高まる。結果、高いパフォーマンスを発揮する。これがフロー理論の考え方である。これは、個人でも起こりうるし、集団でも起こりうる。この集団で起こるフローのことはグループ・フローと呼ばれる[14]。

　吹奏楽部に、このフロー理論をあてはめてみる。個人レベルでも、集団レベルでも、適切な課題をあたえれば、生徒たちは楽しく取り組むことができる。すると、より質の高い学びと創造がもたらされる。逆に、質を上げようと、無理な課題をあたえれば、生徒たちから楽しさが奪われていく。すると、それが学びと創造の質を下げる。そしてなにより、本来ならこれから卒業後もつづいていくはずの学びと創造を断絶させてしまうことにもなりかねない。したがって、今すぐにはできないが、もう少し練習したり、支援をもらったりすればできるような課題を設定すること。これがとても重要になる。

## おわりに──「コミュニケーションとしての音楽」という視点

　吹奏楽は歴史的に、民衆の音楽、雑種性を持つ音楽としての側面があった。その側面は現在の吹奏楽にも残されている。クラシック音楽、現代音楽、ジャズ、ポップス、ロック。吹奏楽は、さまざまな音楽への入り口であるし、さまざまな音楽に出会うきっかけともなる。そこに教育的な強みがある。吹奏楽部での学びと創造の経験が楽しく豊かなものとなる。そうすれば、生徒たちがその後の人生でさまざまな音楽にアクセスし、人生を豊かにすることに

つながっていく。

　また、吹奏楽部という組織で経験したことは、これからの人生で、音楽創造以外の、集団でおこなう活動に取り組む際にも影響をあたえるだろう。豊かで楽しい協同の学びや創造の経験。それは今後集団でおこなう学びや創造の活動のモデルとして生徒たちの内側で機能するだろう。

　多くの指導者は、自分自身、生徒として、学習論や組織論が転換する前の学びや創造のスタイルを経験してきた。そのスタイルは、時を経て自分が指導者になってからもモデルとして機能しがちである。

　しかし、多くの指導者たちは、これからの生徒たちに適した学びや創造のあり方、それを支える組織のあり方に変えていかなければならないと感じているだろう。教師（指揮者）が生徒（演奏者）に「正しい」音楽を一方向的で権力的に伝えるというアプローチは、学びという側面からみても、創造という側面からみても、限界に来ている。かといって、ただその権力を放棄して「自主性に任せる」という一見美しく見えるやり方を取っても、質の高い学びや創造を実現することは難しいだろう。管理でも自由放任でもない、あらたなあり方を模索する必要がある。

　どうやったら指導者の権力を生徒たちに渡していくことができるのか。どうやったら生徒を受動的ではなく、能動的、主体的、積極的にしていくことができるのか。とても質の高い音楽だが指導者の言いなりになってつくる音楽。生徒たちが自分たちの力でつくっているが質は稚拙で学びも少ない音楽。この二項対立をどう越えるのか。

　「正しい」音楽が存在する時代は終わった現在、音楽家の仕事は楽譜を「正しく」演奏することではなくなっている。たしかに、クラシック音楽では、基本的に楽譜どおり変えずに演奏する。それは他の芸術でもそうである。演劇では、戯曲を上演するとき、基本的にセリフを変えずに演じる。美術では模写をする。書道では手本を写す。それは、過去のものをそのまま未来に引き継いでいくという意味もある。しかし、現代においてより強調されている側面は、創造力を引き出すために制約をかけるという意味である。自由に何かをつくれと言われても、人間の創造性は働きにくい。あえてつくるものに

制約をかけることによって、その枠の中でそれをどうかいくぐってつくろうかと創造性が自然発生的に生まれてくる。芸術家が古典に挑む目的のひとつは自らの創造性をかきたてるためである（高尾 2011）。制約にしばられて創造できないのではなく、自由すぎて創造できないのでもなく、適切な制約によって自由が生み出されるような道がないだろうか。楽譜どおりにやらなければならないからこそ、より自由になるような道が。

〈コミュニケーションとしての音楽〉という視点にヒントがあるように感じている。楽譜にも戯曲にも何をするかは書いてある。でも、なぜそうするのかは書いてない。この楽譜からどれだけ多くの可能性を引き出せるのか。その可能性の中から今ここにいる人たちとコミュニケートするためにどれを選択すればいいのか。それらを考えることが、芸術表現となる。

そのためには、探究をとおして文化や歴史とコミュニケートすることも必要となる。一緒に音楽をつくる仲間とコミュニケートすることも必要となる。演奏を聴く観客とコミュニケートすることも必要となる。コミュニケーションは制約でもある。しかし、創造の源泉でもある。これらの多層的なコミュニケーションの経験を得ること。それを、吹奏楽を学ぶことの意味ととらえられないだろうか。

言語学習にたとえてみる。いままでの吹奏楽部でおこなわれていた訓練は、語彙や文法を詰め込むことの側面が強かったのではないか。これからの私たちは語彙や文法の専門家を育てるのではない。コミュニケーションの専門家を育てるのだ。そのための方策を探っていきたい。

そして、〈コミュニケーションとしての音楽〉を実現させる指導者／指揮者の資質も考えなければならない。コミュニケーションの媒介を準備し、促進させる。話し合い、リハーサル、本番と、時にそれを言葉による表現で、時にそれを身体による表現をとおしておこなう。それが指導者／指揮者の役割となる。そのために指導者／指揮者は言葉とからだをとおしてコミュニケーションを取る力、つまりパフォーマーとしての資質が必要となるだろう。

吹奏楽部の指導をはじめて半年後の夏、私は指揮法を学ぶためにニューヨークをおとずれた[15]。そこで、演奏者＝生徒たちをコントロールするの

ではない、演奏者＝生徒たちを支援する、指揮棒の振り方、パフォーマンスの技法があることを知った。それは一見、必要最小限でシンプルなものである。けれども、それが必要最小限でシンプルであるがゆえに、かんたんにできるものではない。私はここで師事したすばらしい指揮者＝指導者のもとをふたたびおとずれ、さらに学び、研究していこうと考えている。自分の実践をよりよくするために、まだまだ私には研究が必要である。

【註】
1. これらのことについて、くわしくは以下のウェブサイトで述べている。高尾隆「実践の質を追求する、新しい研究のスタイル。」『研究者の仕事術―実践と研究の両輪を回す実践的研究者の仕事のつくり方』(運営者：我妻優美／安斎勇樹) http://amphibia.jp/archives/106 (最終確認日：2014年2月1日)。
2. 吹奏楽には軍楽隊としての歴史がある。ここには、指導者によるきびしい訓練を経た公的な儀式などで整然と演奏される音楽のイメージがある。学校の吹奏楽部にも、コンクールなどにおいては、このイメージは色濃く残っている。一方、吹奏楽にはもうひとつの歴史がある。それは、ジプシーブラスやジャズのビックバンドなど、民衆的な吹奏楽である。ここには、自発的に楽器を持って集まり、冠婚葬祭などで必要や要望に応じて何でも演奏する雑多で即興的な音楽のイメージがある (阿部ほか 2001)。
3. 部活動は教育かという問題があるかもしれない。2012年度から実施の中学校学習指導要領で、総則において、部活動ははじめて次のように位置づけられた。「生徒の自主的、自発的な参加により行われる部活動については、スポーツや文化及び科学等に親しませ、学習意欲の向上や責任感、連帯感の涵養等に資するものであり、学校教育の一環として、教育課程との関連が図られるよう留意すること。その際、地域や学校の実態に応じ、地域の人々の協力、社会教育施設や社会教育関係団体等の各種団体との連携などの運営上の工夫を行うようにすること。」
4. この作業を私は、これまでつづけてきているインプロの実践、研究と連関するものととらえている。インプロの実践と研究においても、私にとっての大きな課題は、さまざまな組織をインプロをとおして学びと創造の場にしていくことであった (高尾／中原 2012)。私は、インプロの知見と経験をもちいることで、あらたな吹奏楽教育の実践と研究を開けるのではと考えている。また、吹奏楽教育の実践と研究を進めることで、インプロの実践と研究にもあらたな示唆があたえられると考えている。
5. もともとは工房や作業場を意味する言葉。ことなる背景を持つ人たちがひとつの場を共有しながら創造したり学んだりする活動のこと。経験の重視、参加者の対等性、省察的な思考などが特徴である。
6. もともとは完成途中の作品を意味する言葉。完成前の作品を人々に見せ、意見をもらったり、議論をしたりすることで、観客に製作過程に参加してもらおうとするこころみである。

7. 芸術の場合、プロジェクトは、一般の人たちも含めた多くの人たちにかかわってもらいながら、集団で芸術活動、創造活動をおこなう企画、事業のこと。
8. コーチ、ファシリテーターとしての教師像も、近年、実践場面でも研究場面でも言われるようになってきている。
9. デューイ(John Dewey)がその論理学において〈省察的思考〉〈探究〉という概念で表現している、思考、実行、観察、省察を循環させるモデルもこれに関連する。
10. 人類学的な視点から文化的実践を詳細に描いたレイヴ(Jean Lave)とウェンガー(Etienne Wenger)は、このプロセスを〈正統的周辺参加〉と呼んだ(Lave and Wenger 1991)。
11. アクロイド(Judith Ackroyd)とオトゥール(John O'Toole)は、これを野球のルールをまったく知らないで野球の試合を見ている人にたとえる。「おそらくルールを知らないで見ている人は、野球を長い間心を持って見ている人には見えている多くのことを見ることはできないだろう。」(Ackroyd and O'Toole 2010)
12. 近年の音楽教育では、多文化主義との関連が強く打ち出されてきている(Volk 2004; Schippers 2009など)。
13. それまでの心理学研究のように人や集団のネガティブな側面を改善するために研究、実践しようとするのではなく、人や集団のポジティブな側面を伸ばすために研究、実践しようとする心理学研究の潮流のこと。
14. グループ・フローについては、チクセントミハイのもとで学んだソーヤー(Keith Sawyer)が研究を発展させている(Sawyer 2007)。
15. ジュリアードスクールでおこなわれた「音楽教育者のための指揮ワークショップ」(2013年7月15日から18日)。

【引用・参考文献】
高尾隆(2011)「創造のための制約」『ことばと学び』No.24、2-3頁。
高尾隆／中原淳(2012)『インプロする組織―予定調和を超え、日常をゆさぶる』三省堂。
阿部勘一ほか(2001)『ブラスバンドの社会史―軍楽隊から歌伴へ』青弓社。
佐伯胖(1995)『「わかる」ということの意味』岩波書店。
佐伯胖(2003)『「学び」を問いつづけて―授業改革の原点』小学館。
中村和彦(2007)「組織開発(OD)とは何か?」『人間関係研究』vol.6、1-29頁。
Ackroyd, Judith and John O'Toole (2010) *Performing Research: Tensions, Triumphs and Trade-offs of Ethnodrama,* Stoke on Trent: Trentham Books.
Csikszentmihalyi, Mihaly (1991) *Flow: The Psychology of Optimal Experience,* New York: HarperCollins.『フロー体験』今村浩明訳(1996)、世界思想社。
Greenleaf, Robert K. (2002) *Servant Leadership: A Journey into the Nature of Legitimate Power and Greatness,* Mahwah: Paulist Press.『サーバントリーダーシップ』金井壽宏監訳／金井真弓訳(2008)、英治出版。
Lave, Jean and Etienne Wenger (1991) *Situated Learning: Legitimate Peripheral Participation,* Cambridge: Cambridge University Press.『状況に埋め込まれた学習―正統的周辺参加』佐伯胖訳(1993)、産業図書。
Noddings, Nel (2005) *The Challenge To Care In Schools: An Alternative Approach To Education,*

New York: Teachers College Press.『学校におけるケアの挑戦―もう一つの教育を求めて』佐藤学監訳(2007)、ゆみる出版。

Sawyer, Keith (2007) *Group Genius: The Creative Power of Collaboration,* New York: Basic Books.『凡才の集団は孤高の天才に勝る―「グループ・ジーニアス」が生み出すものすごいアイデア』金子宣子訳(2009)、ダイヤモンド社。

Schippers, Huib (2009) *Facing the Music: Shaping Music Education from a Global Perspective,* Oxford: Oxford University Press.

Seifter, Harvey and Peter Economy (2001) *Leadership Ensemble: Lessons in Collaborative Management from the World's Only Conductorless Orchestra,* Helstone: Times Books.『オルフェウスプロセス―指揮者のいないオーケストラに学ぶマルチ・リーダーシップ・マネジメント』鈴木主税訳(2002)、角川書店。

Senge, Peter M. (2006) *The Fifth Discipline: The Art & Practice of The Learning Organization,* New York: Crown Business.『学習する組織―システム思考で未来を創造する』枝廣淳子／小田理一郎／中小路佳代子訳(2011)、英治出版。

Shein, Edgar H. (2009) *Helping: How to Offer, Give, and Receive Help,* San Francisco: Berrett-Koehler.『人を助けるとはどういうことか―本当の「協力関係」をつくる7つの原則』金井壽宏監訳／金井真弓訳(2009)、英治出版。

Volk, Terese M. (2004) *Music, Education, and Multiculturalism: Foundations and Principles,* Oxford: Oxford University Press.

# 第 11 章　日本の人間形成の今日的課題
――学校外の人間形成力と学校教育との関連を通して

金子晃之

## はじめに

　比較教育学における人間形成を巡る研究は、多文化社会での国民国家の形成と維持における主流派を基準とした人間形成や学校教育の在り方と、少数派の人間形成や学校教育の在り方との間に、どのような葛藤や問題点が現れてくるのかを考察する際、文化的・民族的アイデンティティ形成を重要な視点とする。

　文化的・民族的アイデンティティ形成については、少数派が社会システムの中に置かれている状況、社会的上昇の有無、コミュニティや家族における文化的・民族的なるものの内面化などの点から少数派の人間形成が考察され、そこから主流派を基準とした人間形成や学校教育の在り方が照射されることになる。そして近代教育が持つ特性、不当性、限界、制約などが論じられることになる。これが比較教育学において近代教育の地平を論じる際の方法論の一つである。

　では現代日本における近代教育の地平を論じる際、何が重要な視点になるのであろうか。それは上でいうところの文化的・民族的アイデンティティ形成というよりも、生活の仕方や発達の仕方といった、より基礎的な人間形成を支える力が大きく変容しつつあり、その変容が人間形成全体を揺るがすと同時に学校教育の基盤そのものをも揺るがしているという点であろう。この揺らぎが近代教育の地平においていかなる意味を持つのか。

　戦後日本社会では、家庭・地域といった学校外における人間形成力の変化と学校教育の変化によって、1970〜1980年代における校内暴力や家庭内暴力、不登校が、人間形成における問題点として顕在化した。これらの変化は、

1980年代までの学校文化と反学校文化、普通の生徒と不良生徒という二項対立の図式では覆い切れない1990年代以降の普通の生徒の荒れや不安定さ、引き篭もり、ニート、不適応、保健室登校、学級崩壊の問題へと連続しており、生活の仕方の未熟さが学校の秩序を不安定にさせ、また学力で線引きできない自立能力の低下という問題となって現れている。これらは、①人間形成という点で大きな問題点であると同時に、②これまで続いてきた近代教育の地平という点においても大きな問題点を投げ掛けている。

本章ではこれら二つの論点を課題意識としながら、日本の人間形成における今日的課題を浮上させたい。

## 1. 人間形成としての「しつけ」と家庭教育

1970～1980年代には家庭の問題点として主に家庭内暴力が論じられていたが、今日では家庭の問題点として、しつけ、モンスターペアレント、児童虐待、ニートを含めた自立問題などとかかわらせて「家庭の教育力」が多く論じられている。ここでは最初に、人間形成の基本の一つとなる「しつけ」に関する先行研究を整理したい。

■ 1.1. 広田照幸『日本人のしつけは衰退したか──「教育する家族」のゆくえ』(1999)

まず広田はしつけを狭義の意味として、日常生活の基本的行動様式を他律的にくり返し習熟せしめ、身につけさせること、例えば、言葉遣い、立ち居振る舞い、挨拶の仕方などがその典型だとし、広義の意味として、望ましい人間をつくろうとする、子どもに対する外部からの作用全体としている（広田 1999:19-20）。

広田の問いは、現代の家庭のしつけの衰退という言説が様々な教育問題や社会問題とかかわらせて語られることの内実を問うために、「家庭のしつけ」の歴史を軸とし、現代日本の家族・教育問題の形成を辿り、「家庭のしつけ」の衰退の是非を明らかにすることにある。

広田によれば、1970年代の調査から読み取れることは、庶民的家族にお

いて「基本的生活習慣の形成」や「行儀作法」が武士的・儒教的家族と比べて厳格でなかったが、労働のしつけが厳格であった（広田 1999:31-32）。

この労働のしつけは高度経済成長期に大きく変化する。特に広田が注目するのは、しつけの地域性・階層性である。1970 年の調査では、都市部の住宅街で昔のしつけを美化する回答が多いが、都市部の工場街で昔のしつけと今のしつけとに変化がないとする回答が多くなり、農村部で今のしつけの方がよいとする回答が多くなった。広田の解釈は、もともとしつけに熱心であった都市部の新中間層において、昔の方がきちんとしていたとする回答が多くなるが、その他の地域・階層では高度経済成長の影響によって、子どもが家の手伝いをすることが減少し、子どもの時間が尊重され、親子の密接なコミュニケーションも図られるようになり、今の方がよいとする回答になったのではないかという解釈である。そして親子関係やしつけの在り方は、以前よりも地域性・階層性の格差が均質化しているとされる（広田 1999:113）。

そして広田は先行研究に依拠して、核家族化や少子化が家庭の教育力の低下につながるとする一般的解釈には根拠がないとし、家庭の教育力の低下やしつけの衰退も根拠のないことだとしている。また、しつけの地域別・学歴別・職業階層による格差が依然として調査に表れてはいるが、格差の均質化が進行しており、「かつての時代に比べたら、総じてどの家庭でも子供のしつけに時間や情熱を注ぐようになってきている」としている（広田 1999:199）。

ここで広田の論をまとめると、家庭のしつけや教育力には大きな衰退もなく、我々の目の前に表出しているのは均質化が進行する地域・階層間の格差ということになる。しかしながら、家庭のしつけに時間や情熱が注がれているとしても、しつけの機能やしつけがもたらす効果にさらなる質的変化があるのかどうか、それらと今日の学校や生徒個々人の不安定さとの間にどのような関連があるのかという点は、別の課題として検討の余地を残している。

■ 1.2. 柴野昌山編『しつけの社会学』（柴野 1989）

しつけの機能について考察を行った研究としては、柴野昌山編『しつけの社会学』（柴野 1989）がある。そこでは、幼児教育のイデオロギー、教師の

子ども観・教育観、子どもらしさの獲得、母親のしつけ観と母親らしさの形成、性役割の獲得、学校と規律・訓練、伝統的なしつけの変容といった事柄が考察対象とされている。

柴野はしつけが、「しつけ手の個別的、恣意的な意図や動機によって行われる作用ではなくて、その社会において系統的に制度化された社会化パターンにしたがって行われる」という基本的視点を述べ、「社会統制作用」として「社会化エージェント」（行為者）と「子ども・青少年」との間の相互作用として共有され構築され正当化され再生産されていく点を考察の方法論的視点としている。しつけが、相互作用の中で時に対立・葛藤・矛盾を含んだものとして現れ、「社会化エージェント」と「子ども・青少年」との間で最も妥当性のある現実として新たに構築され定着してゆくものだとし、「相互社会化を通して、しつけ手は変化し、自己成長を経験する」としている（柴野 1989:299）。

そして柴野は現代のしつけが抱えている問題を、行為の選択基準としての価値体系が多元化し価値の相対化が進むため、価値の規制力が弱まり内面化効果も弱くなり、しつけ行為を不確定なものにしていると指摘している（柴野 1989:278）。これが柴野のいう「今日のアノミー的しつけ状況」である（柴野 1989:299）。

このように柴野は、しつけそのものの相互作用と定着という「社会化機能」を描きながら、しつけが実施されていてもしつけが不安定になっているという、現代のしつけの効果の質的問題を指摘する。また、「アノミー的しつけ状況」が進行する中で、しつけ行為の基準が社会一般的な基準から私的な基準へ変化することや、親という社会化エージェントがしつけ行為を通して、親子の相互社会化と親が自己成長を遂げてゆく過程で、それらが上手くゆかなくなっている現代の状況を指摘する。そして「従来習俗として行われ、世代から世代へと伝えられた育児としてのしつけの様式が孤立核家族において断絶した状況にある」と指摘する（柴野 1989:287）。このように柴野は、しつけの質に変化が生じ混乱していると位置づけている。

### ■ 1.3. 有地亨『日本人のしつけ』(有地 2000)

　家庭の教育力の低下やしつけの衰退はないとする広田の論に対して、有地は家庭内のしつけが継続してはいるが衰退していることを説く。有地はしつけが、「身の回りの日常の生活行動様式、身だしなみ、礼儀作法など」を指すものとして狭く用いられているが、伝統的には広い意味を持ち、「社会的に認められた一人前の人間として他の人びとと信頼関係を保って生活するに必要な生活様式、倫理、信条などを身につけること」として解釈されてきたものだとする（有地 2000:25）。

　有地によればしつけは、若者組を始めとして地域で組織的に取り組まれていたものが、明治維新の身分制度の解体、公教育制度の成立とそれに対する承認により、個々の家庭内で取り組まれるものへと移行した。家庭内のしつけには、武士出身や農家といった階層差や、父親、母親、祖父母によるしつけの内容の差異が存在した。各家庭で共通していたのは、幼少から始まり家事や家業を分担する役割遂行の中で伝えられ、15歳前後で終了していた点である（有地 2000:33）。だがこうした家庭における役割分担の中で子どもが習得していたしつけは、1920年代以降の新中間層の勃興によって、子ども固有の空間や時間が尊重されるようになると、家事や家業によって規定されたしつけの型が新中間層では徐々に見失われた（有地 2000:40）。柴野がいう「アノミー的しつけ状況」に近い解釈である。

　次に有地は、海後宗臣／仲新編『日本教科書体系近代編　第三巻　修身（三）』（海後／仲 1962）において、修身教科書に掲載された徳目が、①国家（天皇、国体）についての徳目、②人間関係についての徳目、③個人についての徳目に分類して整理されていることを挙げ、修身科の国定教科書が使用される1904年から1945年に向かうに従って減少した②と③の領域の中に、近代市民社会での生活で遵守すべきモラル、生活行動様式、信条、ルールが多く含まれていると評価する[1]（有地 2000:74,87）。

　また有地は修身科が、忠孝の教え、家族国家観、軍国史観に基づいた日本人像の形成を意図したと共に、家庭で行うしつけを学校教育として強化しようとしたものであったと指摘する。しかし1929年の文部省による家庭教育

の普及と振興政策以降、しつけが家庭での人格形成と位置づけられるのではなく、国家政策と一体となった教育統制の下に位置づけられるようになった（有地 2000:41-42）。

　さらに 1941 年「国民学校令」の際、橋田文相が家庭教育の目標について国民学校の主旨に従って家庭でも児童を指導することを説いた点について、有地は家庭教育が学校教育主導の内容を補完する場となり、戦時体制に入ると共にその傾向が顕著となり、家庭教育の独自性が失われたことを指摘する（有地 2000:42-43）。

　そして個人の「自律」を促す機能も存在した修身科が戦後に廃止されることで、しつけは学校で強く推進されるものでもなくなり、政策として家庭で推進されるものでもなくなったというのが、有地の整理である。その流れの中で有地は、家庭内のしつけの慣行そのものが消滅はしていないが衰退していったと位置づけている（有地 2000:92）。

## 2. 家庭での人間形成力と学校教育との関連

　前節では人間形成としての「しつけ」と家庭教育との関連について、三つの先行研究をみてきたわけであるが、しつけが日本社会で続いているということと共に次の2点の問いが現れてくる。①しつけがもたらす効果に質的変化が生じた場合、それらと今日の学校や生徒個々人の不安定さとの間に関連があるのかという問い、②「アノミー的しつけ状況」に置かれた場合、子どもはその後の学校教育や自立をどのように迎えればよいのかという問いが現れる。つまり家庭でのしつけを始めとする人間形成力と学校教育との関連である。

　家庭のしつけには、家業や家事の手伝いという形で伝授されてきた領域がある。それは生活の中での労働が持つ人間形成力である。中内敏夫によればそれは、新中間層の童心主義とは対照的に大人の生活の知恵と地続きの、実生活のにおいの立ちこめる子どもの世界であり、人間形成力であったという（中内 1994:136）。中内はこの人間形成力の衰退が、1960 年代に起こり、それ

を教育関係者が「子どもの生活がなくなった」と評してきたことを指摘する（中内 1994:111）。

　生活の中の役割労働に参加する時間、学校と家庭の位置づけ、遊びの時間という、子どもの世界の三つの次元が次のような構造変化を起こしたのであった。①生活の中の労働は、しんどいものではあっても子どもの役割として受け止められつつ、同時に忌むべきものとしても受けとめられていた。それが時代を経ると、家庭労働は日常的なものではなくなり、一時の家庭での親子間のレジャーに近いものとして捉えられるようになった。②学校での成績が家庭労働よりも価値の高いものとして家庭内で位置づけられ、家庭が学校教育の下請けの場になってゆく時、子どもにとって学校は、家庭労働からの解放の場ではなくなり、家庭もまた成績という点で子どもを抑圧する場として捉えられるようになった。③子どもの遊びは、集団的で野性性のあったものが、遊びの商業化が進むと野性性を失い私事化した。こうした変化を中内は子どもの「生活」の消失とした。中内によれば、1930〜1940年代の日本社会に内包されていた子どもの「形成」過程を教育的に組織しようとした生活綴り方運動が1960年代に衰退するが、中内はその衰退と子どもの「生活」の消失とが表裏のものであったことを指摘している（中内 1994:110）。

　「生活」がなくなること、いわば生活の仕方が明確なものとして子どもに伝えられなくなること、子どもの生きた生活観が変容すること、また家庭生活の中で親子や兄弟姉妹のかかわりが弱まること、そして1960年代以降の学校が子どもの生活の変化に十分に対応できない中で、学校は子どもにとって抑圧の場に変わり始めたのである。これを中内は、かつて「子どもの生活」があった時代に定型化された学校を含む子育てのシステムが、もはや旧来のままでは通用しなくなったとし、「教育は形成ではないにしても、教育は形成をはなれては、その心のテクネとしてのかたちをととのえようもない」としている（中内 1994:177）。

　この中内の解釈は、地域や家庭で展開される子どもの日常生活の中で無意図的に子どもに影響を及ぼす「形成」よりも、発達へ意図的に介入する「教育」こそが、近代において優位性を付与され制度化されてきたわけであるが、

「形成」が旧来備えていた人間形成力を失う時、「教育」も成立しなくなるという意味である。

言い換えれば「教育」が立脚する際の基盤たる「形成」は、時代の変化に合わせた形で代替や補完が創造されなければ、「教育」の機能が発揮できなくなるという意味である。日本の生活綴り方の教師たちが、子どもの生活を見つめ、そこから現れるものを学校教育につなげようとした試みが、1960年代以降には成立しなくなっていくという中内の指摘には深刻な意味がある。だが戦後の学校教育は、こうした深刻な状況に対して効果ある対応が出来ないまま、1990年代に移行していったといえる。

## 3. 家庭や地域社会において人間形成を支える力の崩壊

1990年代とは、学校の規律文化が崩壊したと認識された10年間であった。1990年代前半には就学前の児童の変化とその親の変化が指摘され、1990年代後半には小学校低学年を中心とした「新しい荒れ」が全国に広がったことが指摘された。特に1998年にNHKで全国放映された番組は、小学校での学級崩壊や中学校での生徒指導の困難さの氷山の一角を映し出すものとして大きな反響を呼んだ[2]。根底にあったのは、児童生徒がこれまでにない質的かつ数的変化を現わしたことであった。この変化について現場教師の経験から河上亮一は『学校崩壊』(河上1999)の中で以下のように指摘している。

### ■ 3.1. 中学校における生徒の変化の特徴

①自分の内面の世界を持っているが、外の世界とかかわろうとはしない。また反抗はしないが嫌なことはやらない。そして限りなくだらしなく無気力になっていく(河上1999:26)。

②固くて狭い自我となっているがゆえに、他人の働きかけを柔軟に受け入れることが出来ない(河上1999:35)。

③生徒集団が平等主義志向を強く持ち、個々の差異を許容しないので、周囲とは異なる自己を外に出さないことに力を尽くす(河上1999:46-47)。

第 4 部 〈育てる・育つ〉をめぐる人間関係の構築　223

④不登校の生徒の根本にある問題点は、学校に来ないということではなく、他人と一緒に生きるのが難しい、人間関係を上手く作れないでいることにある（河上 1999:52）。

⑤授業がつまらなければしゃべっていい、それが悪いことではないと思い、自分にとって心地よいことが一番であり、我慢をしなくていい、つらいこともしなくていいと思っている（河上 1999:37-38）。

河上によれば、これらのことは、生徒個人が友人や集団とかかわるときに、生徒間のいじめ、かかわり合うことへの希薄さ、学習への姿勢などとして現れ、生徒の学校生活を不安定に向かわせてしまうことにつながっている。そして河上は日本の学校教育の目標を、生徒が社会に出て一人前の社会人として生きてゆくための、学力、生活の仕方（生活態度）、人間関係の在り方を身につけることだと捉えている（河上 1999:11,17）。

だがこの 3 点は学校で初めて教えられるものではなく、就学前に既にある程度形成されていて学校で飛躍する部分である。本章ではこれを「資質」と呼ぶ。そうした「資質」が学校で飛躍しない現実を河上は以下のように指摘する。

■ 3.2.　児童生徒の生活の仕方

①小さなことの積み重ねによって生活の仕方が形作られていくが、小さい時から駄目といわれたり拒否されたりする経験がなく、親が子どもに対して、ここから先へ行っちゃいけないということが明確に伝えられなくなり、子どもが何にでも手を出せるようになり、タブーがなくなった（河上 1999:38-39）。

②個性尊重、自由・人権が第一とされ、親が子どもに他者として接することがなくなり、子どもが叱られることや拒否されることがなくなり甘やかされ、生活能力が身につかず文化（生活の仕方や人との付き合い方）を身につけることもなくなった（河上 1999:48）。

③自分のためばかりが教えられていて、他人のために生きる意味、他人のことを考えていかなくてはならないということが教えられていない。自分の

ために生きるということだけでは元気に生きるのが難しい（河上 1999:32）。
　こうした河上の指摘で重要なことは、生活の仕方が崩れ（今日的在り方）、学校教育を不安定にしていることと、生活の仕方が共同性（かかわり合って生きてゆく際の基準やルール）につながらなくなっているということである。
　また河上は、生活の仕方の崩れの原因を、個々の家庭での人間形成力の弱まりだけではなく、地域の人々の学校に対する支持の弱まりに伴う、子どもに対する社会的規制力の弱まりであるとし、それを以下のように指摘している。

　　そのころは、新任の教師が赴任すると、校長が村の有力者のところにあいさつに連れていった。……　学校が村の有力者を中心とした大人たちのヨコのつながりの上に乗って成り立っており、教師が何か言うと、その後ろに地域の大人たちの影があり、それに支えられて、教育力が発揮できたのだということがわかってきたのである（河上 1999:40-41）。

そして河上によると1975年頃になると人口の流動化の中で次の変化が生じたという。

　　ふと気がついてみると、学校を支えるものがなくなっていた。たぶんこうしたなかで、生徒が教師の言うことを聞かなくてはいけないという考え方や社会的な規制力そのものがなくなっていったのではないかと思う。そして、少したって校内暴力が起こってくる（河上 1999:41）。

　河上はこれを、子どもたちを極端な方向にゆかせないだけの「生徒たちを抑える社会的な規制力」の崩れとし、背景に大人たちの共同性と自信の喪失が存在していたことを指摘する（河上 1999:167）。つまり、家庭、地域、学校において大人の中で共通認識となっていた、子どもの言動に関する是非の基準が、揺らぎ始めたことを指している。
　以上のように河上の解釈からは、子どもの生活の仕方、人間関係の在り方

に対して、家庭や地域での人間形成力が学校教育の成立とつながっているという体験が見えてくる。この河上の解釈は中内とほぼ同様に、家庭や地域での人間形成力と学校教育とがつながりのあるものとして日本の近代の学校を支えて来たことを意味している。言い換えれば、近代の学校という規律訓練装置は、装置それ自体で成果を産出できるものではなく、学校外の人間形成力という「形成」の領域が、規律訓練装置に参加するための「資質」を準備しなければ、装置が成果を産出できないことを意味している。

## 4. 規律訓練装置としての今日の学校

　では次に不安定化している今日の学校は、規律訓練装置としていかなる位相に位置づけられるのであろうか。

　近代教育とは、特定の身分・階層・職業の所属に向けて直ちに準備するのではなく、不特定な自立に向けて準備をしてゆくものである。フーコー（Michel Foucault）のいう規律訓練とは、人のふるまいを方向づけて秩序化する技術を意味する。人々を絶えざる「評価」のまなざしの中に置き、評価に適うふるまいを反復させることで個人の中に定着させる。その定着の際に身体や日常の慣習行動のレベルの中で、自分たちが規格に準拠した個人であることを自明視し、社会制度の規準に則した序列の中に置かれることを正当なものとして承認する。ここではこれを「規格化された個人」とする。こうして近代の学校は、同一のスタートラインから人を出発させ、個人の努力と責任を反映させる形で人材を選別し配分してゆく機能を発揮し、それが正当なものであるように映す。この機能は戦後であれば高度経済成長期において強く効果を発揮し、労働市場が大きく縮小した1990年代初めまで上手く機能していた。

　では今日において規律訓練装置とは、どのような位相にあるのか。規律訓練とは、規準に沿っていることやそこから逸脱することが、社会や制度の中でどのように扱われるかに関して、参加者の側から見た正当性の承認がまず重要な点となる。この論点について長谷川裕は「学校とは何か」（長谷川2011）の中で、人材選抜・配分機能が以前に比べて弱体化していると共に、

学歴・学校歴・学業成績を巡る競争に積極的に関与しない層が拡大しており、規律訓練の機能が揺らいでいるとの指摘に対して、それらを認めつつも、規準の正当性の承認こそが最も重要な機能であるとしている。そして人を年少時から規律訓練の作用のもとで行動を反復させることを通じて、身体・慣習レベルで個人たることを定着させる学校の果たす役割は未だ大きいのではないかと論じている（長谷川 2011:68）。

ここでの長谷川の論は、「新しい管理社会と規律・訓練」（長谷川 2008）において、ドゥルーズ（Gilles Deleuze）のいう「規律社会」から「管理社会」への移行の中で、「規範を内面化しその規範に則って行動しようと自己コントロールする主体を形成すべく、諸制度を整え諸資源を投入する」ということが減じられていても、「規格の正当性を承認する個別化された個人の構築というそれの最も根幹に位置する作用」がむしろ純化した形で発露しているとみなすこともできる事態になったという解釈である（長谷川 2008:255-256）。

このことは重要な解釈であるが、ここで本章が問題にしたいのは、機能の適宜性よりも「規格化された個人」の数・質の低下と学校教育の不安定化である。

戦後の日本においては、地域や家庭での生活が変貌し、そこでの共同性と人間形成力の衰退の歴史が描かれることが多いが、学校における規律訓練は機能を発揮してきた。子どもにとって抑圧の場と映る学校に対する抵抗や拒絶が可視化した1970〜1980年代においても、抵抗や拒絶を飲み込んでゆくほど、規律訓練装置は労働市場の豊かさを伴って機能していた。しかし1990年代以降は、児童生徒が競争に参加しないばかりでなく、学校や教師に対する信頼が凋落し学校に多くの疑義が提示され、規準に則した行動の反復という規律訓練に生活の仕方を身につけていない児童生徒が参加適応できない、あるいは親子とも規律訓練への参加に明確な拒絶を示すといった事態が進行している。そこからすれば、規律訓練装置が産出する「規格化された個人」の全体的な数・質の低下も一つの問題となるであろう。本章のこれまでの考察で整理してきた重要な論点は、規律訓練装置に参加するためには、規律訓練装置に参加する「資質」が以前からある程度作られていなければな

らないという点にある。この「資質」とは、中内がいう遊びの時間や生活の中の労働の時間の中で獲得した人間形成力であり、河上がいう生活の仕方や人との付き合い方である。

　この点の衰退が、中内や河上が指摘した児童生徒の生活の変化の延長として1990年代に入り、学級崩壊や普通の子どもたちの崩壊として指摘されるような現実として我々の目の前に現れていると考えられる。また今日進行している学力の二極化は、「規格化された個人」になるための相互の競争による結果ばかりでなく、「規格化された個人」になるために、規律訓練装置に参加できる児童生徒と、規律訓練装置に参加する「資質」が不十分な児童生徒との二極化とも解することができる。このように考えると、今日の日本の規律訓練装置としての学校にとって重要なことは、機能の適宜性に加えて、人材配分機能や競争への参加の前提となる、規律訓練装置に参加できる「資質」を獲得した児童生徒の数・質の問題である。

## 5. 日本の学校文化の混迷

　日本の学校は、(1)「規格化された個人」を再び安定的に産出してゆくように改善されていけばよいのであろうか。(2) それとも競争を伴う「規格化された個人」の産出ではない形で (位相を変えた形で)、人間形成を模索すればよいのであろうか。ここでは、「規格化された個人」の前提となる、規律訓練装置に参加できる「資質」の形成を重視しつつも、競争だけではない「規格化された個人」の産出の可能性を模索したい。

　まず (1)「規格化された個人」の産出については、①家庭や地域における子どもの生活の中にあった人間形成力を、何らかの形で補完したり代替するものを創らなければならない。補完や代替とは、小学校就学後でいえば学童クラブや何らかの家庭・地域・学校が連携するネットワークといったものの中で、生活の仕方を覚え、人間関係を創る力や楽しさを経験することが創造されなければならないことをいう。それによって規律訓練に参加できる児童生徒を創ることである。②また学校や教師への信頼の回復も必要となる。信

頼が回復されれば、訓練の反復はより承認されたものとなるであろう。③また「学修」が雇用と結びついていくことと、その見通しを誰もが感じ取れることが必要となる。ただしこれには労働市場の変化が必要となる。

　次に（2）競争を伴う「規格化された個人」の産出ではない形での人間形成は可能であろうか。一元的な序列化や排他的なものではない競争を取り入れ、協働を織り交ぜ、児童生徒同士のかかわり方を変え、そこから自己の行動を律しつつ社会や制度の中での自己の立ち位置を認識する「規格化された個人」の産出は可能なのであろうか。これには教室や学校の在りようの大きな変化、それらを取り巻く社会環境や状況の変化が必要となるが、教室や学校のありようについてはどうであろうか。

　この点について佐藤学は、『学校改革の哲学』（佐藤 2012）の中で重要な問題提起をしている。佐藤によれば日本の学校は、集団主義と個人主義が並存する独特な学校文化の構造になっており、授業以外の生活場面の活動や行事において学級会・班・係という教室運営での集団主義的自治を徹底させつつ、授業の学びでは協働が実現せず自学主義と競争が支配する個人主義だという。これは学校経営においても同様であり、職員会議における協働の討議による意思決定、一校当たり 30 以上に細分化された校務分掌と学年会、教科会の小集団自治を採りつつ、教師の専門領域である授業やカリキュラム作りにおいては、個人主義となり協働の実現が難しいという問題点を抱えた、諸外国には見られない「日本型システム」であるという（佐藤 2012:59）。

　その際佐藤が重視するのは、日本型システムの組織原理が「集団自治」を基礎とする構成員の主体性によって追究されており、個々人の関係しか示さないはずの集団に人格的意思が付与され、「みんな」と呼ばれる集団が意思をもって存在しているかのように意識されている点である。つまり同一の意思を持った個々人が存在しており、意思を異にする他者が存在しない前提になっている。教師集団や学級集団においていじめが陰湿化するのは、学校や学級が集団単位に組織され、個人が個人として存在する場所がないからであり、異質な他者性を排除して集団というものが成立しているからである。その証拠に授業に積極的に参加しても集団への帰属の保障にはならないし、逆

に授業に否定的であっても集団から排除されるわけではない（佐藤 2012:61）。

ゆえに日本型システムの学校と学級を生きるには、集団への自主的参入が脅迫的に求められながら、絶えず協働の中の孤立を体験しなければならないとする（佐藤 2012:61）。

佐藤のいう日本型システムは日本の学級王国という規律訓練装置としての組織文化を指している。日本型システムは、異質な他者が存在しないという前提にたった集団の中で、規準に沿った反復を行ない、個々人間で競争し、自己の位置づけを行うもので、常に集団を意識しつつ、協働ではなく孤立した個人の完成を意味していると考えられる。

では、この「日本型システム」を逆転させるとどうなるのであろうか。そこには次のような論点が現れてくる。

①集団というものが同一の意思を持ったものの集まりではなく、異質性を持った他者が存在しているからこそ、その異質性を受容すること、また葛藤や模索を通して新たな秩序や協力を創造することを丁寧に行い、異質な個人の居場所を保障することを考える。

②学習が、個別学習を通した序列や相対的位置で成果を測ることなどをモチベーションとするのではなく、協働による学びを大きく取り入れ、競争や協働を折衷させたやり方で、かかわることや学び合うことの成果をモチベーションとすることを考える。

③個人が、排他的競争や序列化を通して自分の立ち位置を認識するのではなく、また規準に沿うかどうかだけを認識するのではなく、かかわり合う中で知る「自己や他者の成長や存在」を通して、自分の立ち位置を認識することを考える。

こうした日本の学校文化の原理的組み換えは、規律訓練装置の機能全体から見れば直ちにそれを変革するものにはならないが、競争だけではない「規格化された個人」の産出という点で、従来とは異なる世界が現れてくる可能性を持つことになるであろう。

## 6. 超自我の未成熟

　「規格化」とは社会システムに適応し生き抜くために、周囲を認識し自己の立ち位置を自覚する包括的な能力や存在を表わす言葉とも解することができる。だがそこに至るためには、「資質」が必要である。家庭や地域での生活による人間形成力が衰退しているとすれば、それの補完もしくは代替が必要になる。

　諏訪哲二は『オレ様化する子どもたち』(諏訪 2005) において、かつては児童期に入る頃、普遍的にモノや大人社会の壁に出会って否応なく縮小が生じていた子どもたちの幼児的全能感が、思春期に至っても温存されており、社会化されない子どもが増えたとする (諏訪 2005:63-64)。

　林もも子は『思春期とアタッチメント』(林 2010) の中で、この幼児的全能感の温存が、「超自我」の発達に問題のある子どもの増加につながるものとして捉える (林 2010:76)。

　林によれば、こうしたことの背景にある学校のルールや決まりといった共同性の希薄化が、周囲の大人たちとの同一化を困難にし、思春期の強力な武器である知性化・合理化・理想化・価値下げ・反動形成などの防衛機制を使いづらくしている。林はこうした防衛機制の困難さが、傷つきやすい、「心が折れやすい」子どもの増加という臨床現場での印象と関係があるのではないかとし、同一化の困難さ、いわば鎧のなさは、戦う相手としての「世間」の消失とあいまって、思春期の青年たちが葛藤を葛藤として体験することを困難にしているのではないかと指摘する (林 2010:78)。

　ここでいう超自我とは、道徳的態度、良心、罪悪感といった社会の倫理的基準が内面化されて、本能的衝動の表出を抑制しようとする自我のことである。こうした超自我が生活の中で育たなくなる時、河上が普通の子どもたちの崩壊として表現したように、子どもの中に共同性と向き合う力が育たず、思春期が生きづらいものとなり、「規格化された個人」の産出が上手くゆかなくなる。

　そこからすれば、規律訓練装置を機能させるための「資質」を形成するた

めには、子どもの中に他者とかかわる体験を豊かにし、共同性と向き合う力を育て、葛藤を葛藤として受けとめて超自我の形成に至ることが必要となる。この点で本章が注目したいのは、思春期のアタッチメントの問題である。

　アタッチメントにとって重要なのは、生きる上で頼りになるアタッチメント対象者とのやり取り（応答）の質である。人は生涯にわたってアタッチメント対象者を必要としている。主たる養育者・保育者から友人、異性へとアタッチメント対象を移行させる思春期でも乳幼児期と同様に、やり取りの中で受け止めてもらえているという実感や信頼関係の積み重ねが図られなければならない。そうした中で共同性と向き合う力が育ち、超自我の形成へとつながる。

　かかわり合うという点において思春期は、自立に向かっていればいるほど、アタッチメント対象者として親が希薄化し否定されがちになり、新たなアタッチメント対象者として友人が選択されるようになる。しかしこの友人関係が今日では突然切り捨てられ中断する事態が多く生じている。また社会的経済的状況の悪化や発達障害的傾向も含めて、親子間や友人間でのアタッチメントシステムを起動させられない児童生徒とその家族が多く存在しているし、増加していると考えられる。さらにアタッチメントシステムを安定的に起動させて良好な人間関係を送るということが、日本社会全体で難しくなっている点も指摘されている。ゆえにこれからの学校は、思春期のアタッチメント理解を生徒指導の核に据えてゆく必要がある。ただし現行の日本の教員の労働環境での対処には限界があるので、福祉・心理系の支援職の専任化と支援体制の整備が必要となる。そしてスクール・カウンセラーやスクール・ソーシャルワーカーによるアセスメントとプランニングの中に、養育者と児童生徒の内的作業モデルを把握しつつ、それに基づいて個々の生徒の安定的なアタッチメントシステムの起動を支援することが必要となる。佐藤学が実践している「学びの共同体」、また「ケア的」な学びの「かかわり」ばかりでなく、生徒指導の領域においても「かかわり」への更なる専門的視点の導入が模索されなければならない。

## おわりに——日本の近代教育の行方

　これまでの本章の考察からすれば、日本の人間形成の今日的課題とは、近代の規律訓練装置への参加が難しい児童生徒の出現に、どのように対応するかという点にある。「規格化された個人」になるための「資質」が不十分な児童生徒に対応するために、学校経営や教室の姿そのものが大きく変化してゆかなければならない時期に来ている。

　教室での学び方、教育委員会による学校管理の組織文化を含めた、「日本型システム」という日本の学校文化の見直しと改革と共に、家庭や地域に旧来存在していた生活の中の人間形成力といった「形成」を、今日的在り方で補完し代替し創造してゆくシステムを考えなければならい。近代教育の規律訓練装置は、「形成」なくしては成り立たないからである。そこからすれば、資質や指導力という点での教員養成の高度化だけでは、教育改革につながらないことは明らかである。

　関啓子は『コーカサスと中央アジアの人間形成——発達文化の比較教育研究』（関 2012）の中で、近代教育パラダイムの超克について論じている。関は「近代を近代の産物で超克し、教育の近代化を果たしつつ、それを食い破る可能性をどこに求めることができるであろうか」という問いを発し、コーカサスと中央アジアの教育改革と人間形成の現実の中から、西洋近代教育パラダイムの超克の兆しあるいは契機を見出すことができるとする（関 2012:182-183）。グローバル化の中で多元的な刺激が触媒となり、アイデンティティ構成資源の柔軟な組み換えが行われ、従来の生き方の相対化や新しい価値の獲得が展開しているとする（関 2012:193）。

　その展開において重要視されているものの一つは、「学校教育ばかりでなく、ノンフォーマル教育、インフォーマル文化化が、総体として、人間形成過程に創造的な価値を織り込んでいる」という点である。この創造的な価値の折り込みを経て、「子どものひとりだち（自立）を助け促す行動様式や思考様式、人間関係、〈生きる〉と〈学ぶ〉の結びつき方（＝人間形成）、つまり発達文化が変容し、新たな価値が孕まれるというダイナミズム」が我々の

目の前に現れる（関 2012:197-198）。

　こうした関の論を本章が受けるとするならば、「教育の近代化を果たしつつ、それを食い破る可能性」とは、日本の学校文化の原理的組み換えによる規律訓練装置の変容の可能性を模索することであり、生活する力や共同性と向き合える力を今日的な形で創造し、変容させた規律訓練装置と結びつけていくことにある。

【註】
1. 中内敏夫によれば、1930年代の生活教育や生活綴り方を実践していた教師は、修身科を教える際、当時の民間伝承のしつけが存在していたがゆえに、修身科を教えることに苦労し、修身科に含まれる学校道徳の教条主義と観念論を多少なりとも改造して、子どもの対人能力や道徳感情を育む力にしようとしていた。ここからすれば修身科は、有地の私的とは別に、当時の市民社会とは相いれないものとして映っていた面もあるといえる（中内2008:3）。
2. 番組名「NHKスペシャル」1998年6月19日放送「学校～荒れる心にどう向き合うか～第1回　広がる学級崩壊」、1998年6月21日放送「学校～荒れる心にどう向き合うか～第2回　教師たちの模索」。

【引用・参考文献】
有地亨（2000）『日本人のしつけ―家庭教育と学校教育の変遷と交錯』法律文化社。
海後宗臣／仲新編（1962）『日本教科書体系近代編　第三巻　修身（三）』講談社。
河上亮一（1999）『学校崩壊』草思社。
佐藤学（2012）『学校改革の哲学』東京大学出版会。
柴野昌山編（1989）『しつけの社会学―社会化と社会統制』世界思想社。
諏訪哲二（2005）『オレ様化する子どもたち』中央公論新社。
関啓子（2012）『コーカサスと中央アジアの人間形成―発達文化の比較教育研究』明石書店。
中内敏夫（2008）『生活訓練論第一歩・付・教育学概論草稿』日本標準。
中内敏夫（1994）「『児童労働』の時代」中内敏夫／加藤哲郎編『叢書〈産む・育てる・教える―匿名の教育史4〉企業社会と偏差値』藤原書店、107-186頁。
長谷川裕（2011）「学校とは何か」教育科学研究会編『教育』2011年3月号、国土社、61-69頁。
長谷川裕（2008）「新しい管理社会と規律・訓練」唯物論研究協会『唯物論研究年誌』第13号、青木書店、245-259頁。
林もも子（2010）『思春期とアタッチメント』みすず書房。
広田照幸（1999）『日本人のしつけは衰退したか―「教育する家族」のゆくえ』講談社。

## 第 12 章　優香を育てた私・育てられた私
―― ある社会的マイノリティのひとりだちとその支援

神谷純子

　2008年の金融危機・経済不況以降、日本でも「子どもの貧困」が深刻な社会問題として注目を集めるようになった。現代の日本社会において、経済的困窮のなかにある子どもはどのように育てられ・育つのだろうか。彼／彼女らも、発達文化に応じた自前のひとりだちを果たすことはできるのだろうか。その場合の「自前のひとりだち」とはどのようなものなのだろうか。本章の目的は、不安定な生活環境に生きる子どもを、支配的文化[1]を身体化していないという意味において社会的マイノリティと位置づけ、その生きざまを描写する作業を通じて、これらの子どもへの支援を再考することである。

　筆者が公立中学校の特別支援学級で出会った中度難聴の優香も、経済的に困窮した家庭に育ち、支配的文化を体現する学校教育になじまない生徒だった。中学校在籍中に彼女の両親が離婚して以降、筆者は講師という立場を越えて優香にかかわり、様々な媒体によりその支援の記録を残してきた。本章では、「働くこと」に焦点を当て、優香が特別支援学校の高等部を卒業後の2年間の記録を用いて、彼女のひとりだちとその支援を読み解く。

### 1.　課題を読み解くための視座と方法

■ 1.1.　貧困層の支援としての教育

　玉井（1998）は、スタンレー少年のライフヒストリーに基づくショウ（Clifford R. Shaw）の『ジャック・ローラー』を矯正教育の実践として再評価する。このモノグラフにおいてショウは、スラム地区の貧困、病気、犯罪の頻出が家族や地域社会など第一次集団の崩壊がもたらす社会・文化的要因によるものであることを示し、治療計画の実験的試みを行った。

第4部 〈育てる・育つ〉をめぐる人間関係の構築　235

ショウはスタンレーをそれまでとは全く異なる、犯罪発生率の低い地域に移住させ、彼のパーソナリティに照らし、彼が打ち解けた関係を持つことのできそうな家族を選んでそこの里子とし、移住した地域の非逸脱的青年集団との接触を促した。また、週に一度はショウがスタンレーに会い、彼が新しい文化に適応するための助言を与えた（玉井1998:97）。

　玉井（1998:98）は、スタンレー少年の更生を理解するにはバーガー、ルックマン（Peter L. Berger, Thomas Luckmann）の〈オルターネーション〉の概念が有用であるとする。〈オルターネーション〉とは、新しい意味秩序を生き直すこと、つまり、再社会化の達成を意味する。玉井によれば、ショウの矯正教育とは、非行を容認し鼓舞する当時のシカゴ移民下位文化からスタンレー少年を隔離し、新しく「まっとうなアメリカ市民」の中流文化を身体化し直す過程である。
　他方、再生産プロセスの矛盾構造を指摘するウィリス（Paul E. Willis）は、「文化なるものに固有の集団的な論理」（ウィリス1996:438）を尊重し、それを職業相談へ生かすことを提言した。これを踏まえて新谷は次のように述べる。「奨学金や職業発達支援が不要だということではない。常にそれらが文化のありようとどのような関係に立つのか、ときには矛盾しうることも考慮に入れつつ、プロセスと文化の内実の理解の上に立った支援が模索されねばならない。」（新谷2002:167）現代の日本型雇用の転換のなかで、新規学卒・正規職就職と並んで、男女共働きの非年功・低位キャリアパターンが「第二標準化」していくとする中西（2004:230-231）の論を引きつつ、新谷がオルタナティヴな人生モデルとして提起するのは、「だらだらと計画性がなくても、その都度ましな選択をできる生き方」（新谷2006:155）である。これらの指摘は、支配的文化の生き方、働き方のモデルがすべての子ども・若者を包摂できるものではなかったことを示唆している。

■ 1.2.　発達文化
　発達文化とは、視野が専ら学校制度に限定されがちな教育研究が西欧中心

的な価値観から免れ得ず、多様な人間形成のありようを排除してしまうことへの深い懸念に裏打ちされ、人間形成をフォーマル文化化、ノンフォーマル文化化、インフォーマル文化化の統合として包括的にとらえる概念的枠組みである（関 2012:34-35）。

　発達文化は、以下の三つの次元に分節化できる（関 1998:284）。第一に、伝達の対象となる文化の選択である。選択に際しては、よりよいあるいはより高いという価値判断がはらまれる。第二に、文化伝達のエージェントである個人や集団や機関のしきりと分業のあり方である。ある人間のひとりだちにかかわるエージェント、またそのエージェント間の関係を問う。第三に、伝達過程における人間関係のあり方である。伝達過程の性格を規定するのは、人間間の力関係とその固定性である。本章ではこの枠組みを援用してモノグラフを読み解く。

■ 1.3. リフレクシヴな記述の様式

　本章では、優香と筆者を含む関係者の記したメールおよびブログを資料とする。山田（2011:38-43）によれば、クリフォード（James Clifford）らは 1986 年、『文化を書く』の出版によって、エスノグラフィ作成の核心をなす「書く」という行為自体に疑義を呈した。書き手の表現が調査対象を忠実に反映するという「表現の透明性」、また、書き手の経験が調査フィールドの直接的な例証でありうるという「経験の直截性」に揺らぎが生じたのである。

　ショウ（1930）は、スタンレー少年に自身の物語を書かせ、句読点以外の修正を施さずにそれを示すことで「表現の透明性」を担保した。他方、矯正者ショウは「新しい意味ある他者」としてスタンレー少年の〈オルターネーション〉、つまり更生に重要な存在であった。玉井（1998:95）は、「調査者がフィールドに矯正者の役割を持ち込み、調査者が調査において実質上調査対象者の更生に直接携わるという、矯正者 - 非矯正者の関係にある」ことこそ、その生活史法の特徴であると指摘する。

　優香の支援者である筆者が彼女のひとりだちの軌跡を詳らかにしようとする本章では、調査者のポジショナリティに提起された疑義に応える試みとし

て、リフレクシヴ（自己反省的）な記述によって筆者と対象者の関係性を俎上にあげる。その組み替えのなかで変化して（させられて）いく支配的文化のエージェントである筆者の葛藤を自己反省的に提示し、それによって対象者の発達文化変容の照射を試みる。

## 2. 優香のひとりだち——「働くこと」の意味探しとその支援[2]

　私は、講師として勤めていたA市立X中学校併設の難聴生徒の支援学級で中度難聴の優香を担当した。優香の両親は不仲でネグレクトの傾向も見られ、優香には大幅な遅刻欠席や欠食など、生活習慣の乱れが目立った。私は優香と個人的にメールを交換し、欠席が続けば家庭訪問もした。優香が中学3年の夏に彼女の両親が離婚してからは、私は時折優香を食事に連れ出した。優香とのこの関係は、彼女がX中学校を卒業して特別支援学校の高等部に進学、さらには就職後も続く。

　優香は、高等部の実習で勤務した弁当工場に就職する。弁当が傷まないよう室温を10数℃に管理した部屋で8時間、ベルトコンベアーで流される容器に食材を詰める単純作業であり、注文の量やアルバイトの人数によっては早出や残業、不定期に休日出勤が入る。しかも、優香の給与は時給800円に満たない。

　優香は複数の携帯用サイトを頻繁に利用し、浅く幅広いネットワークを形成している。私は優香のサイトの書きこみから彼女の様子を把握する。就職して以降、サイトの記述には、当時1年ほど交際していた男友達との別れ話や父親の再婚話などを背景として、体調不良の訴えが続く。8月末、優香の通院に同伴した際に、卒業した高等部の進路指導担当が連れて行ったという地域の福祉センターの話を優香から聞く。担当の小埜さんは優香の高等部時代の担任と同年代の比較的若手の男性とのことである。私は優香から小埜さんの名刺を借り、日を改めてセンターに連絡する。小埜さんは無断欠勤が続いていた優香につき添い、会社に状況を確認しに行く。対応にあたった会社側の責任者は、優香の欠勤をずる休みと決めてかかり、「慈善事業をやって

るわけではない」とも言ったと小埜さんに聞く。優香は退職も口にするが、私の家庭訪問と小埜さんの説得で思いとどまり、翌9月から職場に復帰することになる。小埜さんは、優香が復帰初日に欠勤したり、次に欠勤が続いたりすれば、会社側に雇用契約を打ち切られるだろうと心配し、「出勤できるか駅で見張っていようかと思う」と冗談めかして言うが、その様子からは小埜さんの焦りが感じられる。復帰初日の夕刻、優香のサイトの「仕事終わった」という書きこみに、私は心底安堵する。

■ 2.1. 優香の生活環境

　優香は在学中も遅刻欠席の常習だったが、就職後は身体のあちこちに痛みを訴えて欠勤をくり返すようになる。食道閉鎖で幼少期に長期入院の経験があり、念の為通院に同伴して痛むと言う胸部や腹部のエコーを撮るが異常はない。8月末には「髪が半分抜けた」というメールを受け取り、半信半疑ながらすぐに優香の住むB市に向かう。見た目に変化はないが、髪を梳いていたら驚くほど抜けたと言い、病院の問診にも「半分抜けた」と書く。頭皮の診察と頭部のエコー撮影をするが異常はない。優香は普段、美容院に行かず自分で毛先を切り揃える。この一件から2ヶ月ほど経った頃、美容院に連れて行くと、優香を鏡の前に座らせて美容師が苦笑する。聞くと、右半分の髪が染色で傷み、中ほどで切れて左右の髪の量がまったく違うのだと言う。

　初秋の退職騒ぎ以降、私は授業が終わると時折優香の様子を見に、勤務するX中学校から1時間弱のB市に寄るようになる。最寄り駅から徒歩10分ほどの場所に位置する小奇麗なマンションのエントランスで呼び鈴を鳴らし、優香が出てくるのを待つ。ドアが開くと、小型の室内犬が飛び出してきてかん高い声で吠える。スウェット姿でむくんだ顔の優香が現れて私にスリッパを出し、犬の糞尿を踏まないようにと言う。部屋のカーペットは犬の毛だらけである。私は優香に父親の所在を確認する。昼間に訪問すると大抵不在だが、夜間のシフトのときは別室で仮眠中のこともある。稀に帰宅しないこともあり、優香はひとりで家に残され、食べ物もそれを買う金もない上に仕事に行く電車賃もなく、困り果てて私に相談のメールを寄こしたことも

第 4 部 〈育てる・育つ〉をめぐる人間関係の構築　239

ある。

　台所には汚れた食器が溢れ、生ごみが異臭を放ちコバエが湧いている。急須の中で茶葉がかびていたり、数週間前の訪問時に私が作った野菜スープが鍋の中で腐っていたりする。冷蔵庫の中はほとんど空で、調味料は賞味期限が切れている。段ボールに入ったままのカップ麺が積んであり、父親もそれを食べて夜勤に出ると言う。米はあるが毎日炊くふうでもなく、私が昼過ぎに訪問しても朝から何も食べていないことも多い。私も普段ほとんど自炊をしないが、優香の家庭訪問をするときには努めて食事を作る。優香は私が台所にいるときには大抵横で料理の下ごしらえや皿洗いなどの片づけを器用に手伝う。不規則な食生活のためか空腹を訴えることがないが、大体において相当な量を食べる。ある訪問時には米を炊き、とん汁、かぼちゃの煮つけ、サラダを作る。優香は「おなかが空かない」と言いとん汁だけを器に入れて食べはじめるが、その横からごはんや惣菜を出すと完食する。食事が終わって片付ける頃になると顔に生気が戻り、シフトを減らしてもらって仕事を続けようかな、とつぶやく。

■ 2.2.　優香を取り巻く文化伝達エージェント
　2.2.1.　母さんと友人——生来の発達文化を形成・共有する人びと
　優香の母親は私と同い年である。優香を遊び相手として連れ歩き、寝食などの生活習慣への配慮がない。優香が中学 3 年のときに両親は離婚し優香は母親の元に残るが、母親の新しい恋人が出入りしはじめ、高等部 1 年の半ばに父親を頼って家を出る。父親は優香が時折母親と連絡を取るのを禁じているが黙認している。成人式を翌年に控えた 19 歳の冬、優香は母親の携帯に電話をかける。優香が母親と話すのは 1 年ほど前の高等部の卒業時、式に参列してくれるのではと期待して母親をたずねて行き、すげなく断られ帰ってきて以来である。私は、優香には母親と同じ生き方をしてほしくないと思うが優香は母親に強い愛着があり、折に触れて母親に連絡を取る彼女を私は複雑な想いで見守っている。以下は私が小埜さんに宛てて記したメールの一節である。

〔私と〕成人式の着物の話をしたのがきっかけになったのか、母親の兄から母親の携帯番号を聞き出して電話をしたと〔優香から〕報告がありました。母親は、優香の成人式のことを考えていてくれて、自分の着物を仕立て直してあげようかと言ってくれたそうです。優香は「もう許してあげてもいいかな」と言っていました…。これまでも何度も思いましたが、やっぱり母親は母親なんですね…。　　（小埜さん宛のメール20xy.2.23）

優香の同年代の友人の多くは、優香と行動様式を共有する。平日昼間の訪問時に優香の部屋に女友達が居合わせることもある。あるときは優香が自分の部屋のドアを閉めていたのでしばらく気づかず、犬が出入りするので誰かいるのかと優香にたずねて中をのぞくと、女友達がふたりこたつにあたっている。ふたりとも優香と同じ高等部の卒業生で、ひとりは体調が悪く、夕方から3人で病院に行くのだと優香が言う。私がふたりにも食事を用意すると、完食してきちんと礼を言う。職場の友人で優香と同年代の佳奈とも優香の家で会ったことがある。佳奈も家庭環境、友人関係が不安定で優香ともしばしば仲違いをするが、佳奈が家族や友人とトラブルを起こすと優香は何時でも駆けつける。佳奈が親と諍いを起こして深夜に家を飛び出したことがある。携帯サイトの書きこみで佳奈の窮地を知った優香は深夜、佳奈を探して心当たりの場所を回る。私は優香のサイトからその晩の出来事を知るが、サイトのアカウントは夜更けに消去されてしまう。優香は友人と仲違いをすると幅広く閲覧が可能なサイトを消すことで連絡を断つ。私は翌日の欠勤を懸念し、小埜さんに事の顛末をメールで伝えておく。小埜さんの返信によると、その翌日優香は無断欠勤し「声が出なくて連絡ができなかった」と弁明したと言う。しばらく勤務が安定していただけに小埜さんは残念がり、佳奈のことを優香に聞いてもよいかと私にたずねる。私は小埜さんにこう返信する。

TO：小埜さん
佳奈の件ですが、彼女だけではなく優香のまわりには似たような不安定な子たちがたくさんいて、直接的にはどうにもできない気がします。優

香がしっかりしてくれば友人関係も落ち着いてくるでしょうし。佳奈についても小埜さんが知っておいていただければいいと思っているので、優香が自分から話さなければ敢えて触れずにおいていただければ幸いです。
(20xx.12.28)

2.2.2.「私」と福祉センターの小埜さん――文化的他者として

優香が弁当工場に勤めていた2年ほどの間、私は小埜さんと連絡を取り合いながら支援を続け、優香にも事あるごとに小埜さんを頼るように伝える。小埜さんの優香に対する共感的理解のありようは、みずからを「なんちゃって」という小埜さんの言葉に象徴される。「なんちゃって」とは、「本物ではない」「偽物の」という意味の俗語である。初めて小埜さんからこの言葉を聞いたのは、小埜さんが運転するセンターの車に同乗して、無断欠勤した優香の家に向かったときである。優香が嫌がらずにセンターの面談を受けに行くことに私が感心すると、小埜さんは優香とよく部活動の話をするのだと言う。優香がマネージャーをしていた部活動に小埜さんも学生の頃、打ち込んでいたこと、もともと福祉に強い思い入れがあってこの職に就いたわけではないことを語り、小埜さんはみずからを「なんちゃって」だと言う。この言葉は小埜さんのメールの記述にも表れる。

TO：神谷先生
今日、優香さんは無事に仕事を終えたと連絡がありました。少しほっとしています。しかし「今後はどう？」と質問すると「難しいかも」と話していました。とりあえず「今月いっぱいはがんばって」とはっぱをかけておきました。もう少し長い目で人生を考えてもらえればと思いますが、なかなか難しいですね。私も19ぐらいのころは、目先のことしか考えていませんでしたから。まだまだ、優香さんとの信頼関係が築けていないのが現状です。何分私が「なんちゃって」なもので、今後も神谷先生のご支援を仰ぐ時が、多々あると思いますがよろしくお願いいたします。
(20xx.11.20)

小埜さんは、優香の異性関係の遍歴についても「私もかなりやんちゃをしていたので、少しは分かるような気がします。だから、なんちゃってなんですけど。」（小埜さんからのメール 20xy.1.29）と共感を示したことがある。私自身も大学卒業後に就いた中学校専任教諭の職を数年で辞し、夜間中学や定時制、特別支援学校などの講師を渡り歩いた経歴から、優香に共感的理解を示す小埜さんの「なんちゃって」に好感を抱き、優香の小埜さんに対する信頼は、社会的な役割期待をすり抜ける小埜さんのゆるやかさゆえととらえている。私も支配的文化における役割期待を相対化する必要性を感じており、それは支援者として優香を極力「がんばらせない」という私の姿勢に見て取ることができる。私は小埜さんへの返信にこう記している。

> TO：小埜さん
> 小埜さんのなんちゃっての部分に優香は随分楽な気持ちでお話しすることができているような気がします。他人ができることって限られていますよね。わたしが優香にしてきたことは、いつも、一緒にゴハンを食べに行くことでした。ゴハンを食べて、しばらくすると、いつも、「もう一度、がんばってみようかな」と優香のほうから言い、また少しの間がんばれるというくり返しでここまで来ました。甘やかしと言われても、優香ががんばれるのは、彼女の存在やがんばりを認めてくれる人がいるときで、（中略）11月末までがんばれたら、またゴハンを食べに行って、もう1ヶ月がんばれたらいいなと思っています。会社が我慢してくだされればの話ですが。
> 　　　　　　　　　　　　　　　　　　　　　　（20xx.11.21）

　小埜さんは短期間のうちに優香の信頼を得て、優香に話が通じる関係をつくる。優香は定期的にセンターの面談に現れ、体調不良も私に相談する前に小埜さんに伝えるなど、小埜さんを頼りにするようになる。

> TO：神谷先生
> 今日、面接をしました。先週からは、休まずに勤務しています。本

人からは、とても前向きな発言がありました。「1年間はがんばります。」って！！！とてもうれしくて。欠勤など同じことを繰り返していますが、彼女の言葉を信じてみようと思います。本人も周りの人に支えられていることを感じたみたいです。とりあえずは、短期目標として12月をがんばりましょうと伝えました。（会社が契約をしてくれればいいのですが？今月で切れてしまうので少し心配しています）（20xx.11.25）

■ 2.3.「私」と福祉センターの小埜さんの支援
　2.3.1. 生活習慣の立て直し
　幸い優香の勤務状況は落ち着き11月末には新たに契約更新に至ったものの、これまでの経緯から私は安定した状態が1年ももつはずがないと考えている。優香が体調を崩すと「ゴハン」に誘い出すのが私の常套手段だったが、この頃を境に「料理のレパートリーを増やしたり、家計簿をつけたり、薬の使い方を教えたり」（小埜さん宛のメール 20xx.11.30）、自立に向けた生活習慣の立て直しを図るようになる。

　優香は定期的に体調を崩す。特に冬は風邪を引きやすく、しばしば扁桃腺を腫らして声が出なくなる。よく高熱を理由に欠勤するが、体温計の電子音は聞き取りづらいようで正確に検温できているのかもわからない。体調不良を訴えるたびに「栄養のある温かいもの」を摂るようにとメールする。高等部の頃、体調が優れないときに栄養があると父親に言われたゼリー飲料しか摂っていなかったことがあり、一緒に買い物に行って栄養のある食物を教えたり、レトルトのおかゆを買い置きしたりするなど、具体的に教えたこともある。また、生理痛や腰痛を訴えることも多いため、身体を冷やさないように湯船につかるよう伝えているが、立ちくらみがすると言って嫌がる。頻繁に通院し、私も何度も同伴するが、一般的な薬を大量に処方されるだけである。一日三回食事をする習慣がないため、処方箋通りに服薬できず薬ばかりが溜る。ある通院時に私から医者に弱めの鎮痛剤を処方してもらえるよう依頼し、以降は軽度の頭痛や腹痛であれば鎮痛剤を飲んで十分睡眠を取るようにと優香に伝える。私が常々、薬の副作用の怖さを話して聞かせていること

もあってか優香は普段薬を使い慣れておらず、時折服薬させると効いたと感じることも多い。袋に入ったまま溜っていた薬を確認し、同じ鎮痛剤だけを残して捨てる。小埜さんにも優香のメンタルな部分を含む生活面の支援を依頼する。小埜さんは優香と週1回程度の面談を重ねながら、優香に料理のレシピを渡す、支出に気を配るなどの支援を進めてくれる。私は年末に優香の家でお雑煮と煮しめを作る約束をし、優香は小埜さんにもこのことを話す。小埜さんからは「年末のお雑煮作りとっても楽しみにしていましたよ。笑顔で話してくれました。」(小埜さんからのメール20xx.12.28)と聞く。

　生活習慣の立て直しと同時に、私から退職の可否に直接言及するのは避け、目標を持ちそれを達成してから次の仕事を探すように優香に伝える。優香にとって身近な運転免許の取得や自立資金の貯金をあげると、優香は父親が運送業で大型免許を保有しており「トラックの運ちゃん」に憧れがあること、また、父親に教習所に通う資金を出すと言われていることなどから運転免許の取得に関心を示す。優香のブログには時折「勉強」という言葉が見られるようになるが、それほど経たないうちにその様子が消える。優香にたずねると、学科試験に合格する自信がないようである。もう少し手近な目標として、小埜さんは危険だと反対するが、筆記試験のみで取得できる原付免許の取得を勧める。優香は問題集を購入して試験勉強をはじめるが、またしばらくすると免許の話題に触れなくなる。何度挑戦しても得点が合格基準に達しないと言う。現在でも運転免許の取得は保留されたままである。

### 2.3.2. 優香と「私」の関係性

　小埜さんとの連携による支援が功を奏して面談が軌道にのる。優香の体調は安定し、それに応じて欠勤も減る。年末年始は出勤になるがきちんと勤めあげ、その変化に小埜さんは驚く。


TO：神谷先生
　最近は休むこともなく勤務しています。先週も4連続勤務を無事に勤務しました。私生活では最近彼氏と別れたと言っていました。理由は「仕

事を中心にしたいから」的な発言をしていました。昨夏頃からは想像もつかない発言でびっくりしました。　　　　　　　　　　　（20xy.3.3）

　私はこの年度限りでＸ中学校の講師を辞し他県の大学で専任の職に就くことになっているが、優香にはまだ伝えていない。3月下旬の卒業式に優香が後輩の卒業を祝うため参列すると言うので、私は自分の卒業も兼ねてこの日に優香に話をするつもりでいる。しかし式の前日に優香から電話があり、別居しているはずの母親が急病で家を空けられず、式に参列できないと言う。私は釈然とせず、おり返し電話をかけて問い詰めると、優香は新しい彼が遊びに来るのだと白状する。そんなことでは怒らないから私には嘘をつくなと釘を刺すと、しばらくして神妙な様子で詫びるメールが届く。翌日の式の後、挨拶をと思い福祉センターを訪ねるが、あいにく小埜さんも席を外している。さらにその翌日の昼過ぎ、優香から着信がある。夕刻におり返すと「昨日は、ごめんなさい」にはじまり「小埜さんに全部聞いた。寂しかったでしょ。」「もう、仕事も休まないし、心配かけない。ちゃんと恩返しする。」と頼もしい言葉を優香から聞く。小埜さんが面談で、私が優香に会えず残念がっていたと伝えてくれたようだ。私は小埜さんが優香との信頼関係を確立したことを感じ、安堵する。優香の家への訪問は、私がＡ市の中学校を離れたことで区切りとなる。

　新年度以降も私はサイトで優香の様子を把握していたが、相変わらず一旦体調を崩すと数日連続して欠勤する。直接様子を見ることもできず、小埜さんとの連絡も月に数回になり、体調が悪いとぐずぐず言う優香のサイトを見ると苛立ちが募り仕事にならない。欠勤は次第に増え、夏には小埜さんも私も限界を感じるに至る。私はこれまでにない叱咤のメールを優香に送る。

　TO：優香
　優香、仕事に行ってる？今の優香は逃げてるだけだ。優香にはもっと勉強して人を助ける仕事をしてほしいけど、今の優香にはそれだけの力はまだない。優香が本気なら専門学校に行く学費を出そうと思ってい

ます。でも2年で200万かかるのよ。わたしも相当覚悟しないとできないわ。本気なら今、仕事を休んじゃいけない。優香が根性見せてくれたら8月に今後のことを相談しましょう。　　　　　　　（20xy.7.23 8:10 PM）

TO：神谷先生
今年1月になってから ほとんど、仕事行ってないなぁって思い込んでて。この時期は 毎年病み期が入っちゃうんだ。それをそろそろぬけ出したいんだ。いい加減な自分を変えたいなって思ってはいる。専門学校はもう諦めようかなって思ってる。どうせ、私には学校 長く行けないだろうとか思っちゃう。なら、ずっと仕事の道でいいかなって。とりあえず、明日からはまた頑張るって始める。　　　　　　（20xy.7.23 8:17 PM）

　しかしその翌日は欠勤し、サイトには「この痛みは半端じゃない…」「震えが止まらない」「もう、入院するしかない」と体調の悪さを訴える書きこみが並ぶ。その一方で、同じサイトからは、高等部時代の部活動の試合を連日のように応援しに行く様子が読み取れ、私の苛立ちは募る。8月中旬、小埜さんが優香の面談中に電話を寄こし、うながされて電話口に出た優香としばらく話をする。その日の晩、優香からメールが届く。

TO：神谷先生
先生、さっきは話聞いてくれてありがとうございます。先生のおかげで 少しは立ち直れること出来ました。あたし時々 18歳で仕事してる自分って普通なのかな？って思っていて あたしの周りには 専門・大学通っている多い 仕事の人あまりいない だからこそ 18で仕事してるの普通なんだぁってついに思っていた。でも、今の歳でチャンスたくさんあるのに なんか手遅れてるような感じがたくさんあった。明日から また一からやり直して 仕事しながら 勉強して 落ち着いたら、また新たな資格とって 目標立てるまで 頑張っていきます。いつか、自分を大きく変えて 落ち着いたら 先生に恩返しします。時間かかりますが 待っててく

ださい。必ず、いい報告出来るよう頑張っていきます。

(20xy.8.11 8:05 PM)

だが、この優香の決意も数日ともたない。再び欠勤しはじめた優香にとうとう小埜さんも退職は止むを得ないという雰囲気を漂わせる。私は、最後の手段として、高等部時代の優香に関する私の支援の記録を優香に見せることにする。

■ 2.4. 見えてきた「働くこと」の意味

私は2万字におよぶ記録を小埜さんに添付で送り、面談時に優香に渡してほしいと頼む。加えて、その数日前に優香宛に送ったメールを小埜さんに転送する。

> 自分を育てていく練習をしないとね。未来の自分に手紙を書いてみない？書くっていうのは、自分の成長が自分でわかるようになるってこと。だから今度は未来の自分を書いて、自分を育てていきましょう。あんまり先の話だと想像できないから、2ヶ月後、20歳になったときの自分に手紙を書いてみて。「20歳のわたしへ」ってね。仕事はどうしてるだろう。免許は？どんな自分になっていたらいいなって思う？書けたら見せてよ。
> (優香宛のメール20xy.8.20)

優香が高等部時代に書き綴っていたブログには、日々の出来事の合間に中学・高等部時代の家族や学校生活に対する思いがかなりの長文で残されている。それらの文章はみずからの恵まれない家庭環境、辛い経験と距離を置き客観的に見つめ直す役割を果たすと同時に、過去をふり返ることで将来に思いを馳せる機会となっており、優香の精神安定剤として機能していた。私は、優香が自分で区切りをつけられるまで勤めを継続できるように、書き残すことで気持ちを維持することができればと思い、優香にこのメールを送るが返信はない。小埜さんにはこうした経緯を伝えるとともに、面談時に優香に気

第12章 優香を育てた私・育てられた私

持ちの変化があればそれを書き留めておかせるように頼む。小埜さんは私が添付した記録の一部を優香に見せて私が優香にかけてきた心配りを切々と彼女に説き、優香はその場で泣き崩れる。面談後、彼女が退職を思い留まったと小埜さんから聞く。翌日、優香に励ましのメールを送ると、しばらくして返信が届く。

　　TO：神谷先生
　　今回の件で 凄く、響きました。実際、私は母さんと父さん離婚して欲しくはなかった。私のせいで 母さんや父さんに 悲しませるようなとして 私は散々と悪さしてきた人生だった。本当に『この温もりなんだ』って 全く分からなかった。自分はなんのために 仕事の道で選んだろうってやっとわかってきてまた今日から 少しずつやっていくって決めました。専門や大学は諦め 人を助けるようなことを出来たら この道で行こうかなって。現実とは全く違うかもだけど。自分には 出来るかわからないけど、今まで逃げた分を これからの道に 違う力を身に付けます。今 目の前にあるものをやってから また新たに考えていきます。そして いつもありがとうございます。必ず、先生を安心出来るようします。かなり時間は掛かりますが、待ってて下さい。私と先生は強さは全く差違うけど、『大森優香』て見せてやります。おやすみなさい。
　　　　　　　　　　　　　　　　　　（20xy.8.26 12:22 AM）

　この決意がどの程度継続するか一抹の不安はあったが、X中学校で出会ってから8年近くの私の見守りは、小埜さんと優香の信頼関係を介在として優香に伝わったようだ。月を改めて職場に復帰した優香からのメールには、それまでとは明らかに異なる気持ちの転換が感じられるようになる。

　　TO：神谷先生
　　先生 金曜日から復活して まだ一回も休んでいません。今日、久々の残業しました。最近、仕事が楽しくて おばさんたちに助けられて 夜勤の

人からおかず貰えたりなど それじゃなく、私をプラスにしてくれてる先生や小埜さんがいてくれてるからこそ 私は頑張れます。小さな報告だけど、安心して下さい。
（20xy.9.1 6:28 PM）

　優香の安定した状態はこれまでになく長続きする。1か月後の10月初旬、私は前年初秋の退職騒ぎを思い起こしながら、優香にメールを送る。

　TO：優香
　最近の優香を見ていて、この1年間のことを思い出してたよ。去年の10月にも、もうダメかなってときがあったね。あれから1年、いろいろあったけど、この夏、また優香は大きく成長したね。何より「仕事が楽しい」って初めて聞いてびっくりしたし嬉しかった。「仕事続けてるか？少しでも新たな自分でいるか？」って書いた1ヶ月前の自分を覚えてる？二十歳の優香はどんなおとなの女性になっているんだろうね。
（20xy.10.5 11:50 PM）

　TO：神谷先生
　確か！丁度一年前になったはず。本気で、「辞めるしかないな」って言った言葉今でも覚えている。だけど、今の自分はまだまだ甘い!!!!! これからも色んなことを経験が必要だなってある自分がいる。確かに、今年初めて「仕事楽しい」って本気で思えたんだ これからも諦めないで最後まで強しでいます。
（20xy.10.5 11:56 PM）

　翌11月には連日の勤務や残業もこなし、年末年始には休日出勤の手当ても加えて収入は月10万円を越えるようになる。しかし年明けにC市に転居して福祉センターの管轄および担当者が変わるなど、いくつかの契機を経て生活が一気に不安定になり、就職3年目を迎える春、退職に至る。

　同年5月末、優香は、転居先のC市で福祉センターの支援を受けながら

求職活動をはじめ、ドラッグストアの店員としての採用が決まる。勤務の初日から客を案内して礼を言われたり励ましの言葉をかけられたりして「疲れがぶっ飛んだ」と満足げな様子をみせる。来店する客に力づけられ、パートの中年女性らや学生アルバイトとの連携ができて生活が整いはじめた10月初め、優香のひとりだちにおいて、ひとつの転機となる思いがブログに記される。彼女が自分の人生に抱いた自信を私はこのとき初めて目にする。

> この道で行って良かったと思えてきた。元々は、高校卒業して大学行くつもりだったが。就職の方へ！！この道で、色々学べた。今でも、まだまだ学べなきゃいけないことたくさんあるけど。（中略）仕事っていうのは「自分で楽しみ方を探す」この意味。お客さんと会話する時も、自分で言葉を探す。全て、自分から探すのもありなんだなって思った。
>
> (20xz.10.5)

### 3. 優香のひとりだちとその支援を読み解く——発達文化の視座から

#### ■ 3.1. 発達文化の変容

人は「文化」によって、自らの生そのものに意味を付与し、社会的なアイデンティティを獲得する（高山 2012:34）。支配的文化においては、新規学卒一斉就職—正規雇用というライフコースのなかで、企業に身を置く労働者としての社会的アイデンティティは標準的と位置づけられ、強固な肯定的イメージを持つ。他方、優香やその親密圏にある人びとにとって、非正規雇用の単純労働である彼女らの労働世界は、みずからのアイデンティティを重ねるに足る魅力ある社会空間[3]とは見なされにくい。優香が初職で勤務したのはシステム化された工場であった。ベルトコンベアーの流れに従いただ黙々と続く作業は、優香にとって苦行以外の何ものでもなく、時給800円にも満たない給与はその苦行を耐えるだけのインセンティブにはならなかった。

優香に労働者としてのアイデンティティ形成を求める「私」や福祉センター

の小埜さんは、彼女にとっての文化的他者である。しかし、共感的理解のある支援者を得て、優香は支配的文化が課す「真面目な労働者」という役割を彼女の利益や感情に沿うように変形していく。すなわち、客や同僚との直接的なコミュニケーションのなかにみずからを位置づけ、社会的なアイデンティティを獲得する場として職場を利用するようになる。労働世界において優香は「働きもの」をめざす。それは、働きものと「言われたい」という優香の言葉が端的に示すように、〈顔〉のみえる関係において承認されることを望む相手にのみ臨機応変に使い分けられるアイデンティティなのである。

■ 3.2. 伝達エージェントの組み合わせ

　優香のアイデンティティ形成を支える人的資源は、家族や遊び仲間など、親密圏にある限られた人びとであるが、優香とこれらの人びととの関係は流動的である。高等部を卒業後に継続的なかかわりがあるのは、中学校で優香を担当した特別支援学級講師の「私」と、福祉センターの小埜さんである。「私」は優香の生活全般を支援する一方、優香が〈オルターネーション〉ではなく今ある環境のなかで自前のひとりだちを果たせるよう、母親や仲間との関係には中立的な立場を保つことを心がけていた。小埜さんは福祉施設の職員として障害者の就業促進という役割を担いつつ、優香の支援にあたった2年余りの間、彼女への共感的理解を以て関係を築いた。優香が職場に居場所を見い出し、アイデンティティの獲得に至る際、その場を形成したのは、パートの中年女性らである。複数の中年女性が実の娘のように優香に接し、彼女を労り食事をともにしていた。

■ 3.3. 伝達過程

　「私」は、しばしば「ゴハン」を食べに優香を連れ出した。ときには料理や食後の片付けも一緒にした。また、毎日のように更新される優香のブログを頻繁にチェックし、常に優香が連絡をして来られる環境を作り、自分から連絡することもあった。彼女が体調不良を訴えれば通院にも同伴した。生活の一部を共有することによって、「私」は優香にとって彼女が言うところの「家

族的存在」になっていく。

　「私」は、労働に関しても、優香の価値観に沿う励ましを心がけた。「世話になった父親に恩返しを」「中学時代の担任を安心させられるように」などの承認関係に基づく叱咤激励のほうが優香には理解されやすかった。親密圏にある人びとと同様に、支配的文化の基準による評価や指導を極力避けた「私」の支援は、優香の自前のひとりだちを支えたが、みずからに葛藤を引き起こすことにもなった。そのひとつは、優香が家族や遊び仲間との関係にアイデンティティ形成の大半を依拠し、それ以外の資源の模索に消極的なことに対してである。教師である「私」は、優香には新たな資源を獲得させ、限られた資源を頼りに生きるしかない優香の親密圏にある人びととは異なる生き方を選ばせたいという〈オルターネーション〉への期待を手放すことができなかった。また、支配的文化寄りの自己実現を避けては、現実的な生計の維持が難しくなることにも葛藤を覚えた。優香が体調不良を口実に何日も欠勤すると、「私」は心中穏やかではいられなくなる。支配的文化に属する「私」は、体制のなかで「真面目な労働者」と評価されれば、ある程度の生活の安定という見返りが得られることを知っている。非正規雇用とはいえ失業、さらには再就職の厳しさを思うと、安定を願ってしまうのである。優香に自前のひとりだちを願いつつ、支配的文化との狭間で軋轢に煩悶しながら「私」が採った戦術は、優香と生活の一部を共有するなかで家族的存在として彼女の親密圏に入り込み、ともに支配的文化の拘束をすり抜ける契機を探ることであった。

## 4. 独自のひとりだちへの支援──発達文化の「越境」に向けて

　社会的に不利益を被るマイノリティの闘いは、努力してマジョリティ寄りの自己実現を図るか、支配的文化に抵抗して自前のひとりだちをめざすかという二択に限定されがちである。しかし、「支配的発達文化になじもうとしない人、それに拝跪するわけでもなく、さりとて生まれもった自己の発達文化に閉じこもるわけでもなく、それらを相対化しつつ、二つ以上の常識の

亀裂を眺めつつ、独自のひとりだちのイメージを膨らませ、具体化していくものがでてきた」（関 1998:287）。自分が選び決めた生き方と自己の社会的実現を果たす過程、さらにはそれにふさわしくまわりの人間、自然との関係を新たに組み替え、貼られたスティグマさえすり抜けて、有徴性ではくくり切れない存在になっていく、そのようなマイノリティのひとりだちを、関（1998:287）は「越境」と表現した。優香は、家族や遊び仲間などとの間に存在した承認関係を労働世界に持ち込み、パートの中年女性らとの家族的なつき合いを通じて、職場に社会的アイデンティティ形成の場を獲得しはじめた。職場のママ達に働きものと認められ、「仕事が好き」と言う自信に満ちた現在の優香は、規範的な労働者であることを求める支配的文化の労働世界において、自前の価値観を生きる抜け道を見い出しつつある。

　玉井（2001:270）によれば、スタンレー少年らにかかわった保護観察官やケースワーカーは、彼らがおかれた状況を見ようとせず形式的な処遇を行ったために、その更生に失敗していた。支援者は、身体化された支配的文化のゆえに規範に強固な肯定的イメージを抱き、課された社会的役割を自発的に果たしてマイノリティを支配的文化に回収し、結果として体制の維持に寄与していく。支配的文化の体系から相対的に自律した、またはその異なる読み替えを可能にする社会空間を作り出すには、支配的文化の相対化を可能にするような、異なる意味の体系、すなわち「文化」の参照が必要である（高山 2012:36）。「私」や福祉センターの小塁さんは、共感的理解を以て優香と生活の一部を共有し、そこに親密圏の人びととは異なる関係を構築して優香のひとりだちを支えた。「プロセスと文化の内実の理解の上に立った支援」（新谷 2002:167）には、支援者自身が身体化した支配的文化を克服する過程の葛藤を伴う。みずからも体制のなかで常に周辺化される可能性を帯びた存在であるという自覚の上に、その葛藤を引き受けてともに抜け道を探るとき、支援者もまた、オルタナティヴな発達文化創造の担い手となりえるにちがいない。

## 【註】

1. 「文化」は、諸個人が自己と他者とを社会的な文脈で把握し、了解するための、特定の支配的な枠組みを提供する。諸個人の世界観が限定されてそれ以外の世界観が圧殺され、他には選択肢が無いかのごとくに、特定の方向性に沿った形での社会的アイデンティティ形成を奨励するのが「支配的文化」である(高山2012:34)。
2. 本章のモノグラフは、本人および関係者の承諾のもと、本人を含む関係者の氏名はすべて仮名とし、地名などの固有名は必要最低限の情報にとどめた。年号は20xx年の翌年を20xy年、翌々年を20xz年と表記している。
3. 集合的な文化形成の基盤となるもの。高山(2009:375)は、学校外の「共有された文化」は存在をほぼ否定されていると指摘する。

## 【引用・参考文献】

新谷周平(2002)「ストリートダンスからフリーターへ―進路選択のプロセスと下位文化の影響力」教育社会学学会『教育社会学研究』71、151-168頁。

新谷周平(2006)「フリーター・ニートと教育の課題―差異化と抵抗の観点から」日本教育学会『教育學研究』第73号第4巻、470-481頁。

関啓子(1998)「比較発達社会史の冒険」中内敏夫／関啓子／太田素子編『人間形成の全体史―比較発達社会史への道』大月書店、281-311頁。

関啓子(2012)『コーカサスと中央アジアの人間形成―発達文化の比較教育研究』明石書店。

玉井眞理子(1998)「初期シカゴ学派モノグラフ クリフォード・ショウ『ジャック・ローラー』の生活史法」『大阪大学教育学年報』Vol.3、91-104頁。

玉井眞理子(2001)「『ジャック・ローラー』にみる矯正教育―〈オルターネーション〉の概念を手がかりとして」『日本教育社会学会大会発表要旨集録』53、270-271頁。

中西新太郎(2004)『若者たちに何が起こっているのか』花伝社。

中西新太郎／高山智樹編(2009)『ノンエリート青年の社会空間―働くこと、生きること、「大人になる」ということ』大月書店。

高山智樹(2012)「私たちはどのような「文化」を生きているのか―「若者」から「支配的文化」を考えるための一視角」『社会文化研究』第15号、29-47頁。

山田富秋(2011)『フィールドワークのアポリア―エスノメソドロジーとライフストーリー』(松山大学研究叢書)第66巻、せりか書房。

Shaw, Clifford R. (1930) *The Jack-Roller: A Delinquent Boy's Own Story*, Chicago: University of Chicago Press.『ジャック・ローラー―ある非行少年自身の物語』玉井眞理子／池田寛訳(1998)、東洋館出版社。

Willis, Paul E. (1977) *LEARNING TO LABOUR: How working class kids get working class jobs*, Farnborough, Hants: Saxon House.『ハマータウンの野郎ども―学校への反抗・労働への順応』熊沢誠／山田潤訳(1996)、ちくま学芸文庫。

## あとがき

　本書の作成は、2011年5月、執筆者が「比較発達社会史研究会」を組織したことからはじまる。その第一回の研究会において、編者のひとりである関から、近代教育を批判的に検討し、〈育てる・育つ〉をめぐる発達文化にかんする比較研究の新たな地平を拓きたいという思いが語られた。具体的には、近代教育からもれた人びとの参加や包摂をどのようにとらえるのか、育ちと発達（ひとりだち）を学校という制度からいかに解放するか、そして、学力から学校をいかに解放するかの三点に着目し、近代教育の閉塞状況を打ち破り、突破する力をもとめたいという問題提起がなされた。

　この提起を受けて、その後二年余りの間、数回の研究会をもつこととなった。時には二日間をかけた研究会もあり、毎回、各自が研究成果や進捗状況を報告し、相互に検討を重ねてきた。この過程において、各執筆者は、それぞれの専門領域が異なるものの、少なくともみな、先の関の問題提起をゆるやかながらも共有してきたように思う。そして、発達文化をめぐる各執筆者の論考がとぎすまされていくこととなった。それは、従来の教育研究ではあまりあつかわれることのなかった、あるいは周辺的なものとしてあつかわれてきた主題や地域が、本書において研究対象となっていることからもみてとれるだろう。

　グローバル化の時代といわれる今日、社会が大きく変容を迫られるなかで、就学前教育から高等教育にいたるあらゆる段階において「教育改革」の嵐が吹き荒れている。しかしながら、生徒・学生と接している現場の教員は、「上からの改革」によって増大する膨大な業務に追われ、その結果、皮肉にも生徒・学生とじっくりと向きあう時間が減っていく。さらに、トップダウンの名のもとにおこなわれる「改革」に、現場の教員は疲弊するばかりか、生徒・学生、保護者までもがそれに振り回される。いったい誰のための何のための「改革」

なのか、それが生徒・学生に本当に意味あるものなのか、そのような疑問を抱え、悩み苦しみながら日々の教育活動に従事している教員も少なくないであろう。そして、その「改革」によって、教員はおのずと自らの属する組織のこと、あるいは自身のことのみを思考するように仕向けられていく。それは同僚性を弱め、グローバル化のもとで求められているはずの、組織および分野横断的で多様で多層な研究や教育への志向、また長期的で複眼的な視野を削いでいく。失ったものを取り戻すにはどれだけの年数が必要とされるのだろうか。もう遅いのか、まだ間に合うのか。

このように、「上からの改革」によって、制度的に学校教育を変革しようとする政策が進むなか、子どもの「ひとりだち」を学校という制度から一旦解放するという本研究会での課題は、研究会発足当時よりますます喫緊の課題となっている。いうまでもなく、近代教育の刷新はあまりにも重い課題であり、その到達点ははるか彼方にある。しかしながら、ひるむことなくそれに向けた歩みを進めるべきであろう。本研究会が活動してきたこの三年余りの間に、メンバー三人に子どもが誕生した。多文化な生活世界で生きていく子どもたちである。短期的効果を求めるような改革ではなく、その子どもたちの未来、そしてその先も見通した歩みを続けていきたい。本書が、そのささやかな第一歩となれば幸いである。

本書の刊行にあたっては、当初、寄稿予定であった奥村育栄氏が諸般の事情でそれがかなわなかったが、編集過程においてすべての原稿に目を通して的確な指摘をするなど、編集作業の多くの部分を担当することとなった。編者にとってとても強力な編集協力者であった。また、東信堂の下田勝司氏には、二度にわたり研究会にご足労いただき、「劣化する日本社会」に対する強い危機感を語っていただいた。そして、本書の趣旨と意義にご賛同くださり、本書の出版をお引き受けくださった。このほか、個々の執筆にあたってご協力くださった方々が数多くいることも忘れてはならない。みなさまに心からお礼を申し上げたい。

2014年7月18日

青木利夫・柿内真紀

## 執筆者紹介（○　編者）

○　関啓子（せき　けいこ）（第 1 章）

一橋大学名誉教授、博士（社会学）　関ノ森環境文化研究所所長
『コーカサスと中央アジアの人間形成―発達文化の比較教育研究』明石書店、2012 年
『環境教育を学ぶ人のために』（共著）世界思想社、2009 年
『ヨーロッパ近代教育の葛藤―地球社会が求める教育システムへ』（共編著）東信堂、2009 年
【研究テーマ】
専門は、教育思想史、比較教育学、環境教育学。エスニシティ、エコロジー、ジェンダーをキー・ワードに人間形成を研究してきた。研究対象地域は主に旧ソ連圏である。いま取り組んでいる課題は、動物と人間との共生を阻んでいる障壁を、限りなく動物の立場に立って明らかにし、野生動物と人間との共存の方法を模索することである。どうすれば自然・緑地を残せるか、という環境問題に引き続き取り組むとともに、原発事故と教育をめぐるベラルーシの経験を日本・福島の人々に伝達できるように研究したいと願っている。

木下江美（きのした　えみ）（第 2 章）

一橋大学大学院社会学研究科特別研究員、放送大学非常勤講師、博士（社会学）
「ドイツの生活誌研究にみる人間形成への関心―教育研究における質的方法論の展開に着目して」『一橋社会科学』第 6 巻、一橋大学、2014 年
「近代教育と生活誌―研究方法論の日独比較が示唆するもの」『比較教育学研究』第 41 号、東信堂、2010 年
「教師の生活誌と近代教育―東ドイツ地域における転換期のライフヒストリー」一橋大学大学院社会学研究科博士論文、2010 年
【研究テーマ】
ドイツで展開している生活誌研究・ナラティヴ・インタヴュー論の検討をとおし、教育社会思想史の研究方法を探っている。そのため、1970 年代後半以降、とくに 1980 年代末以降今日まで東ドイツで展開してきた教育運動や学校設立運動にかかわった人びとの生活誌を聞きとり、そこに現れる社会空間をどう叙述できるかを考えている。

○　柿内真紀（かきうち　まき）（第 3 章）

鳥取大学大学教育支援機構准教授
「ラトヴィアの言語政策と市民性教育」近藤孝弘編『統合ヨーロッパの市民性教育』名古屋大学出版会、2013 年
「イギリスにおける EU 域内の人の移動と教育の諸相」『教育研究論集』3 号、鳥取大学、2013 年
【研究テーマ】
これまでの研究フィールドはイギリス（スコットランド）およびヨーロッパ。近年はヨーロッパ統合と教育を主題に、EU の教育政策、EU 新規加盟国の位置、人びとの EU 域内移動に関心を持ち、教育にかかわるトランスナショナルな空間の捉えられ方や社会統合のありようについてもう少し探りたいと考えている。

### 三浦綾希子（みうら　あきこ）（第 4 章）

中京大学国際教養学部専任講師、博士（社会学）
「多文化地区における地域学習室の機能―ニューカマー 1.5 世を対象として」『移民研究年報』19 号、現代史料出版、2013 年
「フィリピン系ニューカマーのネットワーク形成と教育資源―家事労働者の母親に注目して」『異文化間教育』37 号、国際文献印刷社、2013 年
「フィリピン系エスニック教会の教育的役割―世代によるニーズの差異に注目して」『教育社会学研究』90 号、東洋館出版社、2012 年

【研究テーマ】
教育とエスニシティ、国際移動をテーマに研究を進めている。具体的には、多様な外国人が多く住む地域でのフィールドワークから、子どもの育ちとエスニックコミュニティとの関係性を明らかにすることを課題としている。

### 呉永鎬（お　よんほ）（第 5 章）

一橋大学大学院社会学研究科博士後期課程
「朝鮮学校の教育の成立過程に関する教育学的研究―その理念、内容、場の検討から」『〈教育と社会〉研究』第 22 号、2012 年
「朝鮮学校教育の『日常』からの性格検討― 1950 年代後半における朝鮮学校教員に求められた『教員性』の分析から」『在日朝鮮人史研究』第 41 号、2011 年

【研究テーマ】
戦後日本に叢生し展開した朝鮮学校の教育史を研究している。これまで朝鮮学校の歴史は事件史、運動史として叙述されることが多かったが、教科書やカリキュラム、教員養成、授業実践といった教育の日常史を掴み出すことによって、被支配者たちの脱植民地化への向き合い方と、そこにおける教育の役割を考究することが可能になると考えている。

### ○ 青木利夫（あおき　としお）（第 6 章）

広島大学大学院総合科学研究科准教授、博士（社会学）
『20 世紀メキシコにおける農村教育の社会史―農村学校をめぐる国家と教師と共同体』溪水社、2015 年
「闘う地域の変革者としての農村教師― 20 世紀前半のメキシコにおける教師の記録」槇原茂編『個人の語りがひらく歴史―ナラティヴ／エゴ・ドキュメント／シティズンシップ』ミネルヴァ書房、2014 年
「メキシコ教育省の再建と教育の『連邦化』」牛田千鶴編『ラテンアメリカの教育改革』行路社、2007 年

【研究テーマ】
20 世紀のメキシコにおける農村教育、先住民教育の社会史研究をおこなってきた。現在は、おもに、20 世紀後半から現代におけるメキシコの「多文化教育」にかんする研究を進めている。今後は、日本ではまだ研究がほとんどなされていないメキシコにおける子ども史研究に着手したいと考えている。

## ギタウ（藤田）明香（ぎたう　ふじた　あすか）（第7章）

外語ビジネス専門学校常勤講師、一橋大学非常勤講師、博士（社会学）
「ケニア牧畜民サンブル社会における保育プログラム」丸山英樹・太田美幸編『ノンフォーマル教育の可能性—リアルな生活に根ざす教育へ』新評論、2013 年
「生活世界の中でのノンフォーマル教育の考察—ケニア共和国牧畜民サンブル社会におけるチェクティプログラムを事例として」『日本学習社会学会年報』第 1 号、2005 年
「牧畜民サンブル社会における学校教育と『サンブルの教育』間の葛藤を越える模索」一橋大学大学院社会学研究科博士論文、2004 年
【研究テーマ】
研究テーマは、アフリカ地域、特にケニア農村地域・牧畜民地域における人間形成（学校教育・ノンフォーマル教育・インフォーマル教育等）。現在は、牧畜民サンブル地域の口頭伝承の中に、子どもたちの人間形成に関わるいかなる要素が含まれているのかについて研究している。

## 太田美幸（おおた　みゆき）（第8章）

一橋大学大学院社会学研究科准教授、博士（社会学）
『ノンフォーマル教育の可能性—リアルな生活に根ざす教育へ』（共編著）新評論、2013 年
『生涯学習社会のポリティクス—スウェーデン成人教育の歴史と構造』新評論、2011 年
『ヨーロッパ近代教育の葛藤—地球社会が求める教育システムへ』（共編著）東信堂、2009 年
【現在のテーマ】
教育制度の外で展開されるノンフォーマル教育を主な研究対象とし、教育の組織化過程に働く多様な力学とその結果として形成される「学習社会」の構造を比較研究・歴史研究によって解明することを目指している。

## 見原礼子（みはら　れいこ）（第9章）

長崎大学多文化社会学部准教授、博士（社会学）
『オランダとベルギーのイスラーム教育—公教育における宗教の多元性と対話』明石書店、2009 年
「ベルギーの公教育における宗教シンボル論争の矛盾点」内藤正典・阪口正二郎編『神の法 vs. 人の法—スカーフ論争から見る西欧とイスラームの断層』日本評論社、2007 年
【研究テーマ】
ヨーロッパを主なフィールドとして、多文化社会における移民の教育問題や子どもの虐待問題に関する研究を進めている。

## 高尾隆（たかお　たかし）（第10章）

東京学芸大学芸術・スポーツ科学系准教授、博士（社会学）
『インプロする組織—予定調和を超え、日常をゆさぶる』（共著）三省堂、2012 年
「演劇教育研究の方法論の現在—演劇教育研究の質的方法化と質的研究のパフォーマンス化の接点で」『演劇学論集』第 50 号、2010 年
『インプロ教育：即興演劇は創造性を育てるか？』フィルムアート社、2006 年
【研究テーマ】
専門はインプロ（即興演劇）、演劇教育、応用演劇、演劇ワークショップ。学校、劇場、企業、地域などでインプロ・ワークショップをおこなうかたわら、インプログループ「即興実験学校」を主宰し、舞台にも立つ。最近は、吹奏楽教育をテーマにした実践、研究もはじめている。

金子晃之（かねこ　てるゆき）（第 11 章）

桜花学園大学保育学部・同大学院人間文化研究科教授、博士（社会学）
「保育の思想と制度」米山岳廣・由田新編『保育学の展望』文化書房博文社、2013 年
「知的障害者施設における援助技術の原理的問題点と権利擁護の課題」『社会福祉学』41-1 (No.62)、2000 年
「19 世紀前半のイギリスにおけるオウエンの教育論の位置―性格形成論と Township の構想を通して」『日本の教育史学』第 34 集、1991 年
【研究テーマ】
現在の研究テーマは、学校外教育と学校教育との関係を考察し、児童生徒が育つ条件、および教師が育つ学校文化を探ることにある。また地域と教育との関係を教育思想史的に捉えなおすことに取り組み始めている。


神谷純子（かみたに　すみこ）（第 12 章）

帝京科学大学こども学部児童教育学科准教授、博士（社会学）
「教師のリフレクシヴな記述による実践研究の可能性―夜間中学の教育実践にはたらく権力作用に着目して」『日本学習社会学会年報』第 9 号、2013 年
「夜間中学日本語学級におけるマイノリティ教育の試み―教師・生徒間の権力の関係に焦点を当てて」『異文化間教育』第 38 号、2013 年
【研究テーマ】
社会の主流から外れて生きなくてはならない人びとや子どもたちの人間形成のありかたとその支援を研究している。他人と「違う」ことが豊かさにつながるような小さな空間を社会や学校の中に見い出すことをめざす。


編集協力

奥村育栄（おくむら　いくえ）

浦和大学非常勤講師、一橋大学大学院社会学研究科特別研究員、博士（社会学）

# 索　引

## 【ア行】

アイデンティティ　　　　v, 5, 6, 9, 12-15, 23, 55, 56, 59, 66, 67, 76, 77, 79-81, 84, 93, 101, 104, 113, 144, 149, 154, 158, 163, 164, 166, 169, 170, 192, 215, 232, 250-254
遊び　　79, 80, 131, 137, 138, 221, 227, 239, 245, 251-253
アタッチメント　　　　　　　　230-231
アラビア語　　　16-19, 175, 181, 187-189
イギリス　　　　46, 47, 49-56, 59, 61-63, 178, 184, 193
イスラーム　　　vi, 8, 12-14, 16-19, 22, 174-183, 185-189, 191-193
イスラーム相互扶助同盟　　　　　　186
移民　→「労働移民」も参照
　　　　49, 50, 55-57, 61-63, 66, 67, 174, 175, 177, 181-185, 235
EU（欧州連合）　　iv, 6, 46-51, 53-55, 57, 60-62, 174
イリイチ、イヴァン（Illich, Ivan）　124
インディヘニスモ　　109, 116, 119, 122, 125
インフォーマル　　　iii, 21, 22, 152, 154, 170, 183
インフォーマル教育　　　　　　　170
インフォーマル文化化　　132, 232, 236
インプロ　　　　　　　　　　196, 212
ウィリス、ポール E.（Willis, Paul E.）　235
埋め込まれた学習　　　　　　205, 206
ウリマル　→「朝鮮語」も参照
　　　　　　　　　　　　　　102, 103
英語　　9, 18, 19, 53, 54, 59, 61, 68-70, 73, 79
エスニック境界論　　　　　　　　　77
エスニック文化（民族文化）
　　　　　　　　67, 72, 73, 81-84, 91
エスノグラフィ　　　　　　　67, 236
越境　　　　　　　　　　　v, 252, 253
エラスムス・プラス（Erasmus+）　60

エリート　　ii, 5, 144, 146, 148, 149, 163
NGO　　　　　　　　　　　　125, 131
欧州2020（Europe2020）　　　　　　60
オルターネーション　　235, 236, 251, 252

## 【カ行】

改革教育運動　　29, 30, 35, 37, 38, 40, 42, 43
改革教育学　　　　iv, 25, 30-32, 34-43
学習する組織　　　　　　　　　　204
学習の転移モデル　　　　　　　　205
カザン市・カザン大学　　　　　10-13
家畜　　　　8, 133-136, 138, 139, 141, 148
割礼　　　　　135, 136, 141, 143, 145, 149
家庭の教育力　　　　　　　216, 217, 219
川田順造　　　　　　　　　　　　147
教育社会思想史　　　　　　26, 41, 42
教育ヘゲモニー　　　　　　　　8, 10
規律訓練装置　　　　225-227，229，230, 232, 233
グノ　　　　　　　　　　　　　　134
クラン　　　134, 135, 141-143, 148, 149
クリフォード、ジェイムズ（Clifford, James）
　　　　　　　　　　　　　　　　236
グリーンリーフ、ロバート K.（Greenleaf, Robert K.）　　　　　　　　　　202
クルアーン　　　14-18, 177, 181, 182, 188-190, 192
グループ・フロー　　　　　　209, 213
グローバリゼーション（グローバル、グローバル化）　　i-iv, 4, 6-8, 10-12, 21, 22, 111, 112, 179, 232, 256257
ケアの教育　　　　　　　　　　　202
ケイ、エレン（Key Ellen）　161, 162, 166, 171
敬意　　　　　　　　　　　　　　140
ケニア　　　　　　vi, 130, 132, 147, 149
口頭伝承（口承）　vi, 130-132, 137, 140, 141, 143, 144, 146-149
コスモロジー　　　　　　　　　　131
コミュニケーションとしての音楽
　　　　　　　　　　　　　209, 211

娯楽　20, 130, 141, 143, 147, 148, 161, 166
権田保之助　143, 147

## 【サ行】

サーバント・リーダーシップ　202
在日朝鮮人　→「朝鮮民族」も参照
　　v, 87, 88, 90-93, 96-101, 104-106
サパティスタ　108, 112, 115, 125
サンブル　130-149
シャイミーエフ、ミンチメル・シャリポーヴィッチ(Шаймиев, Минтимер Шарипович)　9, 12, 22
ショウ、クリフォード R.(Shaw, Clifford R.)　234-236
ジェンダー　i, 58, 176, 182, 183
しつけ　216-220, 233
支配文化(支配的文化)　iii, iv, 67, 68, 72, 83, 84, 234, 235, 237, 242, 250-254
社会構成主義　198, 199
社会統合　48, 61
祝祭　141-143, 148, 159, 164, 165
生涯学習プログラム(LLP) 2007-2013　60
状況的学習論　200, 202
少数民族　132, 149
植民地支配　87, 90, 92, 93, 97, 122
スヴィヤシスク　12, 23
スウェーデン　vi, 50, 152, 160-171, 178, 193
スコットランド　53, 55-59, 62
スペイン語　79-81, 109, 110, 112, 114, 118, 120-122, 125
スワヒリ語　147
セルトー、ミシェル・ド(Certeau, Michel de)　26-28, 32, 41, 43
センゲ、ピーター M.(Senge, Peter M.)　204
先住民(先住民系、先住民族)　v, 107-125
相互扶助　5, 140, 181, 188
ソーシャル・ネットワーク　53-55, 58, 59
組織開発　203, 204
ソヴィエト連邦(ソ連、ソ連邦)　iii, iv, 4-10, 20, 21, 31, 43, 46-48

## 【タ行】

タガログ語　73-75, 82, 85
タタール語・タタール人　8-10, 15-18, 21-23
タタルスタン　iv, 4, 6, 8-14, 16, 19-23
脱植民地化　v, 92, 93, 96, 97, 100, 105
多民族国家(多民族社会)　8, 48, 49, 132
チクセントミハイ、ミハイ(Csikszentmihalyi, Mihaly)　209, 213
知識基盤型社会　60, 61
朝鮮学校　v, 87-94, 96-101, 103-106
朝鮮語　→「ウリマル」も参照
　　94, 102-106
朝鮮民族　→「在日朝鮮人」も参照
　　89, 90, 92, 97, 102, 104
ディアスポラ　9, 93, 96
転換期　iii, iv, 25-29, 31, 32, 42
伝統文化　162, 163, 167
ドイツ　iv, 29-32, 35, 37, 38, 42, 47, 50, 51, 156, 171, 178, 179, 182, 193
東欧(東欧諸国)　iv, 46, 47, 50, 57
ドゥルーズ、ジル(Deleuze, Gilles)　226
道具　vi, 81, 110, 137, 152, 154, 156, 157, 160, 161, 164, 170, 199, 200
土曜学校(補習校)　53, 54, 56-59
トルコ　177-179, 182, 187, 192, 193

## 【ナ行】

ナショナリズム　160, 166, 169
二言語教育　108, 109, 118, 120-122, 124
二言語文化間教育　v, 107, 108, 111-119, 121-124
日常物質文化　vi, 154, 159, 161
二文化二言語教育　108-112, 116, 119
日本語　v, 57, 66, 68, 70, 71, 73, 78-81, 85, 88, 100, 102, 103
ニューカマー　v, 66, 67, 69, 70, 87
年齢階梯　135, 143
年齢組　135, 136, 140, 142
ノンフォーマル　iii, vi, 174
ノンフォーマル教育　20-22, 132, 152, 154, 170, 171, 175, 181, 191, 232

| | | | |
|---|---|---|---|
| ノンフォーマル文化化 | 236 | マジョリティ | 68-70, 72, 149, 252 |
| | | マドラサ | 14 |

**【ハ行】**

| | |
|---|---|
| バーガー、ピーター L.(Berger, Peter L.) | 198, 235 |
| バイリンガル | 8, 9, 118 |
| バルト諸国 | iv, 46, 47 |
| 半遊牧生活 | 133, 136, 137 |
| 東ドイツ(DDR) | iv, 25, 29-32, 34-43 |
| PISA | i, 7, 107 |
| 平等 | 69, 83, 140, 183, 191, 222 |
| 貧困 | 104, 107, 108, 111, 188, 234 |
| ファシリテーション | 196 |
| 風景 | vi, 13, 22, 47, 100, 152, 154, 155, 158-161, 163, 164, 169, 170 |
| フーコー、ミシェル(Foucault, Michel) | 225 |
| フォーマル | iii, 7, 146, 170 |
| フォーマル教育 | 8, 14, 20-22, 170 |
| フォーマル文化化 | 236 |
| ブリュッセル | 174, 181, 184-186 |
| フルベ | 130 |
| フロー理論 | 209 |
| 文化間主義(文化間性) | 114-117, 119 |
| 文化資本 | i, 6, 8, 11 |
| 文化的他者 | 241, 251 |
| 文化伝達エージェント(文化伝達のエージェント) | 236, 239 |
| 文化的実践 | 206, 213 |
| ベルギー | 178, 181, 184-186, 193 |
| ベルク、オギュスタン(Berque, Augustin) | 154 |
| ヘルピング | 202 |
| ベンチマーク(数値目標) | 60 |
| 補習校　→「土曜学校」を参照 | |
| ポーランド | 46, 51-57, 59, 61, 62 |
| ポーランド語・ポーランド人(ポーランド系) | 51-57, 59, 63 |
| 牧畜(牧畜民) | vi, 130, 133-135, 137, 146, 148 |
| ポジティブ心理学 | 209 |
| ホスト社会 | 66, 67, 75, 84 |
| ボローニャ・プロセス | 6, 7, 11, 13 |

**【マ行】**

| | |
|---|---|
| マイノリティ | i, iii, v, 5, 28, 67, 69, 70, 72, 84, 87, 105, 111, 179, 181, 234, 252, 253 |

| | |
|---|---|
| マニヤッタ | 134, 135, 140, 145, 146, 148 |
| ミッリー・ギョルシュ | 178, 179, 182, 184, 188, 193 |
| ミドルクラス | 10, 11, 13, 153 |
| ミュージアム・ペダゴジー | vi, 152, 156, 157, 170 |
| 民族意識 | iv, 4, 6, 8, 9, 13, 15, 160 |
| 民族イメージ | 12, 13, 22 |
| 民族教育 | 88, 89, 95, 103 |
| ムスリム | vi, 13-15, 19, 62, 63, 174-182, 184-187, 189, 190 |
| ムスリム女性 | 176, 182-184, 188-192 |
| ムスリム同胞団 | 178, 179, 186, 193 |
| ムハンマディア | 14, 15, 19 |
| メキシコ | v, 107-115, 117-120, 122-125, 159 |
| モスク | vi, 13, 19, 23, 174-176, 179-184, 186-188, 190-193 |
| モスク・アル＝カリル | 184, 186-190, 193 |
| 文字化 | vi, 130, 131, 144, 146-148 |
| モダニズム | 159, 160, 168 |
| モラン | 130, 135, 136, 140-143, 145, 147-149 |
| モランビーク地区 | 184-186, 188 |
| モリス、ウィリアム(Morris, William) | 161 |
| モロッコ | 177, 182, 183, 185, 186 |

**【ヤ行】**

| | |
|---|---|
| 野外民俗博物館 | 160, 163 |
| 野生動物 | 138, 139, 148 |
| ヨーロッパ | iii, iv, vi, 13, 25-27, 39, 46-49, 57, 59-62, 111, 153, 161, 166, 174-185, 189, 191, 192 |

**【ラ行】**

| | |
|---|---|
| ライプツィヒ | 31-34, 37-40, 42, 43 |
| ライプツィヒ教育大学(PHL) | iv, 32, 34-38, 40-43 |
| ライプツィヒ教員組合 | 38, 40 |
| ライフヒストリー | 234 |
| ラスキン、ジョン(Ruskin, John) | 161 |
| ラトヴィア | 46-49, 61, 62 |

| | | | |
|---|---|---|---|
| ラマダーン | 187-190 | ロシア語・ロシア人（ロシア系） | 8-10, 13, 19, 23, 47, 48 |
| リスボン戦略 | 60, 61 | ロシア正教 | 12 |
| リフレクシヴ | 236, 237 | | |
| ルックマン、トーマス（Luckmann, Thomas） | 198, 235 | **【ワ行】** | |
| 労働移民 | 176, 181, 185 | ワークインプログレス | 201 |
| 労働世界 | 250, 251, 253 | ワークショップ | 196, 201, 213 |
| ローカルな場所 | 27-29, 32, 38, 42 | | |
| ロシア（ロシア連邦） | 4, 7-13, 20, 47, 159 | | |

生活世界に織り込まれた発達文化 ── 人間形成の全体史への道

2015年7月3日　初　版第 1 刷発行

〔検印省略〕
定価はカバーに表示してあります。

編著者ⓒ青木利夫・柿内真紀・関 啓子／発行者 下田勝司　　印刷・製本／中央精版印刷株式会社

東京都文京区向丘1-20-6　　郵便振替 00110-6-37828
〒 113-0023 TEL (03) 3818-5521 FAX (03) 3818-5514

発　行　所
株式会社 東信堂

Published by TOSHINDO PUBLISHING CO.,LTD.
1-20-6, Mukougaoka, Bunkyo-ku, Tokyo, 113-0023, Japan
E-mail : tk203444@fsinet.or.jp　http://www.toshindo-pub.com

ISBN978-4-7989-1281-3 C3037　　Copyrightⓒ T.Aoki, M.Kakiuchi, K.Seki

# 東信堂

|  |  |  |
|---|---|---|
| 子どもが生きられる空間 ―生・経験・意味生成 | 髙橋勝 | 二四〇〇円 |
| 流動する生の自己生成 ―教育人間学の視界 | 髙橋勝 | 二四〇〇円 |
| 子ども・若者の自己形成空間 ―教育人間学の視線から | 髙橋勝編著 | 二七〇〇円 |
| 文化変容のなかの子ども ―経験・他者・関係性 | 髙橋勝 | 二三〇〇円 |
| 関係性の教育倫理 ―教育哲学的考察 | 川久保学 | 二八〇〇円 |
| マナーと作法の社会学 | 加野芳正編著 | 二四〇〇円 |
| マナーと作法の人間学 | 矢野智司編著 | 二〇〇〇円 |
| 学びを支える活動へ ―存在論の深みから | 田中智志編著 | 二〇〇〇円 |
| グローバルな学びへ ―協同と刷新の教育 | 田中智志編著 | 二〇〇〇円 |
| 教育の共生体へ ―ボディ・エデュケーショナルの思想圏 | 田中智志編 | 二五〇〇円 |
| 人格形成概念の誕生 ―近代アメリカの教育概念史 | 田中智志 | 三六〇〇円 |
| 社会性概念の構築 ―アメリカ進歩主義教育の概念史 | 田中智志 | 三八〇〇円 |
| 教員養成を哲学する ―教育哲学に何ができるか | 下司晶・古屋恵太編著 | 四二〇〇円 |
| 大学教育の臨床的研究 ―臨床的人間形成論第Ⅰ部 | 田中毎実 | 二八〇〇円 |
| 臨床的人間形成論の構築 ―臨床的人間形成論第2部 | 田中毎実 | 二八〇〇円 |
| 君は自分と通話できるケータイを持っているか | 小西正雄 | 二〇〇〇円 |
| 教育文化人間論 ―知の迂遠/論の越境 ―「現代の諸課題と学校教育」講義 | 小西正雄 | 二四〇〇円 |
| アメリカ 間違いがまかり通っている時代 ―公立学校の企業型改革への批判と解決法 | D・ラヴィッチ著 末藤美津子訳 | 三八〇〇円 |
| 教育による社会的正義の実現 ―アメリカの挑戦(1945-1980) | D・ラヴィッチ著 末藤美津子訳 | 五六〇〇円 |
| 学校改革抗争の100年 ―20世紀アメリカ教育史 | D・ラヴィッチ著 末藤・宮本・佐藤訳 | 六四〇〇円 |
| 生活世界に織り込まれた発達文化 ―人間形成の全体史への道 | 関根柿青木内利真夫紀子編 | 二八〇〇円 |
| ヨーロッパ近代教育の葛藤 ―地球社会の求める教育システムへ | 太田美幸編 関啓子幸子 | 三二〇〇円 |

〒113-0023 東京都文京区向丘1-20-6　TEL 03-3818-5521　FAX 03-3818-5514　振替 00110-6-37828
Email tk203444@fsinet.or.jp　URL:http://www.toshindo-pub.com/
※定価：表示価格（本体）＋税